AF371996

ÓSCAR FÁBREGA

Judas, el Iscariote

Tras el beso del traidor

ALMUZARA

Editorial Almuzara • Colección Historia
Edición de Rebeca Rueda
Diseño de cubierta: Ignacio Medina

www.editorialalmuzara.com
pedidos@almuzaralibros.com - info@almuzaralibros.com
Parque Logístico de Córdoba. Ctra. Palma del Río, km 4.
c/8, nave L2, n.º 3, 14005, Córdoba.

Imprime: Liberdúplex
ISBN: 978-84-10526-95-2
Depósito legal: CO-406-2025
Hecho e impreso en España - *Made and printed in Spain*

A ti, Raquel, por las horas robadas, por tu infinita paciencia, por tu eterna presencia. Sin ti no soy nada.

A Roberto y Kido; nos veremos en el infierno.

A mis queridos lectores beta, que en esta ocasión han sido Alma Leonor, Mayte Medina, Débora Mechi y Pedro P. Canto, además de Raquel, que siempre está dispuesta a leer mis cosicas, por cansino que pueda llegar a ser.

A mis amigos y lectores tridimensionales y digitales; va por ustedes.

*«Nadie puede decir que alguien no está en el Cielo.
Ni siquiera podemos decir eso de Judas».*

FRANCISCO I, papa
(20 de febrero de 2018).

*Y los niños admirados
silenciosos, apenados,
presintiendo vagamente
dramas hondos no alcanzados
por el vuelo de la mente
caminábamos sombríos,
junto al dulce Nazareno
maldiciendo a los judíos,
¡que eran Judas y unos tíos
que mataron al Dios bueno!*

JOSÉ MARÍA GABRIEL Y GALÁN
(poema *La pedrada*, 1905).

*«No una cosa, todas las cosas que la tradición
atribuye a Judas Iscariote son falsas».*

THOMAS DE QUINCEY

«Estoy enamorada de Judas».

LADY GAGA
(de su canción *Judas*, 2011)

Índice

PRÓLOGO

¿Por qué Judas? ¿Por qué, Judas?

Estimado lector, este libro gira en torno a un misterio que ha llevado de cabeza a un montón de religiosos, exégetas, literatos, poetas y simples aficionados; un misterio que a la vez se relaciona con otro aún mayor y que se puede resumir con esta pregunta: ¿por qué Judas traicionó a Jesús, siendo como fue uno de su afortunado grupo de elegidos para difundir su mensaje, realizar exorcismos y curar a los enfermos? Aquí tenemos dos datos básicos sobre él que parecen ser históricos, a la vez que son claramente antagónicos: Judas fue uno de los Doce —en mayúsculas, como los llamaba Pablo de Tarso— y entregó a Jesús a las autoridades, judías o romanas, de Jerusalén, lo que llevó a su muerte en el madero. Más allá, todo es especulación...

Claro, la pregunta es circular, ya que, si nos ponemos traviesos, podemos plantear esta inquietante cuestión de otro modo: ¿por qué Jesús, el hijo de Dios para algunos evangelistas, Dios mismo para otros, admitió en su grupo a un personaje que acabaría entregándolo a sus enemigos? ¿Es que no lo sabía? ¿Acaso todo formaba parte de un plan divino, orquestado desde tiempo atrás, en el que Judas solo era un peón que tenía que cumplir un infame cometido? Eso es lo que defiende la cristiandad desde hace siglos, pero, visto así, ¿no sería lógico pensar que, en ese caso, no sería un traidor, sino una pieza necesaria para que dicho plan se cumpliese? Gracias a su vil acto, en resumidas cuentas, todos nosotros, pecadores, obtuvimos la redención y nos aseguramos la eternidad a un módico precio.

Por tanto, el misterio de Judas está íntimamente asociado con algo de lo que muy pocos dudan: entregó a Jesús a sus enemigos, aunque quizás sin saber las consecuencias que podría tener su acto. Pero esto nos conduce a otra senda interesante: ¿es que era necesario que alguno de los suyos lo entregase? Si hacemos caso a lo que cuentan los distintos relatos evangélicos, Jesús no se cortó a la hora de exponerse públicamente en Jerusalén durante los días previos a su gran fiesta, la Pascua judía: no se cortó a la hora de simular una entrada mesiánica subido en un borrico (o en dos, según el evangelio que lo cuente); ni a la hora de liarse a palos con los pobres mercaderes y cambistas del templo, que se dedican, simplemente, a proporcionar lo que los judíos llegados de otras partes necesitaban para realizar sus ofrendas y sacrificios. ¿No lo podían haber detenido de otra forma sus enemigos? ¿De verdad era necesario que uno de los suyos les indicase dónde estaba?

Como diría Nietzsche, este fue el origen de la tragedia. Todas estas preguntas se las hicieron los cristianos de segunda o tercera generación que no conocieron a Jesús y que se enteraron de sus quebrantos de oídas, por el boca a boca, o por las primeras tradiciones que acabaron asentándose por escrito, como el primer evangelio, atribuido a Juan Marcos, que ni siquiera fue un apóstol, pero sí un compañero de aventuras de uno de ellos, Pedro. Marcos apenas se preocupó por solucionar estos enigmas, pasando la patata caliente a los siguientes evangelistas, que acabaron resolviéndolas cada uno a su manera, aunque nunca de forma satisfactoria.

Por eso, precisamente por eso, durante los siguientes siglos se siguió escribiendo, hablando y reflexionando sobre Judas y su papel en toda esta trama evangélica; por eso algunos cristianos con unas creencias totalmente distintas a las del movimiento que acabó triunfando cuando se unió con Roma, paradójicamente, le adjudicaron un rol totalmente diferente; por eso surgieron un montón de leyendas medievales que trataban de explicar su historia previa, de la que nada se cuenta en los evangelios, o su historia posterior, haciendo un maravilloso ejercicio de reflexión teológica en forma de cuentecillo medieval; por eso existen decenas de obras literarias de ficción en las que Judas, sorprendentemente, alcanza un protagonismo superior al de algunos de sus compañeros más ilustres del club de los Doce.

Unos y otros intentaban comprender quién fue y por qué hizo lo que hizo. Y eso, insisto, es por culpa, una vez más, de lo parcos que fueron en palabras los primeros transmisores de información sobre el origen de su religión; empezando por Pablo de Tarso, el autor cristiano más antiguo, y siguiendo con Marcos, el primer evangelista, Lucas y Mateo, que se encargaron de redactar versiones ampliadas y corregidas del texto de aquel, y Juan, el autor del cuarto evangelio, que ofreció más detalles pero que, en vez de resolver las dudas que había, creó varias nuevas.

Esto no es nuevo. La misma problemática la tenemos a la hora de intentar saber algo desde un punto de vista histórico sobre otros personajes de este embrollo, ya sea Jesús, del que sabemos bastante pero poco a la vez, su madre, la Magdalena o Juan el Bautista, por citar solo a mis favoritos, junto con Judas.

Y claro, esto no sería un problema si contásemos con otras fuentes que nos permitiesen obtener información buena y veraz sobre todos estos. Pero no. No hay nada, y lo que hay no vale. Solo tenemos los evangelios canónicos y algún que otro apócrifo. He ahí, lector, el drama del buscador del Jesús de la historia y, por extensión, de todos sus personajes secundarios.

De todo esto prometo hablar en las páginas que podrá leer a continuación. Y de mucho más. Los lectores que me conocen saben cómo soy y lo que me gusta un buen desvío, y este libro, por supuesto, no será una excepción. El personaje lo merece, y la historia se presta a ello.

Además, hay que tener en cuenta que uno de mis objetivos, además de intentar averiguar qué podemos saber realmente sobre Judas, consiste en exponer cómo se ha entendido su figura a lo largo de los siglos, y eso incluye muchísimos aspectos, desde la evolución de sus representaciones artísticas hasta su uso como personaje en ficciones de distinto tipo, pasando por su presencia en la cultura popular. Y ahí, como también saben mis lectores, es donde más cómodo me siento.

Sirva este ejemplo, que a la vez es una perfecta muestra de cómo funciona mi mente:

¿Sabe usted qué es la «transferencia de Judas»? Así se denomina en el mundo del fútbol, sobre todo en Inglaterra (*Judas transfer*) al fichaje de un jugador de un equipo a su máximo rival. Por ejemplo, cuando en el año 2000 el Real Madrid fichó al jugador portugués Luis Figo, que hasta entonces militaba en el Fútbol Club Barcelona. Aunque el caso más famoso, en parte porque incurrirían en él factores extradeportivos, fue el sonado fichaje de Maurice «Mo» Johnston, antiguo jugador del Celtic FC de Glasgow, un ídolo para la afición, por el equipo rival de la misma ciudad, el Rangers FC, tras pasar dos años jugando en Francia. El Celtic es un club católico, mientras que el Rangers es protestante. Aquello se vio como un conflicto religioso, ya que existía una norma no escrita que estipulaba que el Rangers no debía fichar jugadores católicos. Y cuando se anunció, ambas aficiones protestaron encolerizadas, algo que manifestó especialmente en el primer derbi en que se enfrentaron, el 10 de julio de 1989…, en el que, para más inri, Johnston marcó el gol de la victoria para los Rangers. Por algo se le conoció desde entonces como «el Judas escocés»…

Lo mismo le dijeron al bueno de Bob Dylan cuando tomó la arriesgada decisión de abandonar sus raíces acústicas y del folk tradicional americano, que lo hicieron famoso gracias a sus brillantes primeros discos, y pasarse a lo eléctrico. Fue el 17 de mayo de 1966. Dylan estaba actuando en el Manchester Free Trade Hall. De pronto, alguien interrumpió su actuación —justo entre las canciones *Ballad of a Thin Man* y *Like a Rolling Stone*— al grito de «Judas». Cientos de *fans* se piraron indignados. Años después, en unas declaraciones a la revista *Rolling Stone*, con las que pretendía defenderse de unas acusaciones de plagio, el cantante expresó lo siguiente:

> Son las mismas personas que intentaron ponerme el nombre de Judas. ¡Judas, el nombre más odiado de la historia de la humanidad! Si crees que te han llamado así, intenta salir de ahí. Sí, ¿y por qué? ¿Por tocar la guitarra eléctrica? Como si eso fuera de algún modo equivalente a traicionar a nuestro Señor y entregarlo para que fuera crucificado.[1]

Dylan, por cierto, ante aquel exabrupto que le lanzaron en 1966, respondió: «No te creo…, eres un mentiroso». No se sabe quién dijo aquello con seguridad, pero un tal Keith Butler, estudiante de arte de Liverpool, fue el principal sospechoso, tanto que llegaron a hacerle varias entrevistas.

---

1   «Bob Dylan: fans who called me Judas can rot in hell». *The Guardian*, 13 de septiembre de 2012.

Lo curioso es que Dylan incluyó lo siguiente en una de las canciones del mítico álbum *The Times They Are-A-Changin'* (1964), titulada *With God on Our Side* (*Con Dios de nuestro lado*), muy crítica con la tendencia de los estadounidenses por colocar siempre a Dios de su lado, incluso en actos infames como la matanza de los nativos norteamericanos o la guerra de Vietnam:

Through many dark hour I been thinkin' about this,
that Jesus Christ was betrayed by a kiss,
but I can't think for you, you'll have to decide
whether Judas Iscariot had God on his side...

Durante muchas horas oscuras he estado pensando en esto,
que Jesucristo fue traicionado por un beso,
pero no puedo pensar por ti, tendrás que decidir
si Judas Iscariote tenía a Dios de su lado...

Años después, el grupo granadino 091, en su álbum *Todo lo que vendrá después* (1995), incluyó una canción que servía como homenaje a esta de Dylan: *Sigue estando Dios de nuestro lado.*

Hablando de Bob Dylan, otra canción suya, *The Ballad of Frankie Lee and Judas Priest*, incluida en su álbum *John Wesley Harding* (1967), sirvió de inspiración para el nombre de la famosa banda de *heavy metal* Judas Priest (Sacerdotes de Judas), fundada en septiembre de 1969 en un suburbio de Birmingham (Reino Unido). La idea fue del bajo del grupo, Brian Stapenhill, al parecer, y simplemente, porque tenía un sonido fuerte y distintivo. Rob Halford, el segundo vocalista de la banda, a la que se unió en 1973, diría en varias ocasiones que el nombre encapsulaba la esencia del grupo y su rollo musical, sugiriendo que la traición y la redención eran dos temas esenciales en sus letras.

Es más, hasta tal punto llega esta asociación entre Judas y la traición que, en francés, la palabra *judas* hace referencia tanto a un traidor como a las mirillas de las puertas, mediante las que se puede ver sin ser visto. Pero hay muchas movidas lingüísticas relacionadas con el personaje: en alemán, *judasreck* significa «peca», entendida esta como mancha, y lo mismo sucede con el francés *bran de Judas* (literalmente, «el salvado de Judas»; es decir, los residuos de los cereales que no se consumían). Esto se debe a que tradicionalmente se consideraba que Judas era pelirrojo, y los pelirrojos suelen tener pecas. De hecho, en inglés se emplea *Judas color* para referirse al pelo rojo. El propio William Shakespeare, en su obra *Como gustéis*, expresó lo siguiente: «Su propio pelo es de un color engañoso, algo más castaño que el de Judas». Por desgracia, esto llevó a que durante mucho tiempo hubiese bastantes prejuicios con los pelirrojos.

También en alemán tenemos *judaslohn*, que significa «deuda»; en danés, *judaskold*, que se usa para hablar de un resfriado severo repentino; en holandés, *judaskneep*, una forma de llamar a un diente con caries. Sobra decir que en castellano es habitual llamar Judas a alguien que haya cometido alguna felonía.

Por cierto, el título de una novela que el escritor portugués António Lobo Antunes publicó en 1979 es *Os cus de Judas*, que nada tiene que ver con el personaje. Lo curioso es que se llama así por la expresión portuguesa *cu de Judas*, literalmente, «culo de Judas», aunque se debe traducir como «lugar remoto», pero con un matiz soez, algo así como la típica y castiza expresión «Está en el quinto coño». De hecho, en las islas Azores (que pertenecen a Portugal), concretamente en la isla de São Miguel, existe una región montañosa y deshabitada que se llama así…

Retrato de Judas Iscariote, donde es representado con el cabello y la barba pelirrojos (*Judas*, obra de Louis Jacques Durameau; último cuarto del siglo XVIII).

Señal que indica el camino hacia Cu de Judas,
localidad portuguesa situada en las Azores.

Como podrán comprobar cuando terminen este libro, como consecuencia de la parquedad en datos que nos legaron los evangelistas y las primeras tradiciones cristianas, se han imaginado un montón de Judas distintos, desde el poseído por Satanás de Lucas y Juan, al avaro miserable que mostró Mateo; desde el Judas preocupado porque la deriva que estaba tomando el movimiento de Jesús se estaba alejando de lo que un mesías judío debía hacer, al que mata a su padre y se casa con su madre; desde el Judas que trabajaba como agente doble, al que actúa siguiendo indicaciones de Jesús para hacer cumplir el plan salvífico divino; desde el Judas que traiciona a su maestro para forzar que muestre sus superpoderes y su verdadera identidad, al envidioso que no duda en traicionar al Nazareno solo porque no le hacía casito.

¿Cuál es el bueno? Difícil saberlo, cuando ni siquiera se puede asegurar con rotundidad que haya existido históricamente. Mi intención, al fin y al cabo, es ofrecerles un estudio amplio, detallado y documentado sobre lo que se ha dicho sobre él. A partir de ahí, ustedes sabrán qué hacer con esto…

Dicho lo cual, comencemos.

PRIMERA PARTE

Judas en los Evangelios canónicos

APÓSTOLES, DISCÍPULOS Y MULTITUDES

Jesús fue un predicador ambulante.

Todo parece indicar que, una vez bautizado, tras superar las tentaciones del diablo en el desierto, y justo tras la detención de su maestro, Juan el Bautista —según comentó Marcos (1, 14)—, se lanzó a los caminos de Galilea para proclamar ansioso y exultante a sus paisanos —es poco probable que naciese en Belén de Judea, diga lo que diga la tradición—, que por fin su Dios, el Dios de los judíos, estaba a punto de volver a intervenir en la historia, en esta ocasión, de forma dramática y definitiva: iba a instaurar su reinado en la tierra, una suerte de nuevo orden mundial divino que, de alguna manera, supondría un fin del mundo para muchos, pero que otorgaría al pueblo de Israel, tras siglos de penurias, el lugar prometido por su dios, un lugar tanto físico, aquella región al este del Mediterráneo, como espiritual. El Reino de Dios, predicaba Jesús, al igual que su maestro, estaba al caer, y solo los que se entregasen en cuerpo y alma a propiciarlo, tras arrepentirse de sus pecados, podrían entrar a él.

No debería extrañarnos. Muchos judíos de su época, la época del dominio romano, contrariados porque, una vez más, su Dios los había abandonado y había permitido que unos malditos y violentos paganos ocupasen su tierra, estaban convencidos de que aquello, la entrada en acción de Dios, iba a suceder pronto, cuando hiciese acto de presencia un personaje que, pensaban, había sido anunciado por los antiguos profetas: el Mesías, el Ungido, el Cristo se encargaría de anunciar la buena nueva y, con la ayuda de Dios, devolvería a Israel la gloria. De hecho, hubo unos cuantos aspirantes a Mesías en aquellas convulsas décadas que van desde finales del siglo I a. C. hasta la trascendental guerra que enfrentó a Roma con Judea, durante la que se produjo la destrucción del Templo de Jerusalén (en el año 70).

Jesús, probablemente, llegó a pensar que era el Mesías. Sus discípulos, que fue captando por el camino, mientras enseñaba en sinagogas, hacía milagros, realizaba exorcismos y se creaba enemigos, estaban convencidos de que lo era. Por eso se entregaron a él en cuerpo y alma.

Tras un tiempo indeterminado, según narran todos los Evangelios, Jesús se lanzó de lleno, quizás demasiado seguro de sí mismo, a cumplir el que creía su destino en la Ciudad Santa, Jerusalén: allí se proclamaría rey de los judíos, confiando seguramente en que Dios estaba de su lado y en que juntos de la mano darían comienzo al Reino de Dios, sea lo que fuere esto.

Pero no fue así.

La historia concluye —al menos eso contaron sus seguidores de segunda o tercera generación— con su muerte en el madero, aunque, cierto es, en un giro final sorprendente, las tradiciones que comenzaron a surgir tras aquel escandaloso desenlace también incluían que unos días después resucitó, se manifestó a sus discípulos y, unas semanas más tarde, ascendió a los Cielos, prometiendo regresar en breve para dar cumplimiento de su promesa.

El Reino de Dios no llegó ni ha llegado todavía, casi dos mil años después. Ni él regresó, ni ha regresado todavía.

Visto lo visto, aquello no iba a ser tan inminente como pensaba Jesús, ni como pensaba Pablo de Tarso, su principal misionero, un iluminado que aseguraba recibir revelaciones directamente del Nazareno —al que no conoció en vida, que sepamos— y que se encargó de predicar su particular versión, bastante alejada de la realidad histórica, sobre quién había sido Jesús, a qué había venido y a quién estaba destinado su mensaje.

Ni como pensaban sus seguidores. Porque Jesús no estuvo solo. Todas las tradiciones cristianas y todos los Evangelios (canónicos y apócrifos) coinciden en que Jesús eligió a doce de sus discípulos para que lo acompañasen por los caminos de Palestina en su labor proselitista y escatológica. ¿Por qué a doce? Ahora lo veremos. El problema es que ni siquiera sabemos si es verdad o no, aunque tampoco tenemos ningún motivo para dudarlo.

Lo que sí es indudable es que Jesús reunió un grupito de seguidores[2] fieles junto con los que se pateó aquellas tierras galileas, y que estaba compuesto, seguro, por más de doce. Más bien, todo parece indicar que había tres niveles: en primer lugar, las «multitudes» anónimas que lo seguían —así aparecen en decenas de ocasiones en todos los Evangelios, o como «muchedumbres»—, que formarían un círculo externo, poco estable y variable, y de un número difícil de calcular; en segundo lugar, los discípulos, los miembros comunes del colectivo, más o menos estables, entre los que habría un buen número de mujeres, siempre con María Magdalena a la cabeza, y, por último, un grupo de elegidos, doce, una especie de núcleo duro del movimiento: los apóstoles (ἀπόστολος, que significa literalmente, «enviado» o «mensajero»). La diferencia, además de formar parte de este selecto club, es que estos tenían una misión que cumplir, una misión ordenada por Jesús.

El problema es que no tenemos ni un solo documento antiguo no cristiano que hable de los discípulos de Jesús. Claro que tampoco ninguno menciona a la Virgen María, a su marido o a María Magdalena. De hecho, solo encontramos en fuentes externas del siglo I algunas referencias, breves, polémicas y cuestionadas, sobre Jesús, Jacobo/Santiago (su supuesto hermano) y Juan el Bautista.

A muchos descreídos esto les ha parecido siempre algo inquietante, pero, siendo estrictos, no hay nada raro en ello: casi todos sus apóstoles, los más importantes al menos, eran pescadores iletrados de una región marginal (Galilea) situada al norte de una provincia marginal (Judea) del Imperio romano.

No lo digo yo, lo dicen los Evangelios, aunque especialmente el más antiguo, el de Marcos, en cuya obra los apóstoles son retratados como algo cortitos de entendederas, torpes y obtusos. Tanto que el propio Jesús no para de regañarles por su lamentable falta de comprensión. Hay quien ha propuesto que se trataba de una representación proyectada del pueblo judío, del que cada vez se fue sepa-

---

2   Ojo, aunque en los Evangelios aparece en muchas ocasiones el verbo *seguir* en relación con personas del entorno de Jesús que, en efecto, lo seguían, nunca lo hace la palabra *seguidores*.

rando más el incipiente cristianismo y al que culparon de la muerte de Jesús. De hecho, hasta el nombre de Judas parece hacer referencia a esto. Y, recordemos, fue el gran traidor.

Aun siendo cierto que, tras la muerte de Jesús, los apóstoles se hubiesen lanzado a una enérgica labor proselitista, como afirma la cristiandad, el movimiento no debió ser demasiado amplio ni masivo en aquellos primeros años. Así que no es extraño que ninguna fuente se hiciese eco de estos señores.

Por lo tanto, nuestras únicas referencias relativamente fiables para conocer a los apóstoles son los Evangelios canónicos, algunos apócrifos muy antiguos, los Hechos de los Apóstoles y los textos de unos pocos pensadores cristianos de finales del siglo I y comienzos del siglo II —sí, existen un montón de apócrifos en los que se narran las tribulaciones y aventuras de muchos de ellos, los llamados Hechos Apócrifos de los Apóstoles, pero son obras muy tardías y que poco pueden aportar desde una perspectiva histórica—. Sobre Judas también existe mucho material apócrifo, algo realmente asombroso, aunque, como iremos viendo, el personaje siempre ha inquietado a los cristianos por diversos motivos.

Recommandation aux apôtres (James Tissot, 1894).

Recapitulando, apóstoles fueron los doce que conocieron a Jesús, elegidos por él, que lo siguieron, difundieron su mensaje, realizaron exorcismos y curaciones, y lo vieron después de resucitar. Judas, nuestro protagonista, fue uno de ellos, aunque quizás se perdió la escena final de la función. De hecho, tras la muerte de Jesús, su puesto fue ocupado por Matías. Volvieron a ser doce. Tenían que serlo.

Hasta que se les sumó el aventurero Pablo de Tarso, el iluminado del que les hablaba antes, un ciudadano romano anteriormente conocido como Saulo, fariseo y anticristiano, que se convirtió tras vivir una fascinante epifanía camino de Damasco, según los Hechos de los Apóstoles, o tras recibir varias revelaciones del mismísimo Jesús, según sus propias cartas, en las que le encargaba predicar a los gentiles, a los no judíos, la importancia de tener fe en su muerte redentora que quitaba el pecado del mundo y en su resurrección, lo que garantizaba el acceso a la vida eterna en cuerpo y alma. La Iglesia lo considera un apóstol, él también lo hacía, pero nosotros, en cambio, no.

El resto, las mujeres, los setenta y dos de Lucas, los quinientos a los que se apareció según Pablo, y tantos otros, eran meros discípulos, que, si bien cumplían todas condiciones, no formaron parte de este exclusivo club vip de los Doce, en mayúsculas, porque, como veremos, al menos según Pablo, Marcos, Lucas (el que más usó el término) y Juan, ese fue su nombre oficial. Los Doce.

En definitiva: no debemos confundirnos con el concepto de «apóstol» más amplio que engloba a todos los que se dedicaron, y se dedican, a la difusión y propaganda del mensaje de Jesús. Nos referimos a los míticos Doce, aquellos que el propio Jesús captó y eligió como escuderos y propagandistas. Y Jesús, primero en vida —y estando Judas en el grupo, algo que no deben olvidar en ningún momento— y después de muerto, los envió a predicar su buena nueva por el mundo conocido.

Sin embargo, esto no parece haber importado demasiado a los cristianos posteriores. Pablo habló de los Doce, con mayúsculas, insisto, pero apenas mencionó a dos o tres de ellos en sus cartas. Del resto, ni mu. Y lo mismo pasa con algunos importantes cristianos de las décadas posteriores, como los Padres Apostólicos,[3] y eso que

---

3   Un grupo de autores cristianos de finales del siglo I y comienzos del II que estaban íntimamente relacionados con los apóstoles, bien porque fueron discípulos

estos, y otros escritores cristianos de los siglos siguientes, le dieron mucha importancia a lo que llamaron «transmisión apostólica», es decir, enseñanzas o textos procedentes directamente de alguno de los Doce. Pero nada, estos tampoco le dieron importancia al colectivo, sino a algunos nombres concretos, como Juan o Pedro.

Llámenme raro, pero esto es muy extraño. ¿Cómo es posible que la cristiandad no estuviese al tanto desde el primer momento de las andanzas, duelos y quebrantos de aquellos once hombres elegidos por Jesús para difundir su movida tras la muerte de Jesús y de Judas? Como veremos, ni siquiera en los Hechos de los Apóstoles se dan muchos detalles. Es más, en cuanto aparece en la narración Pablo, el resto dejan de tener importancia y desaparecen. ¿Por qué?

Doce apóstoles, doce tribus

Y ¿por qué doce? Sencillo, por las doce tribus de Israel a las que, simbólicamente, Jesús quería volver a reunir.

¿Conocen esta historia? La tradición judía, recogida en la Biblia, considera que Jacob, hijo de Isaac, nieto de Abraham, tomó el nombre de Israel tras pasar una noche entera peleando con un ángel —por eso Israel significa «el que lucha con Dios»—; tuvo doce vástagos con cuatro mujeres distintas —Lea y Raquel, sus esposas, y dos sirvientas, Bilha y Zilpa—, y estos, a su vez, se convirtieron en los líderes de doce comunidades. Por orden de nacimiento, serían los siguientes: Rubén, Simeón, Leví, Judá, Dan, Neftalí, Gad, Aser, Isacar, Zabulón, José (cuyos hijos fueron Manasés y Efraín) y Benjamín.

Todos acabaron en Egipto, y varios siglos después, tras él Éxodo, y siempre según las Escrituras, regresaron a Canaán, donde cada tribu se estableció en un lugar distinto. Pasó el tiempo, y tras la muerte del mítico rey Salomón, hijo del rey David, se produjo una ruptura en el reino de Israel: nueve de las míticas doce tribus (las de Rubén, Isacar, Zabulón, Dan, Neftalí, Gad, Aser, Efraín y Manasés, a las que posteriormente se unió la de Simón) rechazaron a Roboam, hijo de Salo-

---

de alguno de ellos, bien porque los conocieron de oídas. Gente como Clemente de Roma, Ignacio de Antioquía o Policarpo de Esmirna.

món, como monarca y se unieron a Jeroboam, un funcionario de la corte que aspiraba al trono. Así, el reino se dividió en dos: al norte se fundó el reino de Israel y al sur el de Judá, donde vivían las dos tribus restantes (las de Judá y Benjamín).

Durante varios siglos, ambos estados permanecieron separados, independientes y enfrentados, hasta que, tras la conquista asiria (721 a. C.), la población del reino norteño fue deportada por los invasores, mientras que los habitantes del sur mantuvieron cierta independencia gracias a que llegaron a un acuerdo con aquellos.

Las diez tribus del norte, siempre según el relato bíblico, desaparecieron por completo. Desde entonces, su paradero ha sido un misterio, aunque los historiadores tienen bastante claro que en realidad no hay ningún enigma: parte de esas poblaciones fueron absorbidas y asimiladas por el Imperio asirio, mientras que otros tantos, simplemente, emigraron al sur y se mezclaron con la población del reino sureño de Judá. Y todo esto, sin tener en cuenta que, en la actualidad, numerosos historiadores no creyentes dudan de la veracidad de este relato y consideran que aquellos dos estados no se formaron tras el colapso de un reino unificado anterior, sino que eran dos reinos independientes, aunque emparentados, con el mismo Dios, lenguas similares y leyendas comunes.

Pero en la memoria colectiva de aquel pueblo, el pueblo resultante de la fusión de las tribus de Judá y de Benjamín, quedó el ansia de encontrar a aquellas supuestas tribus perdidas. De ello dio testimonio el propio Jesús en algunos versículos.

Sirva de ejemplo esta escena descrita en Mateo, en la que Pedro le comenta a Jesús que, siguiendo su petición, han dejado todo para seguirlo, para preguntarle a continuación qué lugar les corresponderá a ellos en el futuro Reino de Dios. Atención a lo que le respondió el Nazareno:

Os aseguro que vosotros, los que me habéis seguido, en la renovación universal, cuando el Hijo del hombre se siente en su trono glorioso, os sentaréis también vosotros en doce tronos para juzgar a las doce tribus de Israel.[4] Y todo aquel que por mi nombre haya dejado

---

4   Los subrayados son míos en esta cita y en todas las que se ofrecen en esta obra, salvo que expresamente se informe de lo contrario.

casa, hermanos, hermanas, padre y madre, hijos y tierras, lo recibirá centuplicado y heredará la vida eterna. [Mt 19,29].

La antigüedad de esta cita —procedente de Q; ahora explicaré qué es— y la dificultad que implicaría de tratarse de una construcción del cristianismo primitivo —debido a que todo esto de los tronos y demás no pasó nunca, pues Jesús fracasó estrepitosamente en su intento de reunificar a las doce tribus— hacen que sea, probablemente, una cita real de Jesús y una referencia histórica sobre por qué Jesús eligió a los Doce: porque representarán simbólicamente a las doce tribus de Israel.

Esto hay que situarlo en el contexto de las esperanzas apocalípticas de Jesús, de sus discípulos y, por extensión, de gran parte del pueblo judío. Es decir, para Jesús, la venida del Reino de Dios estaba íntimamente relacionada con la restauración de Israel como el pueblo elegido por la divinidad, algo que había sido profetizado desde siglos atrás por los profetas judíos. Y ello implicaba la reunión, aunque solo fuese en un nivel simbólico, de las doce tribus de Israel: «Y levantará pendón a las naciones, y juntará los desterrados de Israel, y reunirá los esparcidos de Judá de los cuatro confines de la tierra» (Isaías 11,12). «Porque he aquí que vienen días, dice Yahvé, en que haré volver a los cautivos de mi pueblo Israel y Judá, ha dicho Yahvé, y los traeré a la tierra que di a sus padres, y la disfrutarán» (Jeremías 30,3).

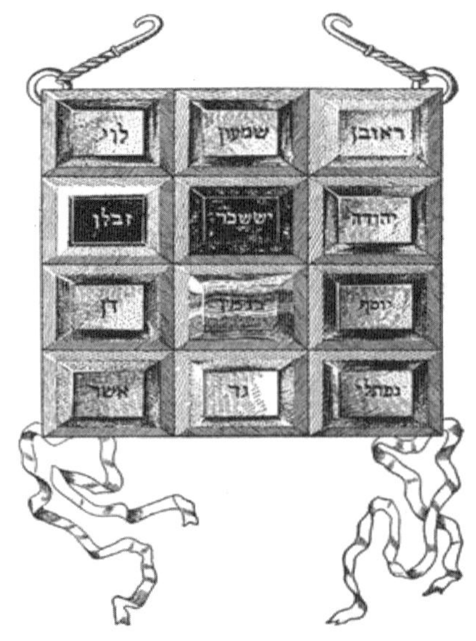

En el Jóshen, el pectoral que portaba el sumo sacerdote del templo, aparecía una docena de piedras preciosas que simbolizan las doce tribus.

Era lo que se esperaba que hiciera el Mesías, cualquiera de los tipos de Mesías en los que creían los judíos. Era lo que esperaban los seguidores, discípulos y apóstoles de Jesús.

Esto es lo que el Jesús histórico con total probabilidad defendía, pues su mensaje estaba única y exclusivamente dirigido al pueblo de Israel, y los gentiles, como en aquel famoso y controvertido milagro de la mujer sirofenicia (Mc 7,24-30), a lo sumo se comerían las migajas. Claro, este no es el Jesús de Pablo ni el de los Evangelios, influenciados todos por su teología, un Jesús centrado en salvar a toda la humanidad y muy alejado del histórico.

Israel, entendido como pueblo, era el fin de su misión, y dentro de Israel entraban todos, incluso los pecadores, los recaudadores de impuestos y las mujeres. Por esto mismo, la elección de doce discípulos para formar parte de un club especial como representación simbólica de las doce tribus, que a la vez eran un símbolo de Israel, es del todo coherente con el Jesús histórico, con sus creencias, con las creencias de los que lo seguían y con lo que pensaban la mayor parte de israelitas. Como nuestro amigo Judas, no nos olvidemos de él.

Listados

Lo mínimo que un interesado en este asunto podría esperar es que los Evangelios canónicos, relatos narrativos sobre la vida y obra de Jesús escritos en el último cuarto del siglo I, no demasiado tiempo después de su paso por el mundo, ofreciesen bastante información sobre este importante grupo de los Doce. Pero no.

No solamente aportan poquísima información, sino que ni siquiera podemos saber realmente quiénes fueron debido a que los nombres que aparecen en sus listas no son los mismos. Casi, pero no. ¿Cómo es posible que en algo tan importante como los nombres de los Doce no se pusieran de acuerdo los cuatro evangelistas? Es más, aunque algunos copiaron a otros, tampoco coinciden. Así pues, si les parece, de camino que comento estos listados apostólicos, en los que nuestro querido Judas siempre aparece el último, lanzaré algunas ideas sobre cada uno de los Evangelios canónicos, algo más que necesario para aprehender en toda su magnitud el tema que nos ocupa.

El Evangelio más antiguo es el de Marcos, atribuido desde tiempos muy remotos a un personaje secundario de los Hechos de los Apóstoles, «Juan, de sobrenombre Marcos» (12,12), que, según la tradición, fue discípulo de Pedro (del que, de ser cierto esto, recibió la información para su obra), y que también ha sido identificado con el «Marcos, el primo de Bernabé», del que se habla en la Carta a los Colosenses (4,19), un joven que acompañó a Pablo y Bernabé durante su primer viaje misionero, que los llevó hasta Chipre (Hch 13,13). Sin duda, no fue el autor de este texto, si bien, por mera comodidad, en este caso, y en el del resto de evangelistas, los seguiré denominando con sus nombres tradicionales.

Se acepta con un consenso bastante amplio que debió escribirse entre el año 65 y el 80. La primera fecha viene dada porque su autor estaba influido por la teología divulgada y promovida por Pablo de Tarso. Además, no parece que este supiese de la existencia de esta obra. La fecha tope es puramente especulativa: evidentemente, tuvo que ser anterior a Mateo y Lucas, que lo tomaron como fuente, y a Juan, del que disponemos de un manuscrito datado en el 125, más o menos.

Los cuatro evangelistas (Peter Paul Rubens, 1614).

Marcos ofreció la siguiente lista de apóstoles:

Subió a una montaña, llamó junto a sí a quienes quiso y vinieron a él. Y constituyó a doce a los que denominó apóstoles para que estuvieran con él, para enviarlos a predicar con autoridad para expulsar a los demonios; y constituyó a los Doce: a Simón le dio el sobrenombre de Pedro; a Jacobo el de Zebedeo y a Juan, el hermano de Jacobo, los apodó también Boanergés, que significa «tronantes»; a Andrés, Felipe, Bartolomé, Mateo, Tomás, Jacobo el de Alfeo, y Tadeo, Simón el Cananeo y a Judas el Iscariote, el mismo que lo entregó. [Mc 3,13-19].

Nótese que Marcos los denomina ya como «los Doce».

Mateo y Lucas —sí, tampoco fueron ellos los autores— construyeron sus Evangelios tomando como punto de partida la obra de Marcos. Si me permiten la ligereza, se trata de versiones extendidas del Evangelio de Marcos, ya que rellenaron, cada uno a su manera, algunos huecos problemáticos de la trama marcana —como la infancia de Jesús o las apariciones de este tras su resurrección—, y corregidas, ya que ambos solucionaron, también de forma distinta, determinados problemillas teológicos que Marcos había generado con su texto. Para ello, además de tirar de imaginación, usaron varias fuentes, entre las que cabe destacar el famoso documento Q, que no existe, pero debió existir, y que no está en el Nuevo Testamento, aunque sí que está. El nombre procede del alemán *quelle*, que significa «fuente», y se trata de un escrito hipotético que recogía una presunta colección de dichos, parábolas y enseñanzas morales de Jesús —aunque también se narra algún que otro milagrillo—, que debió ser redactada en griego hacia los años cincuenta del siglo I, aunque no se ha conservado ninguna copia. Surgió como un intento de explicar el origen de una gran cantidad de textos prácticamente idénticos que aparecen en los Evangelios de Lucas y Mateo, pero que no procedían de Marcos.[5]

---

5 Es lo que se conoce como «teoría de las dos fuentes» —Marcos y Q—, ampliamente aceptada en la actualidad, que fue propuesta por primera vez en 1838 por Christian Gottlob Wilke y Christian Hermann Weisse, aunque no será hasta 1890 cuando el estudioso alemán Johannes Weiss propusiese el nombre de Q para esta hipotética fuente.

Por supuesto, esto choca de lleno con la idea defendida por la cristiandad, según la cual cada evangelista escribió su relato de forma independiente a partir de sus propios recuerdos o de los testimonios que recogió de terceros. Esto ya quedó claro que no es así, pero Q puso la puntilla a aquella osada afirmación.

El texto de Mateo ha sido tradicionalmente atribuido al apóstol Mateo, que la tradición identifica con Leví, un aduanero al que Jesús se encontró un día, el mismo que, tras lanzarle un escueto «Sígueme», se unió a los Doce —con lo que ello implicaba, ya que los que se dedicaban a este oficio eran vistos como traidores por el pueblo, porque se encargaban de recaudar impuestos, pero para los romanos—. Es poco probable que fuese escrito por alguien que hubiese presenciado los hechos que narró, y no solo porque, como vengo comentando, se trata de una versión ampliada de Marcos —lo que implica que no es una transcripción de los recuerdos de alguien—, sino porque sabemos a ciencia cierta que usó otras fuentes, como Q y otros materiales de origen desconocido.

Lo que sí podemos establecer con bastante seguridad es que el autor de este Evangelio, sin separarse del cristianismo paulino, estaba más cerca que Marcos de los judeocristianos y de las ideas de Pedro. De ahí su interés por mostrar a Jesús como el Mesías de Israel, anticipado proféticamente por el Antiguo Testamento, pero también como el Salvador de los gentiles.

Por este motivo, Mateo estableció más que evidentes paralelismos entre Jesús y Moisés: el Nazareno era el responsable de una nueva ley, construida a partir de la antigua, la recibida por el egipcio en el Sinaí, y el garante de una nueva alianza, aunque ya no entre Dios e Israel, como había sucedido en el caso de Moisés, sino entre Dios y todo aquel que aceptase el mensaje de Jesús: «No penséis que vine a abolir la ley o los profetas; no vine a abolir, sino a dar mejor cumplimiento» (Mt 5,17). Por eso Mateo introdujo en sus primeros capítulos la matanza de los inocentes ordenada por Herodes, que guarda un gran parecido con la historia del nacimiento de Moisés, y el viaje a Egipto de la Sagrada Familia, algo que ningún otro evangelista parecía conocer. Y por eso se empeñó en dejar claro que no solo era el hijo de Dios, sino el rey de Israel.

En cuanto a la fecha de redacción, tuvo que ser unos cuantos años después de Marcos, que, según hemos establecido, se escribió entre el 65 y el 80.

Respecto al tema que nos ocupa, Mateo matizó que Simón Pedro era hermano de Andrés, pero, aparte de eso, reprodujo la misma lista que Marcos con algunas pequeñas pero curiosas modificaciones.

Llamó a sus doce discípulos y les otorgó poder para expulsar a los espíritus impuros y para curar las enfermedades y las dolencias. Estos son los nombres de los doce apóstoles: en primer lugar, Simón, llamado Pedro; su hermano Andrés; Jacobo, hijo de Zebedeo, y su hermano Juan; Felipe y Bartolomé; Tomás y Mateo el Recaudador; Jacobo, hijo de Alfeo, y Tadeo; Simón el Cananeo y Judas el Iscariote, el que lo traicionó. [Mt 10,1-4].

Atención: si se fijan, Mateo ya no habló de los Doce como si aquello se tratase del nombre de una entidad grupal.

Lucas, insisto, también escribió una versión extendida, modificada y corregida de Marcos, pero lo hizo a su manera y sin conocer la propuesta que Mateo había escrito por aquella misma época. Por ese motivo, estos tres Evangelios son tan parecidos entre sí, y por eso se les conoce como «sinópticos», término de origen griego que significa, literalmente, «ver junto», pues se podían leer en columnas verticales paralelas. La importancia de esto es crucial. La Iglesia defendió durante siglos que estos Evangelios eran crónicas independientes, inspiradas por la divinidad, que escribieron tres autores distintos desde su particular perspectiva y a partir de los hechos que presenciaron o conocieron. No. No eran obras independientes.

La tradición cristiana asegura que el autor de este Evangelio fue Lucas, un médico gentil de Antioquía que se hizo discípulo de Pablo y que lo acompañó en muchos de sus viajes, al menos desde que lo afirmase el obispo Ireneo de Lyon (c. 130-202) hacia el año 180 en su obra *Adversus Haereses* (*Contra las herejías*). Además, siempre se ha dado por hecho, incluso por algunos exégetas no creyentes, que se trata del mismo autor de los Hechos de los Apóstoles, obra junto con la que formaría una especie de corpus que se dividió en dos por su extensión y por su contenido, pues la primera se centraba en la historia de Jesús, y la segunda, en lo sucedido tras su resurrección con los apóstoles, especialmente en las aventuras de Pablo. Hoy no está tan claro que esto sea así. Siempre dentro del colectivo académico, unos consideran que sí, aunque se ven obligados a considerar que debieron pasar varias décadas entre la composición de una y otra obra, lo que explicaría las importantes diferencias teológicas que se pueden encontrar entre ambas. Esta es la versión tradicional, defendida desde tiempos de Ireneo. Pero otros muchos estudiosos, quizás menos, dudan de esto, apoyándose en determinados indicios lingüísticos, en la clara evolución teológica y cristológica que puede apreciarse entre los dos libros, y, sobre todo, en las contradicciones con los hechos narrados por Pablo en sus cartas. Si se tratase de alguien que compartió tiempo, viajes y penurias con Pablo —compartieron, incluso, prisión—, estas diferencias no serían tan llamativas. Eso sí, admiten que los dos supuestos autores debían estar conectados; quizá se trataba de un compañero de la misma escuela teológica que quiso continuar su labor.

El autor, fuese quien fuera, no fue un testigo visual, sino un investigador que se dispuso a elaborar un relato a partir de distintas fuentes. Es decir, ejerció de historiador, al ofrecer un relato ordenado de la vida de Jesús y de la posterior odisea de los apóstoles a partir de un trabajo de investigación previo, y de sus dos fuentes principales: Marcos y Q.

Respecto a las fechas, se cree que este Evangelio es más o menos contemporáneo a Mateo, aunque quizás sea un poco más tardío, pero siempre de finales del siglo I.

Lucas universalizó a Jesús, aunque de una forma más sutil que la propuesta planteada por Marcos, y lo acercó a Roma, ahondando en sus características pacifistas y apartando cada vez más los aspectos políticos de su mensaje. Como Mateo, estaba abierto a la conversión de gentiles y paganos, aunque se mostró mucho más crítico con los judíos, que, según su postura, se habían apartado voluntariamente del plan divino. Así, siguiendo la estela de Pablo, planteaba que todos podrían salvarse siempre y cuando se acercasen a la nueva alianza, que pasa más por la fe en la muerte redentora de Jesús y en su resurrección que por el cumplimiento estricto de la ley judía.

Pues bien, Lucas —si partimos de que también fue el autor de Hechos— aportó dos listas distintas.

Sucedió, pues, en aquellos días que salió a la montaña a orar; y pasaba la noche en oración a Dios. Y cuando se hizo de día, llamó a sus discípulos y eligió de entre ellos a doce, a los que denominó apóstoles: Simón, al que también dio el nombre de Pedro, Andrés su hermano, Jacobo y Juan, Felipe y Bartolomé, Mateo y Tomás, Jacobo el de Alfeo,

Simón el llamado Zelota, Judas el de Jacobo y Judas el Iscariote, el que se convirtió en traidor. [Lc 6,12-16].

Entonces se volvieron a Jerusalén desde el monte llamado de los Olivos, que está cerca de Jerusalén, el camino permitido en sábado. Y cuando entraron, subieron al piso alto en el que estaban alojados Pedro, Juan, Jacobo y Andrés, Felipe y Tomás, Bartolomé y Mateo, Jacobo el de Alfeo, Simón el Zelota y Judas el de Jacobo. Todos estos perseveraron unánimes en la oración con las mujeres y con María, la madre de Jesús, y los hermanos de este. [Hch 1,14].

Se trata de la misma lista de Marcos, pero con dos desconcertantes novedades: Simón el Zelota y un tal Judas, hijo de Jacobo. El primero se ha pretendido identificar con Simón el Cananeo, y el segundo, con Tadeo.

Claro está que en el listado de Hechos ya no aparece Judas el Iscariote.

La comunión de los apóstoles (Luca Signorelli, 1512). Obsérvese cómo a Judas se le representa escondiendo una moneda en su bolso.

Por último, el cuarto Evangelio, fruto de una cristología mucho más elaborada y meditada —de ahí las enormes diferencias teológicas que se pueden apreciar a simple vista—, está mucho mejor escrito y cuenta con una prosa trabajada y rica. Pero es problemático, no solo porque su Jesús no encaja con el de los anteriores evangelistas, sino porque incluye un buen número de escenas inéditas, algunas muy conocidas y populares, que han supuesto un quebradero de cabeza para los estudiosos del cristianismo. ¿Utilizó su autor alguna fuente primitiva desconocida a la que no tuvieron acceso los demás? Es posible. ¿Estos añadidos pueden ser interpretados como recursos simbólicos que el autor usó para exponer su particular y elaborada idea sobre Jesús, su mensaje y su historia? Es posible, como lo es una suerte de mezcla de ambas posturas, que es un poco lo que defiendo yo.

Lo indiscutible es que este texto es muy diferente de los sinópticos. Por una parte, porque se indica quién fue su autor, aunque no por su nombre: alguien que se identifica como «el discípulo al que Jesús amaba», el discípulo amado. La tradición cristiana, de nuevo a partir de Ireneo de Lyon, ha considerado que se trata de Juan el apóstol, el hijo de Zebedeo y Salomé, uno de los tres favoritos de Jesús, junto con Pedro y su hermano Jacobo —tradicionalmente se conoce a estos tres como «el círculo de dilectos»—, que también sería el autor de tres cartas neotestamentarias y del Apocalipsis, obra bastante tardía, como el cuarto Evangelio; de ahí que se considere que era muy joven cuando se unió al movimiento de Jesús, y por eso se le suele representar como un mozalbete imberbe. No parece probable que Juan fuese el autor, como evidencia la profunda y avanzada propuesta cristológica que se expone en este texto, muy alejado del Jesús histórico, al que supuestamente debió conocer.

Por otro lado, es diferente tanto por lo que omite como por lo que incorpora. Su autor no dijo nada sobre la virginidad de María, ni mencionó la infancia de Jesús, ni el bautismo, ni la institución de la eucaristía, ni aportó parábolas de Jesús, sino largos y elaborados discursos. Además, la lista de milagros se redujo considerablemente y todos remitían a un claro simbolismo teológico. Sin embargo, introdujo un montón de escenas inéditas, como la resurrección de Lázaro, la historia de la samaritana del pozo de Jacob, las bodas de Caná, la lanzada de Longino o las dudas de Tomás tras la resurrección, así como algún personaje nuevo, como el bueno de Nicodemo. Otras escenas, en cambio, aparecen alteradas, como la purificación del templo —el episodio aquel en el que Jesús expulsa a los cambistas y mercaderes—, que en Juan aparece al comienzo de su ministerio, mientras que en los sinópticos lo hace al final. Por si fuera poco, menciona cuatro viajes de Jesús a Jerusalén durante su ministerio y tres Pascuas, frente a los sinópticos, que solo mencionan uno y una. Por lo tanto, según este autor, la vida pública de Jesús duró como mínimo tres años y medio, frente a los sinópticos, según los cuales fue de un año y pico.

Lo importante es la llamativa y evolucionada imagen que se ofrece de Jesús en este texto: ya no es el hijo adoptivo de Dios, como en Marcos, como los profetas del antiguo Israel; ni su hijo carnal fruto de una gestación milagrosa, como en Lucas y Mateo; ni el hijo de David; ni el Mesías esperado por los judíos durante largo tiempo, como en Pablo. Ahora es el Verbo, la Palabra, el Logos encarnado, tanto en el sentido griego del término —razón, sabiduría— como en el semita —la palabra divina y creadora—. Esto lo acercaba a los posteriores gnósticos que, al igual que Juan, veían a Jesús como el salvador que vino a enseñar a la humanidad las verdades ocultas que necesitaban conocer para liberarse y acceder a la salvación; de ahí la poca importancia que le da al cumplimiento de la ley mosaica; de ahí que los gnósticos lo considerasen el Evangelio más aceptable.

Es decir, según la comunidad en la que se escribió esta obra, Jesús era más bien una emanación de Dios, una suerte de potestad divina encargada de crear. Y esa parte de Dios, que, a la vez, «era Dios», se encarnó en un humano al que llamaron Jesús. El mito de la Sagrada Trinidad acababa de nacer…

Pues bien, Juan no mencionó ninguna lista de apóstoles. Es más, solo nombró a siete de ellos: Simón Pedro, Andrés (al que describe como hermano de Pedro), Felipe, Tomás, Judas «no el Iscariote» (Jn 14,22) y Judas, «hijo de Simón el Iscariote» (Jn 6,71). Y encima añadió otro nuevo, un tal Natanael, que ha sido identificado con Bartolomé, sin que se sepa muy bien el motivo. Lo interesante es que no dijo nada de Juan de Zebedeo —supuestamente, porque era el que escribía—, ni de su hermano —aunque hay una mención, bastante dudosa, a «los hijos de Zebedeo»—, Bartolomé, Mateo, el otro Jacobo (el hijo de Alfeo) o Simón el Cananeo/el Zelote.

Para más inri, ¡¡en Juan no aparece en ningún momento la palabra *apóstol*!!

A continuación, en la tabla se incluyen los listados de apóstoles en el mismo orden en el que aparecen en los textos.

MARCOS	MATEO	LUCAS	HECHOS	JUAN
Simón (Pedro)	Simón (Pedro)	Simón (Pedro)	Simón (Pedro)	Andrés
Jacobo de Zebedeo	Andrés	Andrés	Juan de Zebedeo	Simón (Pedro)
Juan de Zebedeo	Jacobo de Zebedeo	Jacobo de Zebedeo	Jacobo de Zebedeo	Felipe
Andrés	Juan de Zebedeo	Juan de Zebedeo	Andrés	Natanael
Felipe	Felipe	Felipe	Felipe	Tomás
Bartolomé	Bartolomé	Bartolomé	Tomás	Judas no el Iscariote
Mateo	Tomás	Mateo	Bartolomé	Judas hijo de Simón el Iscariote
Tomás	Mateo	Tomás	Mateo	¿El discípulo amado?
Jacobo el de Alfeo	Jacobo, hijo de Alfeo	Jacobo el de Alfeo	Jacobo el de Alfeo	
Tadeo	Tadeo	Simón el Zelota	Simón el Zelota	
Simón el Cananeo	Simón el Cananeo	Judas el de Jacobo	Judas el de Jacobo	
Judas el Iscariote	Judas el Iscariote	Judas el Iscariote		

Los Doce, un rumor que desapareció

Que las listas de los Doce varíen resulta muy perturbador y problemático, aunque también es verdad que los principales apóstoles coinciden, y Judas está entre ellos.

A esto hay que sumar que Pablo de Tarso, que escribió antes que todos los evangelistas, no los mencionó en unos célebres versículos de su Primera Carta a los Corintios:

> Pues os transmití en primer lugar lo que recibí: que el Mesías murió por nuestros pecados según las Escrituras; que fue sepultado y que fue resucitado al tercer día, según las Escrituras; que se apareció a Cefas y luego a los Doce; después se apareció a más de quinientos hermanos a la vez, de los cuales todavía la mayor parte permanecen hasta ahora y otros durmieron. Luego se apareció a Jacobo; más tarde, a todos los apóstoles. Y en último lugar, se me apareció también a mí. [1 Cor 15,3-8].

Sí, habla de los Doce, y en mayúsculas, y mencionó a Pedro (Cefas) —ese Jacobo no es ninguno de ellos, sino el hermano de Jesús, que dirigió la Iglesia de Jerusalén—, pero nada más. Eso sí, habla de «apóstoles», y se incluye a sí mismo en ese colectivo, como ya comenté.

Esto ha llevado a que algunos estudiosos planteen algo de lo más sugerente. Le paso el micro a don Antonio Piñero, que lo explicó sensacionalmente en su comentario al listado de Marcos incluido en una extraordinaria obra colectiva que coordinó: *Los libros del Nuevo Testamento, traducción y comentario* (Trotta, 2021).

> Incluso la crítica católica considera que los Doce como «institución» y «oficio apostólico» son posteriores a la muerte de Jesús, porque no parece posible que los Doce desaparecieran tan rápidamente de la historia si hubieran sido instituidos formalmente por Jesús; porque Pablo en 1 Cor 15, 5 desconoce su existencia; y porque las listas de sus nombres varían. Pero el que sea una creación pospascual tiene también sus dificultades: no se explica entonces suficientemente bien el papel mínimo que tienen en la iglesia primitiva, ni tampoco la mencionada desaparición de la escena rápidamente. Hch 1, 26 cuenta cómo tras la traición de Judas, fue nombrado Matías como apóstol para conservar el número Doce. La comunidad escatológica de Qumrán estaba regida también por doce personas (1QS 8, 1). [Piñero, 2021, p. 433-434].

¿Es histórica la existencia del grupo de los Doce? Por sorprendente que pueda parecer, muchos estudiosos han considerado que no, sino que fue, como comentaba Piñero en la cita anterior, una creación de las iglesias primitivas, que luego se retrotrajo a la historia de Jesús.

Discrepo.

Esto «de los Doce» aparece tanto en Marcos como en Juan —algo muy significativo, ya que a este evangelista es al que menos parecía importarle este grupo, ya que ni siquiera se molestó en redactar un listado— y en Pablo, fuentes independientes los tres. Es más, la cita anteriormente comentada de Mateo (19,29), que hablaba de los doce tronos para las doce tribus, procedente de Q, también podría atestiguar esto.

Aunque Mateo y Lucas copiaron a Marcos, las listas de apóstoles que aportaron difieren entre sí y difieren con Marcos, lo que parece evidenciar que ambos bebieron de tradiciones previas distintas e independientes. Además, es interesante destacar que estos dos, los únicos que relataron la muerte de Judas (en caso de que Lucas escribiese también Hechos, que es donde se cuenta), usaron expresiones como «los once discípulos» (Mt 28,16), «los once apóstoles» (Hch 1,26) o «los Once» (Lc 24,9.33). Esto sí es una construcción posterior y pospascual, ya que parece responder a la búsqueda de la coherencia interna de ambos.

Concluyendo: la presencia de los Doce en todas estas fuentes hace que se cumpla el llamado «criterio de atestiguación múltiple»: si una acción de Jesús está atestiguada por varias fuentes independientes, es probable que sea histórico.

Por otro lado, también se cumple el criterio de dificultad: si una acción o un dicho de Jesús resulta potencialmente embarazoso, inconveniente o problemático para la comunidad que lo transmite, es más probable que sea auténtico, ya que no habría razones obvias para inventarlo y ponerse en problemas. Y esto se cumple, precisamente, por culpa de Judas, al que en los cuatro Evangelios se le define como «uno de los Doce», por lo que también cumple el criterio de atestiguación múltiple: nadie inventaría un acto tan incómodo, embarazoso y difícil de justificar como este. Por lo tanto, dado que el supuesto traidor era uno de los Doce, hecho que resulta difícil de explicar como un invento de las comunidades cristianas primitivas

—¿por qué inventarían algo así?—, esto parece refrendar la propia existencia del colectivo.

Además, no debemos olvidar que esto de los Doce no interesó demasiado a los primeros cristianos. Como vimos, Pablo de Tarso los mencionó solo en una ocasión, y hablando de un hecho que sucedió mucho tiempo antes, algo que resulta muy llamativo. En los Hechos, el papel de los apóstoles se va diluyendo poco a poco, hasta que desaparecen por completo de la narración, para ceder el protagonismo, precisamente, a Pablo. En ninguna de las otras obras del Nuevo Testamento se menciona al grupo. Por lo tanto, que se hable del grupo, sobre todo en las obras que tratan sobre la vida de Jesús, se debe con bastante seguridad a que existió realmente.

Judas recibiendo las treinta monedas (Fra Angélico, *c.* 1450). Curiosamente, durante la Edad Media y el Renacimiento se le solía representar con un nimbo oscuro, a diferencia del que llevaban otros personajes sagrados, cuya aureola era amarilla o dorada. El motivo es sencillo: reconocerlo como apóstol, pero distinguiéndolo de los demás.

Ahora bien, es necesario explicar cuál fue el motivo de que algo tan importante como un grupo de favoritos elegidos por Jesús terminase desapareciendo y perdiendo toda importancia. Entre los motivos propuestos, el más razonable es que los apóstoles se dispersaron para predicar el Evangelio, como plantea la tradición, y el grupo como tal dejó de tener sentido. Además, algunos de sus miembros comenzaron a destacar por encima de los demás, como sucedió en el caso de Pedro y Juan, que llegaron a ser considerados, al menos por Pablo de Tarso, las columnas de la Iglesia de Jerusalén, junto a Jacobo, el hermano de Jesús. Y sin duda, influyó la figura de Pablo, convertido en un nuevo apóstol que, según él mismo afirmaba, los superaba a todos, pues había recibido una revelación especial y posterior. De este modo, aquello de los Doce quedó como un recuerdo vago de algo que Jesús creó en vida, un rumor no demasiado consistente, pues, como vimos, ni siquiera los nombres de aquellos se rememoraban con precisión.

¿Para qué?

Marcos, siempre parco en palabras, dijo que Jesús constituyó a los Doce, «a los que denominó apóstoles para que estuvieran con él, para enviarlos a predicar con autoridad para expulsar a los demonios» (Mc 3,14-15). Es decir, los llamó para que lo siguieran y lo ayudasen en sus labores misioneras y exorcistas, y para que compartieran con él tanto sus alegrías como sus penas. Y aquellos, entregados a su misión, se convirtieron en el ejemplo perfecto de discipulado.

De hecho, en un pasaje de este mismo Evangelio, de una importancia tremenda para el tema que nos ocupa, podemos leer una primigenia declaración sobre en qué consistían las labores de los apóstoles.

Recorría también las aldeas de alrededor enseñando. Convocó a los Doce, comenzó a enviarlos de dos en dos y les daba autoridad sobre los espíritus inmundos. Les ordenaba que no tomaran nada para el camino, excepto un bastón solamente; ni pan, ni alforja, ni monedas en la faja, sino que calzaran sandalias… Y no os pongáis dos túnicas. Les decía además: «En cualquier casa en la que entréis, permaneced en ella hasta que salgáis de allí. Y en cualquier lugar en que no os reciban ni os escuchen, cuando os marchéis de allí, sacudid el polvo bajo vuestros pies como testimonio para ellos». Y tras marcharse, predicaban que se convirtieran. Expulsaban a muchos demonios, ungían con aceite a muchos enfermos y los curaban. [Mc 6,6-13].

Esto aparece en Marcos justo después de que Jesús dijese aquello de «un profeta no es deshonrado sino en su patria, entre sus parientes y en su casa»[6] (Mc 6,4), en referencia a una predicación fallida en la sinagoga de Nazaret.

Muchos críticos consideran que esto puede no ser histórico y que lo mismo se trata de una proyección de las posteriores actividades misioneras que hicieron las diferentes comunidades cristianas; de camino, se legitimaban a sí mismos como sucesores válidos de la actividad proselitista que desarrollaron los apóstoles, que a su vez habría sido ordenada por el propio Jesús.

Pero no tiene por qué ser así. Por mi parte, como otros muchos expertos defienden, no hay nada que permita dudar de que Jesús no encomendó a su núcleo duro de discípulos que se lanzasen a predicar por las tierras de Galilea su mensaje, incluso a curar enfermos y a realizar exorcismos, después de concederles «autoridad» para hacerlo. Toda esta gente creía en eso.

Por cierto, las extrañas órdenes que les da Jesús a los Doce, que vayan sin comida, sin dinero e incluso sin calzado, parecen ser una referencia a la marcha del mítico Éxodo de Israel. Los hebreos se fueron con lo puesto, y estuvieron cuarenta años en el desierto, pero Dios se encargó de alimentarlos con maná. En cualquier caso, la idea que ronda es «Dios proveerá». Jesús mandó a los apóstoles a predicar el Reino de Dios en el contexto de urgencia que exigían sus ideas apocalípticas y con la firme creencia de que Dios, siempre atento, se encargará de llevar aquello a buen puerto. Solo los que aceptasen a Jesús, aunque sea a través de sus intermediarios, tendrían cabida en el Reino. Así, los apóstoles asumieron la misma misión que Jesús había asumido: ser la voz de Dios ante el pueblo díscolo de Israel en los tiempos finales. Al fin y al cabo, eran los representantes simbólicos de las doce tribus.

---

6   El «nadie es profeta en su tierra» de toda la vida, algo que en el Evangelio copto de Tomás se dice de forma más cercana: «No hay profeta que sea aceptado en su pueblo. Un médico no cura a quienes le conocen» (31).

NOMBRE Y APELLIDO

Ahora bien, los cuatro evangelistas, por una vez, sí coincidieron al incluir entre los Doce a Judas, el malo de la película, el traidor, el que besó a Jesús para identificarlo ante la turba judía y la soldadesca romana, el que por treinta monedas traicionó voluntariamente a su maestro. En las tres listas de los Evangelios sinópticos se deja bien claro, anticipándose siempre a los hechos posteriores de la Pasión, aún no narrados:

- Judas el Iscariote, el mismo que lo entregó (Mc 3,19).
- Judas el Iscariote, el que lo traicionó (Mt 10,4).
- Judas el Iscariote, el que se convirtió en traidor (Lc 6,16).

En Juan, como veremos, se da mucha más información, ahondando más si cabe en su rol maléfico.

Sin embargo, sabemos poquísimo sobre él. Solo aparece en dieciocho ocasiones en los cuatro Evangelios canónicos: cuatro en Marcos, cinco en Mateo, cuatro en Lucas (cinco si contamos otra mención que aparece en los Hechos de los Apóstoles) y cinco en Juan. ¿Por qué? Sin duda, porque era un personaje problemático. Y los problemas, como en breve veremos, proceden en gran parte de lo poquito que Marcos escribió sobre él.

Esto de Judas procede de la traducción al griego ('Ιούδας, *Ioudas*) del nombre hebreo Judá (הדוהי), que significa «alabanza» o «alabado». No tiene nada de misterioso. Era de lo más común llamarse Judas en aquella época debido a un reputado héroe judío llamado Judas Macabeo, un sacerdote que lideró una rebelión contra el Imperio seléucida —formado por los generales que heredaron el imperio de Alejandro Magno— entre el año 167 y el 160 a. C., que dio paso al último periodo de autogobierno del pueblo de Israel hasta la conquista romana, que se produjo en el año 63 a. C.

Otro de los apóstoles tenía ese nombre, el Judas hijo de Jacobo del que hablaba Lucas, que al parecer reemplazaba al tal Tadeo del que habló Marcos, su fuente principal. Por eso se le llama Judas Tadeo. ¿Era la misma persona, o Lucas se sacó de la manga esto para presentar a un buen Judas que contrastase con el mal Judas Iscariote? No lo sabemos, pero es cierto que Juan (14,22) también habló de otro apóstol llamado Judas que no era nuestro protagonista. Para más inri, uno de los hermanos de Jesús, mencionados en Marcos 6,3 y en Mateo 13,55, se llamaba así.

En realidad, el nombre procede del mítico patriarca Judá, el cuarto hijo de Jacob, fundador de una de las doce tribus.

MARCOS	**MATEO**	**LUCAS**	**JUAN**	**HECHOS**
Listado de apóstoles (3,19)	Listado de apóstoles (10,4)	Listado de apóstoles	Jesús lo menciona como uno de los Doce y adelanta su traición (6,70-71)	
Pacto con los sacerdotes judíos para entregarle (14,10)	Pacto con los sacerdotes judíos para entregarle (26,14)	Pacto con los sacerdotes judíos para entregarle (22,3 y ss.)	Judas se queja por el dinero gastado en el perfume de la unción, y se le presenta como el tesorero del grupo (12,4-6)	
Última cena (14,8 y ss.)	Última cena (26,1 y ss.)	Última cena (22,21 y ss.)	Última cena, primera mención (13,2 y ss.)	
Prendimiento de Jesús (14,43 y ss.)	Prendimiento de Jesús (26,47 y ss.)	Prendimiento de Jesús (22,47 y ss.)	Última cena, segunda mención, y descripción de su huida (13,21 y ss.)	
	Muerte de Judas (27,3 y ss.)		Prendimiento de Jesús (18,25 y ss.)	Muerte de Judas (1,15-26)

Aunque no guarda relación con el tema que nos ocupa, o quizás sí, cabe hacerse en este momento la siguiente pregunta: ¿por qué los judíos terminaron tomando su nombre del cuarto hijo de Jacob? La razón es sencilla: tras la destrucción del estado norteño de Israel a manos del Imperio asirio, bajo la batuta de Sargón II (que gobernó entre el 722 y el 705 a. C.), en el 722 a. C., que provocó, como vimos, la desaparición de las diez tribus norteñas… Solo quedaron las de Judá y Benjamín, que vivían en el sur, en el reino de Judá. De ahí, querido lector, procede esto de «judíos».

Más complicado resulta averiguar qué significa eso de «el Iscariote», como lo definen los tres sinópticos —suele aparecer en los manuscritos como Ἰσκαριώτης (Iskariotes), pero se han localizado hasta diez variaciones, como Ἰσκαριώθ (Iskarioth), en las versiones bizantinas de Juan—. El cuarto evangelista ofreció una aparente solución para el enigma. Lo hizo tras la narración del milagro de la multiplicación de los panes y los peces, en el capítulo 6 de su obra:

El beso de Judas (Giotto di Bondone, *c.* 1304). A Judas se le suele representar con el color amarillo, símbolo de la traición y la cobardía.

Jesús les contestó: «¿No os he elegido yo a vosotros, los Doce? Y uno de entre vosotros es un diablo». Se refería Judas, hijo de Simón el Iscariote; pues ese, uno de los Doce, lo iba a entregar. [Jn 6,70-71].

Juan, como se puede apreciar, no le aplicó el calificativo a Judas, sino a su padre. Y no será la última vez que lo haga: durante su peculiar narración de la última cena, lo hizo en dos ocasiones más (Jn 13,1-3; 26-27). Además, en algunos manuscritos antiguos de este evangelio aparece de un modo distinto: «Judas, hijo de Simón, procedente de Cariota». Así que el problema no estaba resuelto. Seguimos sin saber qué significa esa palabra.

La etimología no está clara.

Tradicionalmente, se ha propuesto que el vocablo griego Ἰσκαριώτης o Ἰσκαριώθ (los más comunes) procede del hebreo *iš-Qérîyyôt*, «el hombre de Qeriot», teniendo en cuenta que *Qérîyyôt*, literalmente, significa «ciudad», por lo que, de forma literal, tendríamos «el hombre de la ciudad»; es decir, sería un gentilicio. Y, en efecto, en el Antiguo Testamento aparecen dos localidades con ese nombre: una ciudad moabita sobre la que cayó la desolación, según se comenta en Jeremías (48,24)[7] y Amós (2,2),[8] y un pueblo del sur de Judea mencionado en Josué (15,25).[9]

Muchos estudiosos han planteado que se trata de este último lugar. Así aparece indicado, por ejemplo, en algunos de los más prestigiosos diccionarios y atlas bíblicos.

---

7   «Vino juicio sobre la tierra de la llanura; sobre Holón, sobre Jahaza, sobre Mefaat, sobre Dibón, sobre Nebo, sobre Bet-Diblataim, sobre Quiriataim, sobre Bet-Gamil, sobre Bet-Meón, sobre Queriot, sobre Bosra y sobre todas las ciudades de Moab, las de lejos y las de cerca». (Jeremías 48,21-25).

8   «Así ha dicho Yahvé: por tres pecados de Moab, y por el cuarto, no revocaré su castigo; porque quemó los huesos del rey de Edom hasta calcinarlos. Prenderé fuego en Moab, y consumirá los palacios de Queriot; y morirá Moab con tumulto, estrépito y sonido de trompeta». (Amos 2,1-2).

9   «Y fueron las ciudades del término de la tribu de los hijos de Judá hacia el término de Edom hacia el sur; Cabseel, Eder, Jagur, Cina, Dimona, Adada, Cedes, Hazor, Itnán, Zif, Telem, Bealot, Hazor-hadata y Queriot-hezrón, que es Hazor, Amam, Sema, Molada, Asar-gada, Hesmón, Bet-pelet, Hasar-sual, Beerseba, Bizotia, Baala, Iim, Esem, Eltolad, Cesil, Horma, Siclag, Madmana, Sansana, Lebaot, Silim, Aín y Rimón». (Josué 15,21-32).

El famoso erudito y arqueólogo estadounidense Edward Robinson (1794-1863), en su imprescindible *Biblical Researches in Palestine* (1841), un clásico de la arqueología bíblica que escribió tras investigar y patearse Tierra Santa, identificando numerosas localidades bíblicas, planteó que se trataba de las ruinas descubiertas por él en las cercanías de el-Kuryetein, un pueblo situado a unos 15 kilómetros al sur de la actual Hebrón, en el desierto de Judea. Y muchos dieron por hecho esta identificación. En efecto, las sucesivas excavaciones han demostrado que allí existía una población en el siglo I, pero no hay nada que permita afirmar que se llamase Qeriot, o algo parecido, en aquella época.

De haber sido así, Judas sería el único de los Doce que procedería de Judea, y esto es algo que la tradición cristiana ha defendido durante los siglos: Judas era un forastero, judío, pero forastero. Pero, de ser así, ¿por qué no se explicó de forma explícita en los Evangelios? Sería lo lógico, ya que todos los demás eran galileos. ¿Captó Jesús a Judas en Galilea, por algún motivo que desconocemos, o lo hizo en Judea, durante uno de sus numerosos desplazamientos a Jerusalén, siempre según Juan?

En resumidas cuentas, no está claro que esto de «Iscariote» sea un gentilicio. Por eso, a lo largo de las últimas décadas, se han planteado otras opciones. *Verbi gratia*, el teólogo alemán Ernst Wilhelm Hengstenberg (1802-1869) propuso que procedía del vocablo hebreo *'išqarya*, que significa «hombre mentiroso», pero los críticos plantearon que se trataría de algo reiterativo, ya que casi siempre el epíteto iba acompañado de alguna alusión a la traición o a su maldad. No tendría sentido, aunque quién sabe… Además, no se le describe como alguien que mintiese habitualmente.

Otros autores han planteado que es una derivación del arameo רקס (*'isqar*), que significa «color rojo», que algunos han tomado como alusión a su pelo —como ya hemos visto, se le suele representar pelirrojo— o a que era tintorero, o de רגס, también arameo, que se puede traducir como «liberar».

Judas el Sicario

Pero la hipótesis más extendida es que sería una deformación de *'îš-sicarios*, una extraña mezcla de hebreo y latín que viene a decir: «hombre-sicario».

Esto es muy interesante, ya que se trataría de una corrupción de la palabra latina *sicarius*, que hacía referencia a los miembros de una secta nacionalista judía, la secta de los sicarios (*sicarii*). El nombre procede de las *sicae*, unas pequeñas dagas que portaban, escondidas entre la ropa, con las que realizaban sus fechorías.

Según comentó el historiador judío Flavio Josefo (37-100), en *Antigüedades de los judíos* y *La guerra de los judíos*, además de los fariseos, los saduceos y los esenios, a mediados del siglo II había un grupo de judíos a los que denomina como la «cuarta filosofía». Defendían que Dios era el verdadero rey de Israel, lo que implicaba rechazar cualquier tipo de sumisión al Imperio romano, y de camino, la resistencia activa, casi siempre violenta. Tanto los zelotas como los sicarios, según Josefo, brotaron dentro de esta cuarta filosofía y fueron los causantes de la primera guerra judeo-romana.

La famosa toma de Masada, una fortaleza construida por Herodes el Grande, fue cosa de 900 sicarios, tras acabar con una pequeña guarnición romana; así como la épica defensa posterior, en el año 73, cuando los rebeldes prefirieron suicidarse en masa a entregarse al enemigo.

Josefo planteó que esta cuarta filosofía se originó tras la fallida rebelión contra los romanos liderada por Judas de Gamala, llamado «el Galileo», en el año 6 d. C. Se levantó en armas para protestar por un censo que se realizó para mejorar el pago de tributos al imperio en el año 6 d. C., por orden del legado romano Quirino —este es el censo al que hace alusión Lucas al hablar del motivo por el que María y José se trasladaron desde Nazaret a Belén—. Aquello fue un desastre y todos fueron ajusticiados. Cincuenta años después, su nieto, el maestro religioso Menachem, tomó el relevo y se lanzó a perseguir con ahínco a los colaboradores judíos de los romanos (los sacerdotes del templo, los saduceos, los herodianos). Y una década más tarde, lucharon contra los romanos. Pero ese es precisamente el problema. Según Flavio Josefo, los sicarios y los zelotes entraron en escena durante el gobierno del procurador romano Félix, entre el 52 y el 60 d. C. Es decir, unos veinte años después de la muerte de Jesús, lo que anularía esta teoría.

Ahora bien, los sicarios, los zelotas y otros tantos movimientos rebeldes, religiosos y nacionalistas que se dieron en la primera mitad del siglo I, incluido el de Jesús, tomaron como inspiración la rebelión de los macabeos. Como acabamos de ver, el nombre de nuestro protagonista se hizo popular, precisamente, por uno de los líderes de esta historia, Judas Macabeo.

Todo comenzó cuando un sacerdote rural de la ciudad de Modín, Matatías el Asmoneo, hacia el 165 a. C., encendió la chispa de la revolución al negarse a rendir culto a los dioses griegos, a lo que estaban obligados los judíos por orden del monarca seléucida Antíoco IV Epífanes (215-163 a. C.), que se había propuesto helenizar el país, aunque para ello tuviese que cargarse el judaísmo: no solo tuvo el valor de erigir un altar dedicado a Zeus en el Templo de Salomón, sino que además prohibió guardar el Sabbat —así como el resto de fiestas—, la circuncisión y los sacrificios.

Macabeos (Wojciech Stattler, 1844).

El tal Matatías no se andaba con chiquitas, o al menos eso afirma la leyenda, que cuenta que, un buen día, un judío fue a ofrecer un sacrificio a las deidades griegas en presencia suya. En un arrebato de ira, lo decapitó, y lo mismo hizo con un emisario del rey que se encontraba allí mismo. Para evitar las represalias, Matatías y sus cinco hijos se vieron obligados a huir a las montañas de Judea, donde se les unieron muchos judíos piadosos y conservadores que también se negaban a renunciar a sus creencias.

Fue uno de los hijos de Matatías, el citado Judas Macabeo, el que lideró a un ejército de judíos disidentes que luchó contra los seléucidas, logrando finalmente la victoria con la toma de Jerusalén. La guerra continuó bajo el liderazgo de otros dos hermanos macabeos, Jonatán y Simón, siendo este último el que en el 142 a. C. lograra la independencia política completa respecto a Siria. Unos años después, los macabeos sometieron casi toda la zona, tras dominar Samaria e Idumea, sus dos grandes enemigos, y tras conquistar Galilea. Así nació la casa de los Asmoneos, que dirigió un Israel libre hasta la conquista romana, un siglo y pico después.

Sería la última vez que el Pueblo Elegido gobernase independientemente en su Tierra Prometida. Hasta 1948…

Esta historia sirvió de inspiración a todos los rebeldes del siglo I que luchaban tanto por su independencia política como por la libertad para practicar su religión sin intromisión de los romanos. Y uno de esos grupos, sin duda alguna, fue el de Jesús.

Sí, por extraño que pueda parecer a algunos, Jesús fue el líder de un movimiento político, revolucionario, religioso y, quizás, armado.

La principal pista nos la ofrece su propia muerte: la crucifixión era un castigo habitual en Roma, aunque el origen parece estar en los asirios y persas. Los mayores suplicios eran la cruz (*crux*), la hoguera (*crematio*) y la decapitación (*decollatio*), en ese orden, dejando la cuarta posición para el suplicio en espectáculos, es decir, morir devorado por las fieras. Por otro lado, los delitos castigados con la cruz eran los siguientes: lesa majestad, deserción en una batalla, violación de un secreto de Estado, incitación a la revuelta, asesinato, predicciones sobre la prosperidad de los gobernantes, impiedad nocturna, magia de la peor especie y falsificación de un testamento.

Jesús pudo cometer varios.

Los buscadores del Jesús histórico tenemos bien claro que los autores de los Evangelios, con la intención de exonerar a Roma, echaron toda la culpa de la muerte de Jesús sobre los judíos, comenzando por el poco probable «juicio» religioso realizado por el Sanedrín, y continuando con la explícita elección de salvar a Barrabás en lugar de a Jesús. Pero la realidad, en última instancia, es que lo condenaron y lo mataron los romanos.

Es comprensible entender por qué se produjo esa inversión de la culpa: la extensión del cristianismo primigenio se produjo a lo largo y ancho del Imperio romano, y esto solo podía ser posible si se eliminaba su responsabilidad en la muerte del Nazareno y si se atenuaban o borraban las aspiraciones políticas de su mensaje. Pero un episodio tan radical como la crucifixión, y bochornoso para sus seguidores, no podía ser eliminado por completo. Ni matizado. Jesús murió en la cruz, una pena de muerte característicamente romana. Eso es indudable. Y esta es la principal pista que nos hace sospechar sobre los auténticos motivos de su condena.

Por esto sorprende leer en los Evangelios cosas como esta:

> Viendo Pilato que no había nada que hacer y que amenazaba un tumulto, recabó agua y se lavó las manos ante la multitud, diciendo: «Soy inocente de la sangre de esta persona. Vosotros veréis». Y el pueblo entero contestó: «Su sangre sobre nosotros y sobre nuestros hijos». [Mt 27,24-25].

Es posible que altas autoridades sacerdotales judías, el Sanedrín, controlado por los saduceos, aliados de Roma debido a los privilegios que disfrutaban, colaborasen en la captura de Jesús; pero en última instancia fueron las autoridades romanas quienes lo apresaron, torturaron y ejecutaron, posiblemente para cortar de raíz un posible levantamiento de Jesús y los suyos.

Ya Reimarus, en el siglo XVIII, calificó a Jesús como un agitador político, pero fue en el siglo XX cuando surgieron varias obras clave que incidieron en la idea de que Jesús lideró un movimiento armado. Una de ellas fue *Iésous basileus ou basileusas* (*Jesús, el rey que nunca reinó*, 1930), del erudito austriaco Robert Eisler, en la que afirmaba que había liderado una revuelta armada, lo que provocó su detención y su posterior ejecución. Otra fue *Jesus and the Zealots: A Study of the Political Factor in Primitive Christianity* (*Jesús y los zelotas*, 1967), del sacerdote británico Samuel G. F. Brandon, que lo presentó como un líder revolucionario político-social cercano a los zelotas, aunque más interesado en atacar a la casta sacerdotal que a los romanos. Y en España tenemos la obra *Jesús, el Galileo armado* (2007), de José Montserrat Torrents, que propone más o menos lo mismo.

¿Pudo Jesús liderar un movimiento político, a la par que religioso, con la intención de facilitar la llegada del Reino de Dios mediante la lucha armada contra el invasor romano? De ser así, ¿tenemos alguna evidencia que permita defenderlo? La primera pregunta resulta difícil contestarla contundentemente, pero, cuando respondamos la segunda, veremos que parece bastante probable.

El mensaje del Jesús histórico tenía claras implicaciones políticas, al anunciar la inminente instauración del Reino de Dios sobre Israel, que acabaría con la situación de explotación del pueblo judío y lo alzaría a su lugar merecido según la promesa de Yahvé, anunciada una y otra vez por los profetas del Antiguo Testamento. Esto, lógicamente, implicaba la expulsión del invasor romano. Y lo mismo sucedía con su pretensión de ser el rey de los judíos, algo en lo que coinciden la mayoría de estudiosos. Ambas cosas iban de la mano, y Jesús quiso mostrarse ante su pueblo como el Mesías, el rey ungido y esperado, que libertaría a su pueblo, siempre con Dios de su lado.

Crucifixión (Andrea Mantegna, 1450).

La famosa escena de la entrada en Jerusalén entre multitudes, narrada en los Evangelios, muestra claramente esto, no por la escena en sí, sino por cómo Jesús ordena que se realice. Aquel día, orquestó todo para presentarse en la Ciudad Santa como el heredero del trono de David, quizás con la esperanza de que el pueblo, convencido, se levantase para proclamarlo y para luchar contra los opresores.

Pero existen otros cuantos indicios que dan bastante en qué pensar y que fundamentan esta idea. Por ejemplo, resulta muy paradójico que el propio Jesús, que, por un lado, ordenaba poner la otra mejilla y precidaba el «amad a vuestros enemigos y orad por los que os persiguen» (Mt 5,44), dijese cosas como esta: «No penséis que viene a traer paz en la tierra; no he venido a traer paz, sino la espada» (Mt 10,34). O la famosa escena de la expulsión de los mercaderes y los cambistas del Templo en plena semana de la Pascua, un violento y claro enfrentamiento contra el *establishment* judío político y religioso al que en breve regresaremos. Esto, al menos, debió ser visto como una amenaza por Roma, que pudo centrar desde entonces su atención en Jesús como un posible revolucionario revoltoso.

Como vimos, Judas Iscariote ha sido relacionado por algunos autores con los *sicarii* por el parecido de esta denominación con su apodo, «Iscariote». Además, al menos uno de los apóstoles, Simón el Zelota —según Lucas, aunque Marcos y Mateo lo llaman «el Cananeo»—, parece estar relacionado con la secta de los zelotas, de la que no se dice absolutamente nada en todo el Nuevo Testamento. El problema es que estos, como vimos, no entraron en escena hasta que estalló la primera guerra judeo-romana (en el año 66). Pero, claro, en esa época se escribieron los Evangelios, cuando ese término tenía ya un claro significado político y guerrero —antes pudo haberse entendido como «celoso» por la ley judía, tal y como se autodefine a sí mismo Pablo en alguna ocasión—. Realmente, aunque los zelotas, como tales, no aparecieron hasta esa época, sus raíces proceden de mucho antes, precisamente del tiempo de Jesús…

Además, en los propios Evangelios se encuentran algunos pasajes inquietantes. Por ejemplo, la siguiente escena, mencionada por Lucas, justo después de la última cena e inmediatamente antes del arresto de Jesús:

[Jesús] les dijo: «Pero ahora, el que tenga bolsa, que la coja; igualmente la alforja; y el que no tenga, que venda su manto y compre una espada. Pues os digo que es necesario que se cumpla en mí lo escrito, a saber: "Y fue contado entre los inicuos"; pues lo que a mí se refiere toca a su fin». [Lc 22,36-38].

Esto se ha intentado explicar metafóricamente por parte de los exégetas cristianos, pero el significado parece claro y contundente: Jesús, aquella fatídica noche, en aquellas circunstancias, pidió a los suyos que se armasen. Es más, justo después, Lucas pasó a narrar cómo fue su detención, un pasaje en el que sucedió algo que resulta difícil de explicar: después de que Judas llegue junto a las hordas mandadas por los jefes de los judíos, sucedió lo siguiente:

Y los que estaban con él viendo lo que iba a pasar, dijeron: «Señor, ¿golpeamos con la espada?». Y uno de ellos golpeó al siervo del sumo sacerdote y le cortó la oreja derecha. Y tomando la palabra, dijo Jesús: «¡Dejadlo, hasta aquí!». Y tocando la oreja, lo curó. [Lc 22,49-51].

Marcos y Mateo contaron lo mismo, aunque este último añadió una declaración pacífica de Jesús:

[Jesús dijo:] «Vuelve a envainar tu espada, pues todos los que empuñen espada, a espada morirán. ¿Crees acaso que no puedo hacer una petición a mi Padre, y me enviaría al punto más de doce legiones de ángeles? Si no, ¿cómo se cumplirían las escrituras que anunciaron que así tenía que suceder?». [Mt 26,52-54].

Y Juan no solamente cambió la historia, sino que nos dijo quién era el portador del arma:

Entonces, Simón Pedro, que tenía una espada, la desenvainó e hirió con ella a un siervo del sumo sacerdote y le cortó la oreja derecha; el siervo se llamaba Malco. Jesús le dijo entonces a Pedro: «Devuelve tu espada a la vaina. La copa que me ha dado el Padre, ¿no voy a beberla?». [Jn 18,10-11].

Sin embargo, el primer evangelista, Marcos, lo contó sin necesidad de matizar nada ni de situar a Jesús regañando a aquel que había sacado su espada: «Y echaron sus manos sobre él y lo detuvieron. Pero uno de los presentes desenvainó la espada, golpeó al siervo del sumo sacerdote y le cortó la oreja» (Mc 14,46,47).

Lucas y Mateo trataron de solucionar el entuerto ocasionado por su fuente, Marcos, e introdujeron a Jesús pidiendo paz. Juan hizo lo mismo. Pero todos mantuvieron la complicada escena. ¿Por qué? No pudieron omitirla por lo conocida que era, pero la modularon para suavizarla. Aunque quedan ciertas reminiscencias. Por ejemplo, el término griego que emplean los evangelistas, traducido como «espada», es *máchaira*, que vendría a ser una espada recta y corta, al estilo del *gladius* romano, el arma usual en aquella época (luego se introdujo la *spatha*, una espada larga). Es decir, portaban armas de guerra, que eran bastante caras y para las que era necesario un cierto adiestramiento.

Si sacamos la carta del criterio de dificultad, cuesta creer que alguien pudiese inventar algo tan opuesto a las posteriores ideas de la primitiva cristiandad sobre Jesús, que era visto como un predicador pacífico, lo que necesariamente nos hace pensar que tuvo que suceder en realidad y que fue adornado y suavizado por los evangelistas.

Es más, según Juan, una cohorte de soldados romanos se encargó del arresto de Jesús. ¿Hacían falta tantos hombres? Esto solo se explica si esperaban encontrar una dura resistencia.

Judas Iscariote (Antonio Casamitjana [Antoine Cas], 2020).

Visto todo esto, parece bastante probable que Jesús, en coherencia con sus pretensiones mesiánicas y regias, intrínsecamente unidas a su propuesta religiosa, es decir, a la creencia en la inminente llegada del Reino de Dios, intentase provocar un levantamiento de su pueblo contra Roma. No sería el primero, ni el último. Si no, no se explica que fuese crucificado, un castigo que, como ya comenté, solo estaba destinado a los condenados por sedición o por delitos de lesa majestad.

Quizás fue algo parecido a este episodio que contó Josefo en su *Guerra de los judíos*:

> Pero mayor daño causó a todos los judíos un hombre egipcio, falso profeta: porque, viniendo a la provincia de ellos, siendo mago, queríase poner nombre de profeta, y juntó con él casi treinta mil hombres, engañándolos con vanidades, y trayéndolos consigo de la Soledad adonde estaban, al monte que se llama de las Olivas, trabajaba por venir de allí a Jerusalén, y echar la guarnición de los romanos, y hacerse señor de todo el pueblo. Habíase juntado para poner por obra esta maldad mucha gente de guarda; pero viendo esto Félix, proveyó en ello; y saliéndoles con la gente romana muy armada y en orden, y ayudándole toda la otra muchedumbre de judíos, diole la batalla. Huyó salvo el egipcio con algunos; y presos los otros, muchos fueron puestos en la cárcel, y los demás se volvieron a sus tierras. [2, 261-264].

Si bien esto sucedió varios años después de la muerte de Jesús, siendo Félix gobernador romano de Judea (entre el 52 y el 58 d. C.), el parecido con la historia de Jesús es más que notable, especialmente por la mención al monte de los Olivos, habitual lugar de reunión y oración de nuestro protagonista y los suyos… Ya veremos el motivo de esta coincidencia.[10]

Volviendo con nuestro protagonista, quizás esto sea lo que explique el misterio de su traición, que no tiene el más mínimo sentido si nos acogemos a lo que dicen los Evangelios, especialmente los sinóp-

---

10 Lo curioso es que en los Hechos se cuenta que Pablo fue detenido por los judíos por predicar en el Templo y alborotar a la gente, para ser posteriormente conducido ante el tribuno romano, donde se le preguntó lo siguiente: «Entonces, ¿no eres tú el egipcio que hace dos días provocó una revuelta y se llevó al desierto a cuatro mil bandidos?». (Hch, 21,38).

ticos. Permítanme especular: es posible que Judas, como quizás Pedro u otros de los Doce, fuese un defensor especialmente activo de la lucha armada, y por eso le pusieron de epíteto este de Iscariote, que hacía referencia a los sicarios. Y es posible que Jesús, en un momento dado, hubiese pretendido alejarse de la lucha armada contra Roma, y que esto fuese un motivo de fricción importante. ¿No?

Antes de continuar, me gustaría trazar un último giro relacionado con esto: Flavio Josefo, como les comenté páginas atrás, habló de la revuelta iniciada por Judas el Galileo en el año 6 d. C. Pues bien, en los Hechos también se menciona a este personaje: el prestigioso rabino Gamaliel (maestro de Pablo según esta obra) lo usa para hacer referencia a un Mesías fallido y compararlo con el movimiento creado por Jesús:

> Varones israelitas, tened cuidado con lo que vais a hacer con estos hombres [se refiere a los apóstoles]. Porque no hace muchos días se levantó Teudas diciendo que era alguien importante, y se le adhirió un número como de cuatrocientos hombres; este fue muerto, y todos sus adeptos se disolvieron y quedaron en nada. Después se levantó Judas el Galileo, en los días del censo, y arrastró al pueblo tras de sí; también aquel pereció y todos sus adeptos se dispersaron. <u>Y ahora os digo: apartaos de estos hombres y dejadlos, porque si este proyecto o esta obra es de hombres, se disolverá, pero si es de Dios no podréis disolverlos, no sea que incluso os encontréis en lucha contra Dios.</u> [Hch 5,35-39].

Aunque este pasaje es claramente falso, entre otras cosas porque el tal Teudas murió entre el 44 y el 46 d. C., unos cuantos años después de la muerte de Jesús, no deja de ser significativo que, de algún modo, el autor de los hechos, el mismo de Lucas, plantease que se trataba de movimientos parecidos…

Concluyendo: aunque resulta sugerente esta hipótesis según la cual aquello de «Iscariote» procede del grupo armado aquel, no hay forma de demostrarlo, pero no es imposible y encajaría con el Jesús histórico. Como tampoco lo es que se tratase de un gentilicio.

LA PASIÓN DE JUDAS

El movimiento de Jesús, desde una perspectiva puramente histórica y alejada de la fe, terminó fracasando cuando el galileo fue detenido, juzgado (de forma muy irregular) y condenado a muerte mediante un mecanismo totalmente ignominioso. Y en eso, queridos lectores, según todas las narraciones evangélicas, tuvo mucho que ver Judas el Iscariote.

Sin embargo, para los creyentes de ayer y de hoy, fue justo lo contrario: Jesús, ya sea entendido como el hijo de Dios (según defienden los sinópticos) o como una emanación encarnada del propio Dios (según Juan), se entregó voluntariamente a la muerte.

El primero que planteó esto, que sepamos, fue Pablo de Tarso, que llegó a la conclusión de que todo esto formaba parte de un plan divino trazado mucho tiempo antes, cuyo fin último era vencer a dos potestades cósmicas a las que el de Tarso denominaba con nombre propio: el Pecado, para lo que se entregó Jesús voluntariamente a la cruz, en un acto de autosacrificio redentor con el que quitaba el pecado del mundo, y la Muerte; por eso resucitó al tercer día, para demostrar que la resurrección era posible. Ese es el epicentro del cristianismo paulino, el que terminó triunfando unos tres siglos después de la historia real de Jesús, cuando se alió, paradójicamente, con el Imperio romano, los culpables de la muerte del Nazareno, y ese es el principal camino de salvación para los seguidores de este cristianismo concreto: la fe en su muerte redentora y en su resurrección. Pero, como veremos dentro de varios capítulos, no todos los cristianos creían lo mismo sobre Jesús ni pensaban que ese era el camino para conseguir la salvación ni la vida eterna. En cualquier caso, también en esto tuvo mucho que ver Judas el Iscariote.

Todos los evangelistas, que escribieron sus obras después de Pablo, y tomando como base su propuesta teológica y salvífica, coinciden en señalar que el plan divino, por el motivo que sea, necesitaba de la ayuda de un traidor que entregase a Jesús. Y ese fue Judas. Por lo tanto, dado que su papel en toda esta historia se precipita durante los supuestos últimos días de vida del Nazareno, es necesario rememorar brevemente cómo sucedieron los acontecimientos que acabaron con su cuerpo colgado de un madero y con la sorprendente noticia del hallazgo de su tumba vacía.

Lázaro

Todo empezó, según el cuarto evangelista, cuando Jesús fue informado por Marta y María, sus amigas de Betania, de que Lázaro, también su amigo, hermano de ambas, había caído enfermo de gravedad. Jesús, a pesar de la urgencia de la noticia, no partió enseguida hacia allá, sino que «permaneció dos días en el lugar en el que estaba» (Jn 11,6). Finalmente, cuando iban camino de Judea, Jesús y los suyos se enteraron de que Lázaro había fallecido. Cuando llegaron, llevaba cuatro días sepultado, y sus hermanas, como es lógico, estaban devastadas. Pero no piensen que esto amilanó a Jesús, como tampoco lo hizo que Marta le informase de que el cadáver ya olía (Jn 11,40): sin dudarlo, se dirigió al sepulcro, pidió que rodasen la puerta que lo cerraba y, mirando al cielo, lanzó una oración y gritó: «¡Lázaro, ven fuera!» (Jn 11,43). Dicho y hecho. Su amigo había regresado de entre los muertos. La gloria de Dios se había manifestado de nuevo, pero…

La resurrección de Lázaro (Juan de Barroeta, 1855).

Muchos judíos que habían ido a casa de María y habían presenciado lo que hizo creyeron en él; pero algunos de ellos se dirigieron a los fariseos y les contaron lo que había hecho Jesús. Entonces, los jefes de los sacerdotes y los fariseos se reunieron en consejo y dijeron: «¿Qué hacemos, puesto que este hombre realiza muchos signos? Si lo dejamos así, todos creerán en él y los romanos vendrán y nos arrebatarán nuestro lugar y nuestra nación [como si no se la hubiesen arrebatado ya]». Pero uno de ellos, Caifás, que era el sumo sacerdote ese año, les dijo: «Vosotros no sabéis nada, ni consideráis que os conviene que un solo hombre muera por el pueblo y no que perezca toda la nación».

Esto no lo decía por sí mismo, sino que, al ser ese año sumo sacerdote, profetizó que Jesús iba a morir por la nación, y no por la nación solamente, sino también para reunir a los hijos de Dios dispersos en una unidad. Así que a partir de aquel día tomaron la decisión de matarlo. Con lo cual Jesús ya no andaba en público entre los judíos. [Jn 11,45-54].

Así de mezquinos eran los enemigos de Jesús, aunque, todo sea dicho, este último párrafo, donde se alude directamente a la salvación de los gentiles, tiene pinta de no ser histórico, y aquello de que es mejor que muera un solo hombre para evitar la destrucción de toda una nación suena demasiado al papel salvador y redentor que tendrá su muerte según la cristología paulina. Pero da igual. Según el Evangelio de Juan, este es el motivo por el que los gerifaltes judíos decidieron que tenían que quitarse de en medio a Jesús. Ahora bien, en los otros tres Evangelios no se dice ni mu de este episodio de Lázaro. Ni mu. Sorprende mucho que Marcos, el primer evangelista, no conociese esta historia. Es más, en los sinópticos ni siquiera se menciona el nombre de Lázaro, ¡aunque sí el de sus hermanas! Y es curioso porque sí que narran que Jesús estuvo en varias ocasiones en Betania (por ejemplo, en Mateo 21,17 o en Lucas 10,38).

Para los otros evangelistas, el punto decisivo fue la expulsión de los mercaderes del Templo, de la que luego hablaremos.

El pollino

En cualquier caso, pese a las amenazas de los judíos, y pese a conocer de antemano cuál iba a ser su trágico final —tanto que varias veces lo fue anunciando a sus discípulos—, Jesús no huyó —bueno, según Juan, estuvo un tiempo en Efraín—, sino que se lanzó a la boca del lobo, y lo hizo a lo grande, entrando apoteósicamente en Jerusalén a lomos de un asno y siendo recibido por una multitud. Ya saben, aquello que se conmemora el Domingo de Ramos.

Ahora bien, este momentazo tiene mucho que ver con una profecía que siglos atrás había propuesto Zacarías: «He aquí que viene a ti tu Rey, justo y victorioso, humilde, montado en un asno, en un pollino hijo de asna» (Zac 9,9).

Marcos dejó bien claro que Jesús lo hizo así a propósito, preparó el escenario para entrar en Jerusalén como el Mesías esperado y anunciado por los profetas, y como el rey de los judíos que venía a restaurar la monarquía unificada, con la intención de cumplir dicha profecía:

> Cuanto estuvieron cerca de Jerusalén, Betfagé y Betania, junto al monte de los Olivos, envió a dos de sus discípulos diciéndoles: «Id a la aldea que está frente a vosotros, y cuanto entréis en ella, encontraréis inmediatamente un pollino atado, al que nadie ha montado todavía; soltadlo y traedlo. Y si alguien os dice: "¿Por qué hacéis esto?", decidle; "El señor tiene necesidad de él y al punto lo enviará de nuevo aquí"». [Mc 11,1-3].

Así, montado en su borrico, Jesús entró triunfalmente en la Ciudad Santa y fue recibido por una multitud de exaltados que iban tendiendo ramas por el camino por el que fue pasando mientras gritaban: «¡Hosanna! ¡Bendito el que viene en nombre del Señor! ¡Bendito el reino que viene de nuestro padre David! ¡Hosanna en las alturas!» (Mc 11,9-10). Y según Lucas y Juan, fue aclamado por el pueblo de Jerusalén como si de un rey se tratase: «Bendito el rey que viene en nombre del Señor. ¡Paz en el cielo y gloria en las alturas!» (Lc 19,38).

Mateo contó más o menos lo mismo, aunque se le fue un poco la pinza y la lio:

Entonces Jesús envió a dos discípulos con las siguientes instrucciones: «Id a esa aldea de ahí enfrente y encontraréis enseguida una burra atada y un pollino con ella; desatadlos y traédmelos». [21,1-2].

[...] Los discípulos fueron y cumplieron las instrucciones de Jesús; trajeron la burra y el pollino y les echaron mantos encima, y él se sentó sobre ellos. [21,6-7].

¿Cómo? Sí, según Mateo, había dos borricos, y Jesús se subió encima de los dos para entrar como un rey, el rey de los judíos, en la Ciudad Santa... Obviamente, esto se trata de un error del evangelista, que pensó que la profecía aquella de Zacarías hablaba de un asno y de un pollino...

Perdonen, de nuevo, mi escepticismo, pero igual esto tampoco fue tal y como lo contaron los evangelistas.

Este sonado recibimiento y todo esto de las ramas y palmas pudo deberse a otro motivo: quizás se estaba celebrando la fiesta de los Tabernáculos, que se festeja durante siete días entre septiembre y octubre, es decir, con la llegada del otoño. Vean, por ejemplo, lo que se dice en el Levítico sobre esta celebración: «El primer día tomaréis frutos hermosos, ramos de palmera, ramas de árboles frondosos, sauces de las riberas, y haréis fiesta durante siete días en presencia del Señor, vuestro Dios» (Lv 23,40). Y no solo eso: durante esta celebración se solían cantar los salmos 113-118, gritando al aire aleluyas y hosannas... El parecido es obvio. El problema está en que todos los textos evangélicos sitúan estos acontecimientos durante la víspera de la Pascua judía, en primavera. De haber coinci-

La entrada en Jerusalén
(Pieter Coecke van Aelst, 1530).

dido la entrada de Jesús en Jerusalén con el primer día de la fiesta de los Tabernáculos, tendríamos una posible evidencia de que todos estos acontecimientos, que terminaron con la muerte de Jesús, no sucedieron en una semana, sino en varios meses. La inmensa mayoría de los estudiosos consideran que, en efecto, el relato de la Pasión de Jesús, anterior con total seguridad al propio Marcos, y del que bebieron tanto este como Juan, resumía en una semana lo que duró en realidad meses.

O quizás, sin más, es mentira y nunca fue recibido por ninguna multitud. No lo sabemos. Lo que no parece cierto de ninguna de las maneras es que fuese todo el pueblo de Jerusalén a recibirlo, el mismo que luego prefirió salvar a Barrabás en vez de a él, sino que probablemente se trató de una pequeña congregación de fieles. De haber sido una multitud aclamando al rey de Israel legítimo, las autoridades romanas hubiesen metido mano en el asunto en ese instante, y nada de esto se indica en los Evangelios. Aunque eso tampoco quiere decir mucho.

La purificación

Justo después de la entrada triunfal en Jerusalén, según los sinópticos —recuerden, Marcos y sus versiones extendidas, Lucas y Mateo—, tuvo lugar un episodio enormemente significativo y que guarda mucha relación con la posterior condena de Jesús. Se trata de la llamada «purificación del Templo», cuando Jesús echó a los mercaderes, liberó a los animales, volcó las mesas de los cambistas, anunció la destrucción del Templo y dijo aquello de: «¿No está escrito: "Mi casa será llamada casa de oración para todas las naciones"? Pero vosotros la habéis convertido en una guarida de bandidos». (Mc 11,17).

Los sacerdotes, al enterarse de aquella afrenta, decidieron acabar con Jesús, «pues lo temían, porque toda la muchedumbre estaba impresionada por su enseñanza» (Mc 11,18). Observen el parecido de este versículo con los que citábamos páginas atrás al hablar de la reacción de los jefes de los judíos ante el milagro de la resurrección de Lázaro. En Juan, como vimos, este fue el motivo por el que decidieron cargarse a Jesús, mientras que en los sinópticos fue por esto de la expulsión de los mercaderes. Lo curioso es que Juan también narró este episodio, pero lo hizo ¡al principio del ministerio de Jesús!, justo tras contar la historia de las bodas de Caná. ¿Por qué? Seguramente porque debía meter esa escena en su relato, por conocida, pero no le encajaba en su secuencia de acontecimientos ni en su teología, pues se trata, como vimos, de un episodio violento que muestra a un Jesús muy alejado de aquel que hablaba de poner la otra mejilla y amar a los enemigos.

¿Qué había de malo en aquello que estaban haciendo los mercaderes y los cambistas? Los vendedores estaban allí para que los peregrinos, llegados a Jerusalén para celebrar la Pascua, pudiesen comprar sus animales para el sacrificio o el holocausto (palomas, corderos, bueyes), y los cambistas, para cambiar la moneda a los judíos procedentes de otras partes del Imperio romano y pudiesen pagar el tributo al Templo. No había nada raro, ni nuevo, ni aparentemente malo en todo esto. No estaban robando, ni estafando, ni profanando el suelo sagrado. ¿A qué venía entonces el pronto tan feo que le entró a Jesús?

Unos lo han identificado como una destrucción simbólica, una puesta en escena que vendría a representar la futura destrucción real y a exponer sutilmente la doctrina de Jesús: que a partir de entonces quedaría invalidado aquel lugar, centrándose todo en la llegada del Reino de Dios. Otros han propuesto que fue un acto de provocación política, el inicio de una revuelta…, aunque lo más probable es que aquella violenta acción de Jesús fuese debida a que consideraba que los mercaderes, apoyados por los saduceos, que a su vez estaban aliados con los malvados romanos, gozaban de una situación de monopolio que les permitía imponer precios abusivos y desproporcionados.

Sea como fuere, si esto se produjo durante los días previos a la Pascua, como afirman los sinópticos, pudo ser, sin duda, un motivo claro para que las autoridades romanas detuviesen a Jesús y quizás para que las judías lo denunciasen. Fue un claro acto de rebelión. Y además, en el corazón del judaísmo… Si es que alguna vez sucedió, ya que buena parte de la crítica considera que este episodio no tiene demasiadas posibilidades de haber ocurrido realmente. O sí, ya que de alguna forma esta acción, relativamente violenta, entraba en cierta contradicción con el pacífico Jesús del cristianismo posterior. Recuerden, el criterio de dificultad.

Por otro lado, tampoco parece que fuese tan importante la movida, sobre todo porque Jesús no fue detenido de inmediato, al contrario de lo que sucedió con Pablo, que unos años después fue arrestado allí mismo por las autoridades judías simplemente porque alguien lo acusó de haber profanado el Templo al permitir la entrada de un gentil en él (Hch 21,27-40). Los exégetas cristianos consideran que la detención no se produjo en ese momento porque, como se dice en algún lugar (Mc 14,2), los mandamases judíos preferían esperar a que pasase la Pascua para no enrabietar al pueblo. Podría ser. Los líderes sacerdotales debieron ver con malos ojos aquella acción, ya que era un ataque claro contra sus intereses, pero eran conscientes de lo que podría suceder si se producía una revuelta. O quizás fue un incidente sin demasiada importancia, excepto para los seguidores de Jesús, que lo tomaron como un acto de rebeldía contra la corruptela sacerdotal que venían a destruir y, aunque no se diga en los Evangelios, contra los romanos. O quizás, simplemente, el acto fue algo rápido, y Jesús y los suyos huyeron antes de que pudiesen ser apresados.

La expulsión de los mercaderes (El Greco, 1600).

Lo cierto es que tanto las autoridades judías como las romanas, informadas de este asunto, pudieron ponerse ya en guardia ante la posible amenaza que representaba el galileo rebelde aquel.

Las unciones

Antes de estos dos extraordinarios e importantísimos acontecimientos públicos, en los que Jesús quiso mostrarse ante los jerosolimitanos como el rey de los judíos anunciado por los profetas, sucedió algo muy importante que, por fin, guarda relación con Judas.

Atención a lo que narró el cuarto evangelista justo antes de la entrada triunfal de Jesús en Jerusalén.

Seis días antes de la Pascua llegó Jesús a Betania, de donde era Lázaro, al que Jesús había resucitado de entre los muertos. Allí le prepararon una cena, y Marta le servía; Lázaro era uno de los que se reclinaban en la mesa con él.

> Entonces María, tomando una libra[11] de perfume de nardo muy puro, de gran valor, ungió los pies de Jesús y enjugó con sus cabellos sus pies; la casa se llenó del olor del perfume. <u>Judas el Iscariote, uno de sus discípulos, el que lo iba a entregar, dijo: «¿Por qué este perfume no se vendió por trescientos denarios y se dio a los pobres?».</u>
>
> <u>Dijo esto no porque le importaran los pobres, sino porque era ladrón y al tener la bolsa del dinero se llevaba lo depositado.</u> Entonces Jesús dijo: «Déjala, que lo guarde para el día de mi sepultura, pues a los pobres siempre los tendréis con vosotros, pero a mí no me tendréis siempre». [Jn 12,1-8].

Se trata de la única escena protagonizada por Judas de los cuatro Evangelios que no se desarrolla en la secuencia de acontecimientos de la Pasión.

Es interesante que se caracterice a Judas como un avaro y un pesetero, sobre todo porque en el Evangelio de Juan no se dice nada de las famosas treinta monedas, de las que pronto hablaremos… Pero hay que tener en cuenta que 300 denarios era una pasta en aquella época.

---

11   Una libra romana son 327 gramos.

Para que se hagan una idea, era el sueldo de todo un año de un trabajador medio.[12] No es de extrañar que Judas se quejase.

Pero esta escena no parece ni de lejos histórica. De hecho, todo parece indicar que es un refrito de una serie de antiguas tradiciones sobre varias mujeres ungidoras que podemos encontrar en los sinópticos, empezando por una que aparece en el Evangelio de Lucas, junto antes del episodio en el que se presenta a María Magdalena como una mujer de la que «habían salido siete demonios»:

> Le rogaba uno de los fariseos que comiera con él, y entrando en la casa del fariseo, se recostó a la mesa. Y resultó que había en la ciudad una mujer pecadora, y sabiendo que estaba en la casa del fariseo, trajo un frasco de alabastro con perfume; y colocándose detrás, junto a sus pies, llorando, comenzó a regarlos con sus lágrimas, y los enjugaba con los cabellos de su cabeza, besaba sus pies y los ungía de perfume. Y al verlo el fariseo que lo había invitado, dijo para sus adentros: «Si este fuera profeta, conocería qué mujer y de qué clase es la que lo toca, ya que es una pecadora». [Lc 7,36-39].

Y Jesús, siempre al quite, salió en defensa de aquella misteriosa señora:

> ¿Ves a esta mujer? Entré en tu casa y no me diste agua para los pies, pero ella regó mis pies con sus lágrimas y los enjugó con sus cabellos; no me diste un beso, pero ella desde que entró no cesó de besarme los pies. No me ungiste la cabeza con óleo, pero ella ha ungido con perfume mis pies. Por esta razón te digo que se le perdona sus muchos pecados, porque ha amado mucho. [Lc 7,44-47].

Como ven, aquí el que muestra cierta reticencia ante lo sucedido no es ninguno de los apóstoles, sino un fariseo anónimo. Y la mujer no es María de Betania, sino una pecadora también anónima —tradicional y erróneamente asimilada con María Magdalena—. Pero el episodio es similar.

---

12 El Evangelio de Mateo lo deja bien claro en la llamada «parábola de los jornaleros en la viña»: «Pues el reino de los cielos se parece a un hacendado que salió al amanecer a contratar jornaleros para su viña; ajustó con los jornaleros un denario por día y los mandó a la viña» (Mt 20,1-2).

La unción en Betania (Peter Paul Rubens y Anthony Van Dyck, 1618). Nótese aquí cómo la mujer, tras verter el perfume en los pies de Jesús (abajo está el frasco), se los besa.

Unción de Jesús en Betania (Anónimo, *c.* 1480). Si se fijan, podrán comprobar que solo uno de los personajes no lleva la típica aureola de santidad. Ese es Judas… Además, la ungidora, aquí, vierte el perfume sobre la cabeza de Jesús, no en los pies, como en la imagen anterior.

Lo sorprendente es que Lucas tomó esta escena de Marcos, aunque transformándola por completo. Seguro que serán capaces de captar las evidentes diferencias.

Estando él en Betania, recostado en casa de Simón el Leproso, vino una mujer que traía un frasquito de ungüento perfumado de nardo puro, carísimo. Tras romper el frasco de alabastro, <u>lo vertió sobre su cabeza</u>. Había <u>algunos</u> que, irritados, se decían entre sí: «¿Para qué este derroche de perfume? Pues este ungüento podría venderse por más de trescientos denarios y ser entregado a los pobres». Y se enfadaban con ella. Pero Jesús dijo: «¡Dejadla! ¿Por qué la molestáis? Hizo por mí una buena acción. Pues tenéis siempre pobres entre vosotros, y cuando queráis, podéis hacerles el bien, pero a mí no me tendréis siempre. Hizo lo que podía; <u>se adelantó a ungir mi cuerpo para la sepultura</u>. Pero os aseguro que, cuando se anuncie la buena noticia a todo el mundo, se hablará también de lo que hizo esta en recuerdo suyo».
<u>Judas el Iscariote, uno de los Doce, se dirigió a los jefes de los sacerdotes para entregárselo</u>. [Mc 14,3-10].

Es decir, ni era una pecadora ni la escena se desarrollaba en Galilea, sino en Betania, en Judea; ni el motivo de la unción era un acto de penitencia de una arrepentida, sino que venía a ser más bien, como en Juan, un vaticinio de la muerte de Jesús, un claro ejemplo de profecía *ex eventu*, de los muchos que podemos encontrar en los Evangelios.

Además, según Marcos, esto sucedió dos días antes de la Pascua, pero, según Juan, fue seis días antes.

Mateo, a diferencia de Lucas, sí que transmitió esta escena prácticamente igual que aparece en Marcos, y la situó como él al final de la vida pública de Jesús, inmediatamente antes de la traición de Judas.

Jesús se hallaba en Betania, en casa de Simón el Leproso, cuando, hallándose él recostado, se le acercó una mujer que llevaba un frasco de perfume de gran valor y <u>lo derramó sobre su cabeza</u>. Al verlo, <u>los discípulos se indignaron</u> y dijeron: «¿Para qué este despilfarro? Se podría vender a buen precio y dárselo a los pobres». Jesús les oyó y les dijo: «¿Por qué os estáis molestando a esta mujer, que tan bellamente se ha portado conmigo? Pobres, los tenéis siempre con vosotros, pero a mí no me tendréis siempre. Ahora, al derramar este perfume sobre mi cuerpo, lo que ha hecho es anticipar mi sepultura. Os aseguro que en cualquier parte del mundo donde se proclame este evangelio se relatará lo que ella ha hecho a fin de que sea recordada».

Entonces uno de los Doce, llamado Judas el Iscariote, fue al encuentro de los sumos sacerdotes y les dijo: «¿Cuánto me pagaréis si os lo entrego?». [Mt 26,6-15].

Menudo lío, ¿no? Por si fuera poca la confusión, en otra parte de Lucas aparece una clara mención a las hermanas de Lázaro (Marta y María), aunque ni se nombra a este ni se dice nada de Betania:

Yendo ellos de camino, entró él en una aldea. Y una mujer, de nombre Marta, lo recibió. Y esta tenía una hermana llamada María, la cual, sentada a los pies del Señor, escuchaba su palabra. Pero Marta estaba ocupada en muchos quehaceres del servicio; y acercándose, dijo: «Señor, ¿no te importa que mi hermana me deje sola en el servicio? Dile, pues, que me ayude». Y le respondió el señor diciendo: «Marta, Marta, te preocupas y te agitas con muchas cosas. Solo hay necesidad de una cosa: María ha elegido la parte buena, que no se le quitará». [Lc 10,38-42].

Cristo en casa de Marta y María (Velázquez, 1618). En este fascinante cuadro del genio sevillano vemos, en primer plano, a una joven trabajando en la cocina junto a una anciana que señala hacia un cuadro que está en segundo plano y que representa esta escena de Lucas: a Jesús dialogando con María de Betania y a Marta mosqueada por la actitud de su hermana.

Recapitulando, parece claro que existía una antigua tradición, recogida por todos los evangelistas, aunque de forma distinta, sobre la unción de Jesús por una mujer, siempre con un contenido moderadamente erótico y sensual. Así, es posible plantear que se trata de una historia basada en algo que sucedió en realidad. Además, y esto es lo que nos interesa, según los relatos de Marcos, Mateo y Juan, aquello mosqueó a Judas y fue lo que lo llevó a traicionarlo.

Según Juan, que situó esta escena seis días antes de la Pascua, fue porque consideraba que aquello era un gasto innecesario y superfluo que bien podría haber ido a parar a los pobres. Marcos y Mateo no mencionan explícitamente qué fue lo que sentó mal de esto, pero en ambos relatos, acto seguido, Judas acude a los sumos sacerdotes para pactar la entrega de Jesús, lo que indica a las claras que el detonante de su decisión fue ese acto de la unción, en ambos casos en la cabeza, a manos de una mujer de Betania. Y solo dos días antes de la Pascua.

	MARCOS (14,3-9)	**LUCAS** (7,36-49)	**MATEO** (26,6-13)	**JUAN** (12,1-8)
UNGIDORA	Mujer anónima	Pecadora anónima	Mujer anónima	María, hermana de Lázaro
LUGAR	Betania, casa de Simón el leproso	Desconocido, casa de un fariseo	Betania, casa de Simón el leproso	Betania
PERSONAJE QUE RENIEGA	Algunos de los discípulos	Fariseo anónimo	Todos los discípulos	Judas
PERFUME	Nardo carísimo	Nardo, pero no dice que sea caro	Desconocido, pero de gran valor	Desconocido, pero caro
LUGAR DEL CUERPO	Cabeza	Pies	Cabeza	Pies
FECHA	Dos días antes de la Pascua	Indeterminada, pero mucho antes de la Pasión.	Dos días antes de la Pascua	Seis días antes de la Pascua

Eso sí, en Marcos, algunos de los discípulos reniegan por el despilfarro en perfume, mientras que en Mateo lo hacen todos. Recuerden que, según Juan, el único que renegó fue Judas.

La cuestión es: ¿por qué esto de la unción molestó a Judas?

Volvamos a lo que comentó Juan para que podamos enfocarnos en algo que igual les ha pasado desapercibido:

> [Judas] Dijo esto no porque le importaran los pobres, <u>sino porque era ladrón y al tener la bolsa del dinero se llevaba lo depositado</u>. Entonces Jesús dijo: «Déjala, que lo guarde para el día de mi sepultura, pues a los pobres siempre los tendréis con vosotros, pero a mí no me tendréis siempre». [Jn 12,1-8].

¿Qué significa eso de «al tener la bolsa del dinero»?[13] Todo parece indicar que con esto se quería mostrar que era el tesorero del grupo. De hecho, en la escena de la última cena, después de que Jesús comentase que uno de los presentes lo iba a traicionar, señalando claramente a Judas, al que insta para que haga lo que tiene que hacer, sucede lo siguiente:

> Esto, ninguno de los que estaban recostados supo por qué se lo decía. Algunos pensaron, puesto que Judas tenía la bolsa, que Jesús le decía: «Compra lo que necesitemos para la fiesta», o que diera algo a los pobres. Después de tomar el bocado, aquel [Judas] se fue enseguida; era de noche. [Jn 13, 28-30].

Juan expone que el motivo real de su enfado no era el despilfarro de dinero que podría haber servido para ayudar a los pobres, sino que Judas, aunque era el tesorero, solía quedarse con pasta de la bolsa. Claro, si ese perfume se hubiese vendido, él habría pillado tajada. Visto así, la orden que le da Jesús en la cena («Compra lo que necesitemos para la fiesta», o que diera «algo a los pobres») está cargada de sarcasmo. Sin embargo, Juan no muestra una relación directa entre este acto de la unción y la traición de Judas.

---

13 Esto de «bolsa del dinero» aparece en el texto original en griego como γλωσσόκομον (*glōssokomon*), y aunque se puede traducir como «bolsa», también hace referencia a una caja pequeña que se puede emplear en distintos usos.

En cambio, Marcos y Mateo, como acabamos de ver, sí que lo hacen de forma clara. Insisto, ¿por qué? Es difícil determinarlo. En los dos textos se deja claro que el motivo de la unción estaba relacionado con su muerte: «Se adelantó a ungir mi cuerpo para la sepultura» (Marcos); «al derramar este perfume sobre mi cuerpo, lo que ha hecho es anticipar mi sepultura» (Mateo). ¿Y por qué esto iba a mosquear a Judas? Podríamos pensar que se enfadó porque tomó conciencia de que Jesús estaba convencido de que iba a morir próximamente. Pero hay un problema con esto: no parece probable que Jesús fuera consciente de que le quedaban pocos días de vida. Los creyentes consideran que sí porque era un ser divino, pero, desde una perspectiva histórica, parece más bien que este relato, como todos en los que anticipa su muerte, son construcciones posteriores que se crearon después de su trágico final.

Es más, en Marcos (16,1) se muestra, precisamente, a varias mujeres, siempre con María Magdalena a la cabeza, yendo a ungir —se usa ese verbo, no «perfumar»— su cadáver con perfume al tercer día, momento en el que encuentran la tumba vacía.[14]

¿Qué es todo esto? Ni idea, para qué nos vamos a engañar.

Hay quien lo ha relacionado con la unción tradicional de los reyes de Israel según el Antiguo Testamento. En efecto, el primer monarca, Saúl, fue ungido por el profeta Samuel, como su sucesor, David. El hijo de este, Salomón, fue ungido por el profeta Sadoc. Y así con todos. El acto consistía en verter sobre su cabeza aceite sagrado, cuya confección se describió en el Éxodo:

Continuó hablando Yahvé a Moisés, y le dijo: «Tomarás especias finas: de mirra excelente, quinientos siclos, y de canela aromática, la mitad, esto es, doscientos cincuenta; de cálamo aromático, doscientos cincuenta; de casia, quinientos, según el siclo del santuario, y de aceite de olivas, un hin. <u>Prepararás con ello el aceite de la santa unción, un ungüento superior, preparado según el arte del perfumista. Este será el aceite de la unción santa</u>». [30,22-25].

---

14 En Mateo no se dice que las mujeres fuesen a ungirle, sino a ver el sepulcro (28,1). En Lucas se comenta que fueron a perfumar su cuerpo con aromas que habían preparado el viernes (solucionando el marrón de Marcos, que dice que fueron a comprar las especias el sábado). En Juan, solo va María Magdalena, pero no se explica el motivo.

Bien, pero Jesús no fue ungido así. No fueron profetas los que lo hicieron, sino mujeres. Pero alguien tenía que hacerlo. ¿Por qué? Porque eso es lo que significa la palabra *mesías* (*mĕšīā⊠*), «ungido», *Christós* en griego…

Así pues, es posible plantear que Jesús recibió la unción de una mujer en una especie de acto solemne mediante el que se convirtió oficialmente en el Mesías que reuniría a las doce tribus y asumiría el trono de Israel. Una mujer, con un perfume caro, en Betania, lo proclamó rey. Y esto, quizás, fue lo que hizo que Judas se enfadase y se dispusiera a traicionarlo. ¿Por qué? Solo podemos especular, pero quizás pensaba que eso era una ida de olla y una indignidad. Esa no era, para Judas, la manera de ungir al esperado heredero de la casa del rey David, al que Dios le dijo que siempre habría un descendiente suyo en el trono (2 Samuel 7,14-16; Salmos 89,3-4, 26-37); pero aquello no fue así, ya que el reino de David y Salomón, su hijo, se dividió y acabó desapareciendo por diversas invasiones. Nada que no pudiesen solucionar los profetas: algún día, en un futuro indeterminado, Dios cumpliría su promesa y enviaría a un nuevo «ungido» para reinar sobre su pueblo favorito, Israel.

De hecho, a la tradición le quedó claro esto de que a Judas no le gustó la unción en Betania, aunque nunca se haya podido explicar muy bien por qué motivo.

LA TRAICIÓN SEGÚN MARCOS

Durante los días posteriores a la entrada a lomos de un borrico (o de dos, según quien lo cuente) y al extraño episodio de la expulsión de los mercaderes y los cambistas, Jesús se dedicó a visitar el Templo y a predicar por allí, enfrentándose en varias ocasiones a los sacerdotes y fariseos, que continuamente trataban de provocarle y de buscarle la boca, preguntándole con qué autoridad hacía y decía lo que hacía, o retándole con aquello de si había que pagar o no el tributo correspondiente a Roma.

Además, por esta fecha Jesús lanzó su famosa profecía sobre la destrucción del Templo de Jerusalén, en lo que se conoce como «pequeño Apocalipsis de Marcos» (capítulo 13 de este evangelio, uno de los más comentados y estudiados), que parece más bien otra profecía *ex eventu.*

Poco después, dos días antes de la Pascua judía, se produjo la ya comentada unción en Betania, aunque Juan, como vimos, lo colocó antes de la entrada en Jerusalén, y la traición de Judas, momento clave de esta trama y epicentro de este libro, aunque algo incomprensible.

¿Por qué? ¿Por qué necesitaban los judíos a alguien para entregar a Jesús? ¿Es que no sabían cómo era o dónde estaba? ¿Por qué motivo simplemente no lo siguieron y lo detuvieron sin mayor problema? Y además, de ser real esta historia, ¿por qué lo traicionó Judas? Algo huele a podrido aquí.

La cosa venía de atrás. Marcos, al comienzo del capítulo 14, antes de la unción en Betania, escribió esto:

> Dos días después era la Pascua y los Panes Ázimos. Y los jefes de los sacerdotes y los escribas <u>andaban buscando cómo prenderlo mediante engaño y matarlo</u>. Pero decían: «No durante la fiesta, no sea que haya una revuelta del pueblo». [Mc 14,1-2].

Y tras la escena de Betania, Marcos introdujo en su narración a Judas, dejando claro que él, activamente y por voluntad propia, entregó a su maestro:

> Judas el Iscariote, uno de los Doce, se dirigió a los jefes de los sacerdotes para entregárselo. Ellos, al oírlo, <u>se alegraron y prometieron darle dinero</u>. Y buscaba cómo entregarlo en el momento oportuno. [Mc 14,10-11].

De algún modo, esto cerraba el círculo propuesto al inicio de este capítulo 14: los gerifaltes judíos querían acabar con Jesús, pero no sabían cuándo; Judas quería entregarlo, pero quería encontrar el momento correcto.

Lo curioso es que Marcos no mencionó ninguna causa, ningún motivo. Ni tampoco precisó cuánto dinero le prometieron, aunque debió ser mucho, ya que el término griego empleado, *argýrion*, significa «moneda de plata».

A continuación, el evangelista pasó a narrar los acontecimientos de la última cena.

> Entrada la tarde llegó con los Doce. Y cuando estaban recostados comiendo, dijo Jesús: «Os aseguro que <u>uno de vosotros, que come conmigo, me entregará</u>». Comenzaron a disgustarse y a preguntarle uno tras otro: «¿Acaso soy yo?». Pero él les dijo: «Uno de los Doce, <u>el que moja conmigo el plato</u>. Porque el Hijo del hombre se va tal como está escrito de él, pero ¡ay de ese hombre por medio del cual es entregado el Hijo del hombre! Mejor sería para ese hombre no haber nacido». [Mc 14,17-21].

Es decir, Jesús, según Marcos, anticipó su traición, sin nombrar ni señalar expresamente a Judas, aunque los lectores ya lo sabían porque unos versículos antes habían sido informados.

La clave está en esto de «Me entregará», que en ocasiones ha sido traducido como «Me traicionará» de forma incorrecta. El verbo griego empleado por Marcos es *paradidónai*. Si hubiese querido aducir que se trataba de una traición, habría empleado *prodidónai* —de hecho, esa es la palabra que usó Lucas al mencionar a Judas en su listado de apóstoles: «Judas el Iscariote, el que se convirtió en traidor» (Lc 6,6)—. Sí, en la práctica, no hay mucha diferencia, pero los matices, en este caso y en otros muchos momentos de los Evangelios, son fundamentales.

Además, hay que tener en cuenta que Pablo de Tarso, aunque no mencionó a Judas en ningún momento, sí que hizo alusión a esto en su Primera Carta a los Corintios, cuando habló de la instauración de la eucaristía durante la última cena, usando también la forma verbal *paradidónai*, que empleó en otras quince ocasiones[15] en sus cartas: «Porque yo recibí del Señor lo que os transmití: que el Señor Jesús, <u>la noche en que fue entregado</u>, tomó pan, y después de dar las gracias, lo partió y…» (1Cor 11,23).

Por cierto, lo que Jesús mojaba era una salsa agridulce llamada *jaróset*, compuesta por vinagre, higos, dátiles y almendras. Según las reglas judías de celebración de la Pascua, se mojaba de forma orde-

---

15 De hecho, en estos versículos usa el verbo en dos ocasiones: las traducidas como «Os transmití» y «Fue entregado».

nada por parte de todos los comensales. Por lo tanto, no queda claro qué quería indicar Jesús con aquello de «El que moja conmigo el plato», pues todos debían hacerlo…

Sea como fuere, a continuación, Marcos narra la institución de la eucaristía por Jesús, un tema complicado y que ha hecho correr ríos de tinta, y pasa a exponer el traslado hasta el monte de los Olivos, el vaticinio de la triple negación de Pedro y las dudas de Jesús en el huerto de Getsemaní.

Ojo, Marcos no indicó cuándo dejó el traidor el lugar en que se estaba celebrando la cena. Y esto es importante. ¿Cuándo se separó Judas de los demás para preparar la entrega?

El beso de Judas (Giovanni Cimbaue, 1280).

El momento cumbre llega cuando Jesús, tras marcharse a rezar, contrariado según este evangelista por su terrible misión, procede a despertar a los apóstoles, que se habían quedado fritos, porque algo importante estaba a punto de pasar:

¿Vais a continuar durmiendo y descansando el resto de la noche? ¡Ya es bastante! ¡Ha llegado la hora! Mirad, el Hijo del hombre está siendo entregado en manos de los pecadores. ¡Levantaos, vamos, ved que se acerca el que me entrega!

E inmediatamente, cuando estaba todavía hablando, se presenta Judas, uno de los Doce, y con él una muchedumbre de los jefes de los sacerdotes, los escribas y los ancianos, con espadas y palos. El que iba a entregarlo les había dado una señal con estas palabras: «Al que yo bese, ese es; apoderaos de él y llevadlo con cuidado». Cuando llegó, acercándose inmediatamente a Jesús, le dijo: «Rabbí». Y lo besó. Y echaron sus manos sobre él y lo detuvieron. Pero uno de los presentes desenvainó la espada, golpeó al siervo del sumo sacerdote y le cortó su oreja.

Jesús tomó la palabra y le dijo: «¿Como contra un bandido habéis salido con espadas y palos para prenderme? Durante el día estuve ante vosotros enseñando en el templo, y no me prendisteis. Pero para que se cumplieran las Escrituras…».

Y abandonándolo, huyeron todos. [Mc 14,41-50].

De nuevo, el mismo verbo, en este caso, *paradídotai*: «Está siendo entregado». Algunos estudiosos, como el maestro Piñero, consideran que se trata de una suerte de «pasivo divino», queriendo indicar que Dios estaba detrás de todo esto que estaba sucediendo, aunque fuese algo orquestado por los hombres. De ser así, el papel de Judas adquiriría nuevas e interesantes dimensiones.

Si se leen con atención estos versículos, pronto aparecen algunas anomalías. En primer lugar, según Marcos, allí se congregó una muchedumbre armada. Pero hay un problema: estaban ya en la Pascua (los días, para los judíos, comienzan al ocaso), una festividad de descanso absoluto. ¿Qué hacía toda aquella gente allí? ¡Y encima era de noche!

Por otro lado, ¿acaso no era conocido el rostro de Jesús por parte de aquellos? Él mismo indicó que había estado en los días anteriores predicando en el Templo, y que unos días antes había sido recibido por las multitudes. ¿Por qué necesitaban las autoridades judías a alguien que lo entregase? Además, ¿no habíamos quedado en que, según Marcos, no querían detenerlo «durante la fiesta, no sea que haya una revuelta del pueblo» (Mc 14,1-2)? ¿Cómo explicar que al final lo hagan justo en la noche en que se celebraba la Pascua? Como veremos, Mateo tampoco supo explicar esto, pero Lucas sí, al plantear que los sacerdotes del Templo querían que la entrega se produjese sin gente presente.

Además, ¿tenía que ser tan explícita esa señal, el dichoso beso de Judas?

Por último, ¿qué quería decir Marcos al poner en boca de Jesús que aquello debía suceder «para que se cumplieran las Escrituras»? ¿Qué Escrituras? Marcos no dio más detalles, aunque la crítica histórica ha planteado varias posibles profecías, como las de Isaías o Zacarías.

> Todos nosotros nos descarriamos como ovejas, cada cual se apartó por su camino; mas Yahvé cargó en él el pecado de todos nosotros. Angustiado él, y afligido, no abrió su boca; como cordero fue llevado al matadero; y como oveja delante de sus trasquiladores, enmudeció, y no abrió su boca. Por cárcel y por juicio fue quitado; y su generación, ¿quién la contará? Porque fue cortado de la tierra de los vivientes, y por la rebelión de mi pueblo fue herido. Y se dispuso con los impíos su sepultura, mas con los ricos fue en su muerte; aunque nunca hizo maldad, ni hubo engaño en su boca. [Isaías 53,6-9].

> Y le preguntarán: «¿Qué heridas son estas en tus manos?». Y él responderá: «Con ellas fui herido en casa de mis amigos». Levántate, oh espada, contra el pastor, y contra el hombre compañero mío, dice Yahvé de los ejércitos. Hiere al pastor, y serán dispersadas las ovejas; y haré volver mi mano contra los pequeñitos. [Zacarías 13,6-7].

Es decir, el evangelista quiso de algún modo justificar el fracaso que suponía el prendimiento de Jesús y la traición de uno de sus amigos, argumentando que era el cumplimiento de algo profetizado. Pero, insisto, no se preocupó en ofrecer una explicación. ¿Acaso no conocía el motivo?

Sea como fuere, los acontecimientos se precipitan desde entonces, con Jesús siendo llevado ante el Sanedrín para ser juzgado.

Mateo

Lucas y Mateo, en sus versiones extendidas y corregidas de Marcos, se encargaron de solucionar muchos entuertos que provocó el primer evangelista. Y sin duda, se vieron obligados a corregir el sucinto e incompleto relato que legó sobre Judas y su traición; eso sí, cada uno a su manera, tirando de imaginación o con información procedente de otras tradiciones que su fuente principal no conocía.

Marcos no dijo nada de las famosas treinta monedas de plata que le pagaron al traidor, aunque sí que le habían prometido un dinerillo. Fue Mateo quien lo hizo, cambiando de paso un poquito la historia, aunque siguiendo el esquema construido por Marcos.

Tras exponer también las predicciones escatológicas de Jesús, este le dijo a sus discípulos lo siguiente: «Sabéis que dentro de dos días se celebra la Pascua, y <u>el Hijo del hombre será entregado para ser crucificado</u>» (Mt 26,2).

Primera diferencia: aquí Jesús, al contrario que en Marcos, expuso que iba a morir en la cruz. Interesante.

Y a continuación:

> Entonces los sumos sacerdotes y los ancianos del pueblo se reunieron en la mansión del sumo sacerdote llamado Caifás, y tramaron apoderarse de Jesús mediante engaño y matarlo. Pero decían: «No durante la fiesta, no sea que el pueblo vaya a alborotarse». [Mt 26,3-5].

Después de contar brevemente la historia de la unción en Betania —insisto en esto—, Mateo introdujo una interesante novedad:

> Entonces <u>uno de los Doce, llamado Judas el Iscariote, fue al encuentro de los sumos sacerdotes y les dijo: «¿Cuánto me pagaréis si os lo entrego?». Ellos le propusieron treinta monedas de plata.</u> Y a partir de aquel momento andaba buscando una oportunidad para entregarlo. [Mt 26,14-16].

Eso de «entonces», justo después de la unción, deja claro que para este evangelista había una conexión de causalidad clara: ese fue el motivo que lo llevó a la traición, aunque luego Mateo indicase que había pasta de por medio.

¿De dónde sacó el evangelista esto de las monedas? Sin duda, de aquí:

> Yo les dije: «Si os parece bien, dadme mi sueldo y, si no, dejadlo. Ellos me pagaron treinta monedas de plata». El Señor me dijo: «Echa al tesoro ese valioso precio en que me han tasado». Tomé las treinta monedas de plata y las eché en el tesoro del Templo del Señor. [Zacarías 11,12-13].

Es más, Mateo ahondó en esta idea cuando narró un poco después que Judas, tras la detención de Jesús, «se arrepintió y fue a devolver las treinta monedas de plata a los jefes de los sacerdotes y a los ancianos» (Mt 27,3).

Lo importante es que ninguno de los otros tres evangelistas contó nada de esto de las monedas. Es, sin más, otro añadido de Mateo.

Conciencia de Judas (Nikolai Ge, 1891). Judas (a la izquierda) toma conciencia de lo que ha hecho después de entregar a Jesús.

Y no sería el último, pues Mateo modificó también la escena de la última cena, cuando Jesús comentó que uno de los Doce lo iba a entregar: «Uno que ha estado mojando su mano conmigo en el plato, ese me entregará» (Mt 26,23). La secuencia es similar a Marcos, pero, tras decir que el traidor no debería haber nacido, introdujo una novedad: «Entonces le interpeló Judas, el que iba a entregarlo: "Acaso no soy yo, rabbí?". Le dijo: "Tú lo has dicho"» (Mt 26,25).

Esto es asombroso. ¿Cómo es posible que Jesús señalase abiertamente al traidor y que no pasase nada? En este relato no se muestra que los demás discípulos reaccionasen ante semejante afirmación, algo que resulta difícil de creer. Es más, Judas siguió allí con ellos, en la mesa. Sin embargo, al narrar los posteriores sucesos del monte de los Olivos, que Mateo también copió casi literalmente de Marcos, Judas ya no estaba con el grupo, sino que llegó con los enemigos de Jesús. ¿En qué momento se fue? Cierto es que tampoco Marcos aportó información sobre esto, pero tampoco mostró a Jesús señalando directamente, delante de los demás, a Judas como el traidor.

Además, Mateo hizo otros cambios interesantes:

> Todavía estaba hablando cuando llegó Judas, uno de los Doce, y con él una multitud armada de espadas y palos, enviados por los sumos sacerdotes y los ancianos del pueblo. El que lo iba a entregar había convenido con ellos una señal: «Aquel a quien dé el beso, ese es, prendedlo». Acto seguido [Judas] se acercó a Jesús y lo saludó: «salud, rabbí», y le dio el beso. Jesús le dijo: «Amigo, a lo tuyo». [Mt 26,47-50].

Nótese como Mateo, pese a que copió a Marcos, eliminó aquello de «Apoderaos de él y llevadlo con cuidado», con la clara intención de hacer más cruel e infame el acto de Judas. Pero lo más destacable es que modificó el encuentro entre Judas y Jesús. En Marcos, Jesús permaneció en silencio; sin embargo, Mateo escribió que le dijo: «Amigo, a lo tuyo». ¿Cómo? ¿Qué era lo suyo?

Lucas

Por supuesto, Lucas también contó una historia distinta. Atención a lo que escribió:

Se acercaba la Fiesta de los Ázimos, la llamada Pascua. Y los jefes de los sacerdotes y los escribas buscaban el modo de acabar con él, pues temían al pueblo.

<u>Entró Satanás en Judas, el llamado Iscariote, que era del número de los Doce, y fue a hablar con los jefes de los sacerdotes y los oficiales sobre el modo de entregárselo. Y se alegraron y convinieron en darle dinero. Él aceptó</u>, y andaba buscando una ocasión propicia para entregárselo sin gente. [Lc 22,2-6].

Es decir, Lucas, corrigiendo a Marcos, explicó por qué la traición debía cometerse de ese modo, con nocturnidad y alevosía: para que no hubiese gente presente, algo imposible a la luz del día y en Jerusalén. Además, planteó un motivo para el infame acto: Satanás había poseído a Judas. Recuerden, por cierto, que en este Evangelio esto no se produjo tras la unción, que tuvo lugar mucho tiempo antes. Así, todo parece indicar que al autor de este texto le costó bastante entender que uno de los Doce fuera un traidor, y solo pudo encontrar una explicación en Satanás.

Para entender esto, bien hay que comprender el papel que el Maligno desarrolla en esta obra: según los sinópticos, tras el bautizo en el Jordán, Jesús se retiró al desierto. Marcos no entró en detalles de lo que sucedió, limitándose a comentar que «estuvo en el desierto cuarenta días, tentado por Satanás; estaba con las fieras, y los ángeles le servían» (Mc 1,13). Mateo y Lucas desarrollaron esta escena y explicaron en qué consistieron las tentaciones del diablo: en primer lugar, lo instó a convertir las piedras en pan para saciar su hambre; después, a que saltase desde lo alto del Templo de Jerusalén para forzar que Dios lo salvase, y por último, a adorar a Satanás para que este le concediese poder sobre todos los reinos. Esta es la versión de Mateo. Lucas, curiosamente, cambió el orden de la segunda y tercera tentación. Además, al final de esta escena, incluyó lo siguiente: «Y cuando hubo terminado toda tentación, el diablo se apartó de él hasta otro momento» (Lc 4,13). Ese momento se produjo un tiempo después, cuando Satanás decidió entrar en Judas.

Lucas narró de un modo similar a Marcos la escena de la última cena, aunque de nuevo introdujo algún cambio a la hora de anunciar la traición, algo que sucede, al contrario que en los dos evangelistas anteriores, al final de la velada. Como en Marcos, Jesús no identificó directamente a Judas como aquel que lo iba a entregar:

[Jesús dijo:] «Pero he aquí que <u>la mano del que me entrega está conmigo, a la mesa</u>. Porque el Hijo del hombre se va, según lo determinado, pero ¡ay de ese hombre por el que es entregado!». Y ellos empezaron a preguntarse unos a otros quién de ellos sería el que iba a hacer esto. [Lc 22,21-23].

Y más tarde, al narrar la escena del arresto de Jesús, volvió a cambiar la historia, poniendo en boca de Jesús otras palabras distintas a las que puso Mateo —recuerden que en Marcos permaneció callado durante la vil felonía—:

Mientras todavía hablaba, irrumpió una multitud, y el llamado <u>Judas, uno de los Doce</u>, los procedía y se acercó a Jesús para besarlo. Pero Jesús le dijo: «Judas, ¿con un beso entregas al Hijo del hombre?». Y los que estaban con él, viendo lo que iba a pasar, dijeron: «Señor, ¿golpeamos con espada?». [Lc 22,47-49].

Esta es la única vez en todos los Evangelios en la que Jesús llama al traidor por su nombre. Pero no deja de sorprender que los tres sinópticos no se pusiesen de acuerdo a la hora de narrar lo que hablaron Jesús y Judas en este momento clave, y más aún que Juan ni les hiciese hablar entre ellos. La siguiente tabla lo muestra a la perfección:

	MARCOS	MATEO	LUCAS	JUAN
JUDAS DIJO:	«Rabbí»	«Rabbí»	x	x
JESÚS DIJO:	x	«Amigo, a lo tuyo»	«Judas, ¿con un beso entregas al Hijo del hombre?»	x

Además, si prestamos atención a este pasaje lucano, no queda claro si finalmente Judas llega a besarlo o si Jesús lo frena antes de que esto suceda.

Y al igual que en Marcos, Lucas pasa de comentar qué sucede con Judas a continuación. Desaparece por completo. Sin embargo, llama la atención que, como veremos en breve, en la continuación de su Evangelio, en los Hechos de los Apóstoles, sí que contó cómo murió. Aunque su versión difiere por completo de la de Mateo, guarda algún sorprendente parecido.

Juan

Juan, en su línea habitual, narró todo esto de la traición de Judas a su manera, introduciendo sustanciales modificaciones respecto a las narraciones de los sinópticos, pero planteando algo similar a lo que había expuesto Lucas: el diablo era el que movía los hilos.

Como ya vimos al hablar sobre la etimología de «Iscariote», Juan lo mencionó por primera vez al final de una larga conversación con sus discípulos que se produjo tras el milagro de la multiplicación de los panes y los peces, mientras estaban en una sinagoga de Cafarnaúm; una conversación que produjo cierta polémica…

> Muchos de sus discípulos, al oírlo, comentaron: «Duro es este discurso; ¿quién puede escucharlo?». Pero sabiendo Jesús en su interior que sus discípulos murmuraban sobre él, les dijo: «¿Esto os escandaliza? ¿Y si vierais al Hijo del hombre subir adonde estaba antes? El espíritu es el que da la vida, la carne no ayuda nada; las palabras que os he dicho son espíritu y vida. <u>Pero hay algunos de vosotros que no creen».</u> <u>Pues ya sabía Jesús desde el principio quiénes eran los que no creían y quién era el que lo iba a entregar.</u> Y continuó: «Por ello os he dicho que nadie puede llegar a mí a no ser que el Padre lo conceda». <u>A raíz de eso muchos de sus discípulos se echaron atrás y ya no andaban con él</u>. [Jn 6,60-66].

Fascinante. Según Juan, algunos discípulos dejaron de creer en el mensaje de Jesús y se apartaron de él, y parece que Judas fue uno de ellos. ¿El motivo? Que Jesús había afirmado que era un ser divino que había bajado del cielo: «Yo soy el pan vivo que ha bajado del cielo; si alguien come de este pan vivirá para siempre, y el pan que yo os daré es mi carne por la vida del mundo» (Jn 6,51). Aunque está claro que esto es una reinterpretación tardía en clave eucarística que poco tiene de histórico, no deja de ser significativo que aquí se indique que Judas, entre otros, no parecía estar de acuerdo con esto. Es más, el texto continúa ahondando en esta idea:

Entonces dijo Jesús a los Doce: «¿No queréis iros también vosotros?». Le respondió Simón Pedro: «Señor, ¿a quién iremos? Tú tienes palabras de vida eterna, y nosotros hemos creído y hemos conocido que tú eres el Santo de dios». Jesús les contestó: <u>«¿No os he elegido yo a vosotros, los Doce? Y uno de entre vosotros es un diablo». Se refería a Judas, hijo de Simón el Iscariote; pues ese, uno de los Doce, lo iba a entregar.</u> [Jn 6,67-71].

¿Cómo? ¿Uno de los Doce, Judas, es un diablo? Sí, y además Jesús lo sabía desde un principio, lo que deja claro que el acto de la entrega, según Juan, formaba parte de un plan divino trazado mucho tiempo atrás… Lo novedoso es que en este Evangelio se deja claro que Jesús sabía en una etapa temprana de su misión que iba a ser traicionado por uno de los suyos.

Más adelante, durante la última cena, este evangelista insistió en esto:

Antes de la fiesta de la Pascua, sabiendo Jesús que había llegado su hora de pasar de este mundo al Padre, tras haber amado a los suyos, los que estaban en el mundo, los amó hasta el final. <u>Y durante la cena, cuando ya había metido el diablo en el corazón de Judas, el de Simón el Iscariote, que lo entregara, sabiendo que el Padre lo había puesto todo en sus manos</u> y que había salido de Dios y a Dios iba… [Jn 13,1-3].

Y un poco más tarde, Jesús expresó lo siguiente:

No hablo de todos vosotros; yo sé a quiénes he elegido; pero para que se cumpla la Escritura: «El que come mi pan ha alzado contra mí su talón». Desde ahora os digo, antes de que suceda, para que cuando ocurra, creáis que yo soy. En verdad, en verdad os digo, el que reciba al que yo envié me recibe a mí, y el que me recibe a mí recibe al que me envió. [Jn 13,18-20].

Como recordarán, en Marcos y Mateo se cuenta que Jesús indicó quién lo iba a traicionar de forma muy parecida: «El que moja conmigo el plato» (Mc 14,20); «Uno que ha estado mojando su mano conmigo en el plato, ese me entregará» (Mt 26,23). Lucas cambió esto y se limitó a decir que «la mano del que entrega está conmigo, a la mesa» (Lc 22,21). Sin embargo, Juan ofrece aquí una posible explicación, apelando a las Escrituras, exactamente al salmo 41, en el que podemos leer:

Reunidos murmuran contra mí todos los que me aborrecen; contra mí piensan mal, diciendo de mí: «Cosa pestilencial se ha apoderado de él». Y el que cayó en cama no volverá a levantarse. <u>Aun el hombre de mi paz, en quien yo confiaba, el que de mi pan comía, alzó contra mí el calcañar.</u> [Salmo 41,7-9].

Desde esta perspectiva se entiende mucho mejor lo que, según Juan, sucedió a continuación, durante el momento cumbre de la última cena.

La última cena (Pieter Pourbus, 1548). Judas aparece representado en primer plano, justo en el momento en el que sale huyendo de la cena, después de que Jesús, según Juan, lo identifique como el traidor. Ojo a dos detalles curiosos: el niño que coge la silla y el personaje demoniaco, con patas de ave, que entra por la puerta.

Tras decir esto Jesús se turbó en espíritu y dio testimonio diciendo: «En verdad, os digo que uno de vosotros me va a entregar». Los discípulos se miraban unos a otros no sabiendo de quién hablaba. Uno de los discípulos, al que Jesús amaba, estaba recostado en el regazo de Jesús. Entonces Simón Pedro le hizo señas para que averiguara quién era aquel del que hablaba. Aquel, inclinándose sobre el pecho de Jesús, le dijo: «Señor, ¿quién es?». Jesús respondió: «Es aquel para el que yo mojaré un bocado y se lo daré».

Entonces, tras mojar un bocado, lo cogió y se lo dio a Judas, el de Simón Iscariote. Y después del bocado Satanás entró en él. Jesús le dijo: «Lo que vas a hacer, hazlo pronto».

Esto, ninguno de los que estaban recostados supo por qué se lo decía. Algunos pensaron, puesto que Judas tenía la bolsa, que Jesús le decía: «Compra lo que necesitemos para la fiesta», o que diera algo a los pobres. Después de tomar el bocado, aquel se fue enseguida; era de noche. [Jn 13, 21-30].

Como ven, esto del bocado de pan lo relaciona Juan con el salmo 41, dejando claro que de algún modo la traición ya estaba prevista por el plan divino a largo plazo. No deja de resultar significativo el empleo del pan precisamente en el momento en el que, según Pablo, y según los sinópticos, Jesús instauró la Eucaristía… Algo que, por si no lo saben, no se narra en este Evangelio.

Aquí también actúa Judas influido por el demonio, aunque siempre bajo la autoridad de Jesús, que siempre tiene todo controlado. ¿Cómo explicar esta coincidencia con Lucas si, como la mayoría de estudiosos plantean, Juan no conocía los textos sinópticos? Antonio Piñero plantea que esto «prueba que en alguna de sus fases redaccionales el evangelio sufrió una masiva interpolación de origen lucano» (Piñero, 2021, 1353). Y razón no le falta.

Además, al igual que sucede con el texto de Mateo, llama la atención que ninguno de los apóstoles se diese cuenta de que Jesús señaló directamente a Judas como el traidor tras entregarle él mismo un bocado de pan y decirle: «Lo que vas a hacer, hazlo pronto». Ni siquiera el apóstol al que Jesús amaba, que acababa de preguntarle a su maestro quién lo iba a vender. Y ni siquiera lo entienden cuando Judas se marcha.

Este detalle es muy interesante: en ninguno de los relatos sinópticos se dice que Judas abandonase la cena para disponerse a hacer cumplir su plan y entregar a Jesús. Sin embargo, en todos aparece unas horas más tarde al frente de una muchedumbre para entregar a su maestro. Pero Juan sí tuvo en cuenta ese agujero narrativo.

Finalmente, el cuarto evangelista, tras unos cuantos largos y sesudos discursos de Jesús, pasa a narrar cómo sucedió la captura. Contó lo mismo que los sinópticos, pero con inquietantes modificaciones, y solucionando un nuevo problema: ¿cómo sabía Judas dónde iban a estar para poder entregarlo? Los sinópticos no lo explicaron (Lucas, un poco), pero Juan, siempre atento, sí:

> Tras decir esto, Jesús se marchó con sus discípulos al otro lado del torrente Cedrón, donde había un huerto, en el que entraron él y sus discípulos.
>
> También <u>Judas, el que lo iba a entregar, conocía el lugar porque Jesús se había reunido muchas veces allí con sus discípulos</u>. Entonces Judas, <u>tomando una cohorte</u> y ayudantes de los jefes de los sacerdotes y los fariseos, fue allí con antorchas, lámparas y armas. Jesús, entonces, conocedor de todo lo que se le venía encima, salió y les dijo: «¿A quién buscáis?». Le respondieron: «A Jesús el Nazoreo». Él les contestó: «Yo soy». Estaba allí también con ellos Judas, el que lo iba a entregar. Cuando les dijo «Yo soy», se echaron atrás y cayeron en tierra. [Jn 18,1-6].

El beso de Judas (Caravaggio, 1598).

Como pueden comprobar, según Juan, no hubo beso.

¿Saben qué es una cohorte? Se trata de una unidad de soldados romanos que, aunque no siempre estaba compuesta por el mismo número, podía rondar entre los 500 y los 1000. Solían estar al mando de un *tribunus* —en efecto, un poco después, en Jn 18, 12, se menciona al tribuno—, si eran soldados romanos, o de un *prafectus*, si eran tropas auxiliares, como debía ser el caso que nos ocupa, de ser cierto, claro. Si bien no podemos precisar el número de soldados que tenía la cohorte que detuvo a Jesús, según Juan, no deja de ser significativo que los romanos pusiesen tanto empeño y encomendasen tantos hombres para detener a un simple profeta iluminado. Eso, sin tener en cuenta que parecen estar a las órdenes de Judas: «Entonces Judas, tomando una cohorte y ayudantes de los jefes de los sacerdotes». Raro, porque el único que podía movilizar a una cohorte era, en este caso, Pilato. Sin embargo, no lo llevan ante él, como hubiese sido lo normal, sino a casa de Anás, el suegro de Caifás, al que Juan identifica como sumo sacerdote, cuando no lo era. Raro, raro.

Por último, Judas también es mencionado en el epílogo del Evangelio de Juan (el capítulo 21), donde se comenta que el discípulo amado, aquel que durante la última cena se recostó en el pecho de Jesús, es el autor de la obra. En el versículo 20 se hace hincapié en que fue el que le preguntó a Jesús quién lo iba a entregar. Por lo tanto, fue el único que supo la identidad del traidor.

La última cena

Antes de seguir, si me lo permiten, debo dedicar unas pocas palabras más al episodio de la última cena: la escena en la que, según los sinópticos, entra en acción Judas.

En primer lugar, hay serias dudas sobre su historicidad porque los evangelistas no coinciden en la fecha: los sinópticos la describen como una cena de Pascua, por lo tanto, debió ser la noche en la que, tras ponerse el sol, daba comienzo el 15 del mes *nisán*, el día de Pascua —recuerden que para los judíos el día comenzaba al anochecer—, el mismo día en el que se produjeron la detención, el juicio, la muerte y el entierro de Jesús.

Si seguimos con los relatos evangélicos, tras la supuesta cena, Jesús y los suyos se fueron a orar al monte de los Olivos, donde se produjo el arresto. Pero esto era imposible: ¿cómo iba a suceder todo aquello en un día tan importante y sagrado como la Pascua judía? No parece probable. El propio Marcos dejó claro, unos versículos antes, que los sacerdotes y escribas buscaban apresar a Jesús, pero decían que durante la fiesta no, para evitar alborotos del pueblo. Sin embargo, como hemos visto, este evangelista situó la cena y todo lo que vino después en el día de la Pascua. Menuda contradicción.

La cosa se complica todavía más porque el propio Marcos, unos versículos más tarde, durante la narración de la crucifixión de Jesús, se contradijo de nuevo al decir que, al caer la tarde, como era la preparación de la Pascua, es decir, la víspera del sábado, José de Arimatea se presentó ante Pilato para pedirle el cuerpo de Jesús (Mc 15,42-43). Por lo tanto, según Marcos, Jesús murió el día de la víspera de la Pascua, y este día cayó en viernes, como tradicionalmente se ha celebrado. Y no fue el único, sino que Lucas (23,52) y Juan (19,31) lo corroboraron. De todo esto podemos deducir que aquel año la Pascua, el día 15 de *nisán*, cayó en sábado.

Por lo tanto, Jesús falleció el viernes, día 14, y la cena se preparó el jueves. ¿El Jueves? Pero ¿no habíamos quedado en que la cena de Pascua se celebraba justo al comenzar el 15 del *nisán* y que el día antes, el 14, era cuando se preparaba la Pascua? De ser ciertas las citas evangélicas antes mencionadas, la cena no se celebró nada más ponerse el sol el viernes, cuando comenzaría el sábado de Pascua, tal y como debería haber sido, sino un día antes, el jueves.

Es decir: ¡no fue una cena de Pascua!

Y esto parece corroborarlo el bueno de Juan con una declaración sorprendente que terminó de enredar la ya bastante liosa maraña: tras el arresto de Jesús, y después de haber sido llevado a las casas de Anás y Caifás —inexplicablemente, ya que el segundo era el sumo sacerdote, pero el primero hacía tiempo que había dejado de serlo—, se le trasladó hasta el palacio de Pilato. Pues bien, Juan escribió que era muy temprano y que los judíos no entraron en el palacio para no contraer impureza legal y poder celebrar así la cena de Pascua (Jn 18,28). Es decir…, ¡aún no se había celebrado la cena!

Así pues, o no fue una cena pascual, o los evangelistas se liaron con las fechas, o Jesús adelantó el ágape por algún motivo.

De ahí que algún descreído haya planteado que quizás nunca sucedió realmente, sino que puede tratarse de un episodio inventado por Marcos para justificar el sacramento de la eucaristía. Sí, seguro que se dio una última cena o comida, claro está, pero sin una mayor importancia y sin trascendencia alguna. Fue la última vez que comieron juntos antes de la ejecución de Jesús. Simplemente, sus seguidores, años después, recordaron aquel último ágape con su maestro llenos de nostalgia y lo adornaron con contenido teológico, relacionándolo con su posterior muerte, que Jesús obviamente debía conocer —como hijo de Dios que era—, y dándole una fuerte carga ritual, al instaurar un rito que se convertirá en esencial para el cristianismo y que, a la vez, tenía mucho que ver con la propia Pascua judía. Al fin y al cabo, era el cordero de Dios que se sacrificó por todos nosotros.

La eucaristía —palabra griega que significa «acción de gracias»— conmemora, de hecho, lo sucedido en aquella cena y, supuestamente, hace referencia a aquellas palabras de Jesús al instituir este rito: «Esto es mi cuerpo, que se entrega por vosotros. Haced esto en mi memoria» (Lc 22,19). Lo curioso es que ni Marcos ni Mateo, que dicen lo mismo, mencionaron que Jesús ordenase que aquella práctica se repitiese en su honor. Es más, Juan ni siquiera dijo nada de la eucaristía, algo realmente llamativo, ya que, de ser un sacramento instaurado por el propio Jesús, lo normal, digo yo, sería que apareciese en todos los Evangelios.

El asunto se pone interesante si partimos de que Pablo, en su Primera Carta a los Corintios, un texto al menos quince años anterior al primer Evangelio, dijo lo siguiente:

Porque yo recibí del Señor lo que os transmití: que el Señor Jesús, la noche en que fue entregado, tomó pan, y después de dar gracias, lo partió y dijo: «Este es mi cuerpo por vosotros; haced esto en recuerdo mío». Asimismo también la copa después de cenar diciendo: «Esta copa es la nueva alianza de mi sangre. Cuantas veces la bebáis, hacedlo en recuerdo mío». Pues cada vez que comáis este pan y bebáis esta copa, anunciáis la muerte del Señor hasta que venga. Por tanto, quien coma el pan o beba la copa del Señor indignamente será reo del cuerpo y de la sangre del Señor». [1 Cor 11,23-27].

Es decir, según Pablo, la realización de este ritual le fue transmitida mediante una revelación divina, algo habitual en él —y que usaba para legitimarse frente a los discípulos que dirigían la Iglesia de Jerusalén, entre los que estaban Pedro y Juan, que sí habían conocido a Jesús en vida—, no porque se lo hubiesen enseñado los apóstoles u otros cristianos, sino porque Jesús mismo, con el que tenía una relación bastante peculiar, se lo había mostrado.

¿Es legítima la posibilidad de que fuese Pablo el inventor de esto de la eucaristía, dado que sus predicaciones son anteriores a los Evangelios y que los autores de estos las conocían? No está muy claro. Algunos autores plantean que sí, que Pablo se sacó esto de la manga o se lo robó a los seguidores de Mitra, que tenían un ágape ritual y comunitario bastante parecido.

Pero para otros no fue así: Pablo debió haber conocido aquella tradición, aunque, dentro de su habitual megalomanía, se autoadjudicó el mérito de haberla recibido de mano del mismísimo Jesús. Recordemos que, si bien los Evangelios son posteriores, las tradiciones en las que se basaron son más o menos contemporáneas, si no anteriores, al ministerio de Pablo. Quizás sí hubo una tradición antigua sobre la eucaristía. Claro que esto no explica el origen del rito ni demuestra que fuese Jesús el que lo instauró, algo en lo que creen sin la más mínima duda los cristianos.

Por cierto, ¿saben de dónde procede la creencia en que el número trece da mala suerte? No está muy claro, la verdad. El gran Juan Eslava Galán, a mi entender el mejor divulgador histórico de este país nuestro, en su extraordinario libro *El catolicismo explicado a las ovejas*, asegura que se debe a que «con Judas, eran trece a la mesa» (Eslava Galán 2013, 198) durante la última cena, y ya sabemos cómo terminó aquel ágape. No seré yo quien le contradiga.

Da Vinci

En todas las pinturas de la última cena se muestra a Judas de algún modo destacado, para que el espectador tuviese claro desde un primer momento quién era. Suele aparecer en uno de los extremos de la mesa, o apartado, solo, frente a los demás comensales, con la bolsa de dinero en la mano, para indicar que la traición, que ya se había cometido, lo excluía del círculo apostólico. Hagan la prueba. Busquen en Google representaciones artísticas de la última cena. Verán como Judas es fácilmente reconocible.

Sirva de ejemplo este precioso bajorrelieve que se encuentra en el púlpito de la catedral de Santa María Asunta de Volterra, en la Toscana italiana, realizado en el siglo XIII. Jesús aparece a la izquierda. A su lado se muestra a Juan —recuerden, la Iglesia dio por hecho que el hijo de Zebedeo era el famoso discípulo amado—,[16] recostado sobre su pecho, y, a continuación, están el resto de discípulos, excepto a Judas, que aparece en la parte inferior, más pequeño, de rodillas. Si nos fijamos bien, Jesús le está dando un cachito de pan, una clara referencia a la escena en la que desvela quién lo iba a traicionar, justo en el momento en que Satanás entró en él. De ahí la presencia del Maligno a los pies de Judas.

Bajorrelieve de Santa María Asunta de Volterra.

---

16 Ya hablé largo y tendido de esto en *Eso no estaba en mi libro del Nuevo Testamento* (2023) y en *Historia desconocida de María Magdalena* (2024), ambos publicados por Almuzara.

Sin embargo, Leonardo da Vinci (1452-1519), arquetipo perfecto del hombre del Renacimiento, no lo mostró así en el famoso, extraordinario y enigmático fresco que pintó entre 1494 y 1498 en la pared norte del refectorio del convento dominico de Santa María delle Grazie de Milán; un encargo del duque de Milán, Ludovico Sforza, el Moro, que tenía previsto convertir aquella capilla en el mausoleo de su dinastía, aunque en realidad el proyecto tenía otra finalidad: Sforza solía cenar con el abad del monasterio en dicho refectorio, y le pidió al pintor una obra que decorase la estancia.

Mucho se ha hablado de *La última cena* de Da Vinci, sobre todo en relación con María Magdalena, que muchos han querido identificar con el personaje que aparece a la izquierda de Jesús desde la perspectiva del espectador. Lo curioso es que un estudio atento de esta obra permite aclarar de quién se trata realmente y qué relación guarda con Judas. Por eso, estimados lectores, me van a permitir que me desvíe levemente y dedique varias páginas a este increíble fresco y algunos de sus supuestos misterios.

Da Vinci eligió un momento concreto de aquella velada: el que protagoniza Jesús tras decirles a sus apóstoles que uno de ellos lo iba a entregar, según la versión narrada en el Evangelio de Juan.

> Los discípulos se miraban unos a otros, no sabiendo de quién hablaba. Uno de sus discípulos, al que Jesús amaba, estaba recostado en el regazo de Jesús. Entonces Simón Pedro le hizo señas para que averiguara quién era aquel del que hablaba. Aquel, inclinándose sobre el pecho de Jesús, le dijo: «Señor, ¿quién es?». Jesús respondió: «Es aquel para el que yo mojaré un bocado y se lo daré». Entonces, tras mojar un bocado, lo cogió y se lo dio a Judas. [Jn 13, 22-26].

En efecto, la obra de Da Vinci muestra el asombro de los apóstoles ante la revelación que Jesús, en el centro de la composición, acababa de hacer; unos miran perplejos a los demás, como los tres apóstoles de la izquierda (Bartolomé, Jacobo el Menor y Andrés); otros parecen preguntar o implorar a Jesús, como el trío formado por Tomás, Jacobo el Mayor y Felipe, a la derecha de Jesús, y otros (Mateo, Judas Tadeo y Simón Zelote, en el extremo de la derecha) conversan angustiados e intrigados por la identidad del traidor.[17] Finalmente, a la izquierda de Jesús, Da Vinci mostró a Pedro, con un cuchillo en la mano derecha,[18] diciéndole a Juan que averigüe de quién se trata. Y a Judas mirando hacia Jesús, con un color de piel más oscuro que el resto de personajes, como si una sombra lo estuviese velando.

La última cena (Leonardo da Vinci, 1498).

Identificación de los personajes. De izquierda a derecha: Bartolomé (1), Jacobo el Menor (2), Andrés (3), Judas Iscariote (4), Pedro (5), Juan (6), Tomás (7), Jacobo el Mayor (8), Felipe (9), Mateo (10), Tadeo (11) y Simón (12).

---

17 Sabemos la identidad de todos por un manuscrito del propio Da Vinci que se encontró en el siglo XIX.

18 Una referencia a la escena del Evangelio de Juan (18, 10) en la que Pedro saca una espada para defender a Jesús de los soldados romanos, cortándole la oreja a uno de ellos.

Esto ya es suficientemente significativo. Da Vinci construyó la escena repartiendo a los apóstoles en cuatro grupos de tres y situando a Jesús en el centro. ¿Por qué decidió poner a Judas en el mismo grupo que dos de los favoritos del Galileo, Pedro y Juan? Lo habitual en este tipo de representaciones era colocar a Pedro a la derecha de Jesús y a Juan a su izquierda, recostado sobre su regazo (según lo indicado en el Evangelio de Juan: «Uno de sus discípulos, al que Jesús amaba, estaba recostado en el regazo de Jesús»). Pero no.

Leonardo da Vinci quiso mostrar en esta obra un profundo drama humano. Por eso ninguno de los personajes aparece con el tradicional halo de santidad. Son hombres viviendo un momento extremo. Pero, si se fijan, verán que solo dos personajes no parecen contrariados: Jesús, que es mostrado justo en el momento en que se dispone a coger el bocado de pan que servirá para identificar al traidor, solo, aislado, como sumido en una profunda reflexión intensa, con la mirada puesta en el pan, aceptando su sacrificio, y Judas, que también parece coger un pedazo de pan, mientras con la otra mano, la derecha, aprieta la bolsa de las monedas.

La última cena (Juan de Juanes, 1555-1562).
De nuevo, Judas viste de amarillo.

Observen, por ejemplo, cómo representó esta escena el pintor español Juan de Juanes (1503-1579), uno de los más importantes del Renacimiento español, en un cuadro pensado para el banco del retablo mayor de la iglesia de San Esteban de Valencia, que siguió sin tomarse ningún tipo de licencia este estándar que les comentaba: Pedro, a la derecha; Juan, a la izquierda, y Judas, de espaldas, con la bolsa de monedas en la mano derecha, ocultándola de sus compañeros, y preparándose para irse. Nótese que este no lleva el nimbo, a diferencia del resto de personajes.[19]

Es más, los estudiosos del arte han aportado dos frescos murales que pueden ser considerados como antecedentes pictóricos de la versión de Da Vinci que, sin embargo, se construyeron siguiendo la iconografía clásica, con Judas de espaldas y frente a Jesús y a Juan, recostado sobre su pecho. El primero es una obra del pintor florentino Andrea del Castagno (1421-1457), realizada en el cenáculo de Santa Apolonia de Florencia. El segundo, una última cena del también florentino Domenico Guirlandaio (1448-1494), que la pintó para la iglesia de Ognissanti de Florencia, inspirándose en el anterior.

La última cena del cenáculo de Santa Apolonia (Andrea del Castagno, 1447).

---

19 Lo curioso es que los historiadores del arte defienden que Juan de Juanes se inspiró en la obra de Da Vinci. De ser así, más que una inspiración, parece más bien una reacción ante lo que hizo el italiano.

La *última cena* de Ognissanti (Domenico Guirlandaio, 1480).

Sin embargo, en la obra de Da Vinci, de 460 centímetros de alto por 880 de ancho, Pedro y Juan aparecen a la derecha de Jesús (a la izquierda desde el punto de vista del espectador). Insisto, se trata del momento en que, según el cuarto Evangelio, el primero insta al segundo a que averigüe qué está pasando, por eso el discípulo amado, justo en ese instante, no está recostado sobre el pecho de Jesús.

Y Judas está ¡sentado entre ellos!, ya que Pedro está detrás él, con una mano en el hombro de Juan y con un gesto que bien podría interpretarse como una amenaza de muerte. Muchos lo han hecho, de hecho.

Ampliación de *La última cena* de Da Vinci. De forma significativa, su rostro aparece velado por una sombra.

Por otro lado, hay algo inquietante. Si observan con atención la mano derecha de Jesús, aunque parece hacer el gesto de coger un cuscurro de pan, ¡en ese sitio exacto no hay ningún pan! Más bien parece acercar su mano a un vaso de vino, pero de una forma muy extraña.

Hoy sabemos que el plan inicial de Da Vinci era otro. Un boceto preparatorio para esta obra, conservado en la Biblioteca Real de Windsor, muestra que en un primer momento pensó en una representación más habitual: Juan estaba en su lugar tradicional, a la izquierda de Jesús, recostado sobre su pecho; Pedro, a la derecha, tocando el brazo con el que Jesús le ofrece a Judas el bocado de pan, y a este, a Judas, reducido de tamaño, con la bolsa de monedas en la mano derecha, y con la izquierda casi tocando la mano de Jesús. ¿Por qué cambió de opinión y modificó de este modo tan peculiar la escena?

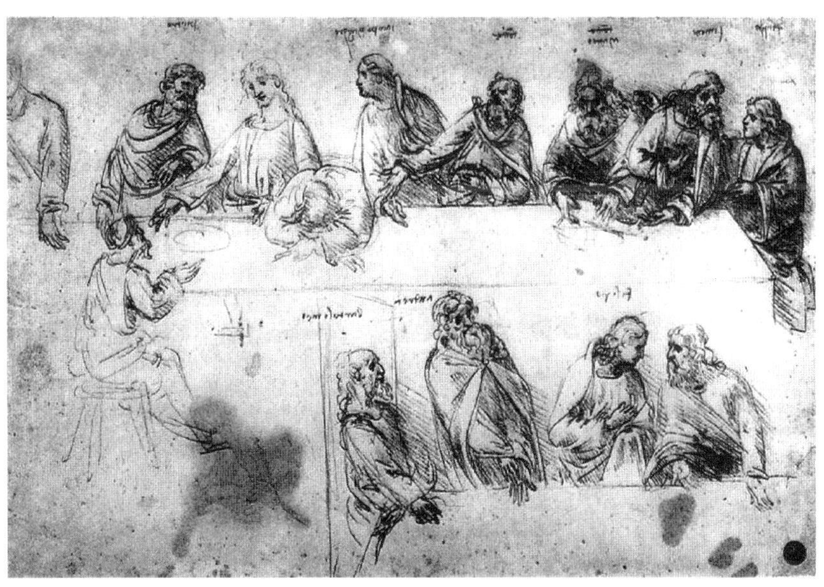

Estudio sobre la disposición de los apóstoles. Nótese que Judas está situado de espaldas, frente a Jesús, que le tiende la mano para darle el pan; a los lados aparecen Pedro y Juan.

Por otro lado, aunque Da Vinci comenzó a trabajar en la obra en 1494, no la finalizó hasta 1498. Según una extendida leyenda, sin un fundamento histórico claro —aunque en algunas fuentes procedentes de investigadores vagos se afirma, erróneamente, que aparece en *Le Vite* (1568), una obra del pintor italiano Giorgio Vasari—, el motivo principal de la demora, además de que andaba enfrascado en otros proyectos, fue que no encontraba un modelo humano real para Judas.

La historia cuenta que Da Vinci usó a un joven de tan solo diecinueve años para realizar el rostro de Jesús. Buscaba una cara libre de cicatrices y angelical. Tras pintar a los otros once apóstoles, el progreso se paró porque no encontraba un modelo para Iscariote. Lo encontró en la cárcel, un tipo que iba a ser condenado a muerte por sus fechorías y que tenía el rostro repleto de cicatrices y envejecido. Lo curioso es que este, tras posar durante meses para Da Vinci, le preguntó si no lo había reconocido. El artista le respondió que no, y entonces el reo le dijo que era la misma persona que cuatro años antes le había servido de modelo para Jesús.[20]

Un último detalle: si se fijan bien, Judas, con su brazo derecho, vuelca un pequeño cuenco con sal en su interior. Esto parece una alusión al clásico adagio supersticioso de que derramar sal da mala suerte, algo que a su vez procede del precio elevado que tenía sal, empleada sobre todo para conservar los alimentos y como antiséptico. De hecho, de ahí viene la palabra *salario*, nombre empleado por los romanos para llamar a unos paquetes de sal con los que se pagaba a los soldados que cuidaban la llamada Vía Salaria, que unía la ciudad de Roma con las salitreras de Ostia. También se llamaba así, *salarium*, a unas pequeñas pagas en sal que algunas familias romanas daban como costumbre a sus esclavos.

No puedo resistirme a comentar que, durante varios siglos, se veneró en el convento de Santo Domingo de la ciudad de León una escudilla de calcedonia que, según se decía, fue usada como salero durante la última cena. Desapareció durante la guerra de la Independencia española.

---

20 Otra leyenda dice que Leonardo, para mofarse de las quejas del abad del monasterio por el retraso en la finalización de la obra, usó su cara como modelo.

Copia de *La última cena* de Leonardo da Vinci realizada hacia 1830 por Giampietrino (1508-1549), un discípulo suyo, a una escala similar. Lo bueno es que la hizo muy pocos años después de la original, cuando aún mantenía sus colores auténticos.

Por otro lado, la última cena es una de las escenas evangélicas más representadas en la historia del arte. Les podría mencionar muchísimos ejemplos, pero, además de la extraordinaria e inquietante versión de Da Vinci, hay dos que me fascinan especialmente.

La primera es una sensacional composición de Jacopo Tintoretto (1518-1594), un maravilloso pintor que se caracterizó por realizar adaptaciones muy peculiares de pasajes neotestamentarios, adaptando perspectivas muy extravagantes e incluyendo un montón de personajes extra. Eso hizo con su versión de la última cena, que realizó hacia 1593 para la iglesia de San Giorgio Maggiore de Venecia, en la que incluyó veintiuna personas (Jesús, los Doce, varias mujeres y unos cuantos sirvientes), un gato atigrado y unos seis ángeles sutiles. Echen un vistazo al cuadro en la siguiente página, y a ver si logran localizar a Judas...

La segunda es la fascinante versión que realizó Dalí en 1955, que se encuentra actualmente en la National Art Gallery de Washington D. C. La pintura es brillante, y no solo porque tiene detrás un extraordinario estudio matemático y geométrico, sino porque el genio catalán decidió no identificar a ninguno de los apóstoles, ni siquiera a Judas.

La última cena (Tintoretto, 1593). Judas aparece enfrentado al resto de apóstoles, frente a Juan y Jesús. De nuevo, es el único sin aureola.

El sacramento de la última cena (Salvador Dalí, 1955).

Recapitulando

Resulta extraño que los evangelistas no se pusieran de acuerdo en esta secuencia de acontecimientos, aunque en el fondo no lo es: esta es la tónica habitual, y una lectura comparada de los Evangelios lo demuestra.

Marcos, por algún motivo que desconocemos, no aportó ninguna explicación sobre por qué Judas decidió traicionar a Jesús, aunque insinúa que guardaba relación con la unción en Betania. Es posible que no estuviese enterado o que las tradiciones que recogió para escribir su obra no le terminasen de convencer, pero lo importante es que nos dejó en ascuas. Los siguientes evangelistas, como siempre, procedieron a solucionar el entuerto, cada uno a su manera. Según Mateo, la traición fue por dinero, pero esto no acaba de encajar con alguien que, como seguidor de Jesús, se había echado al monte a predicar el fin del mundo y la llegada del Reino de Dios, una situación en la que de poco valdría el dinero. Y menos por treinta míseras monedas... Para Juan y Lucas, la causa fue otra: Judas estaba endemoniado. Buena opción, aunque poco creíble.

Así, todo parece indicar que las teorías del dinero y de la posesión diabólica obedecen más bien a que no sabían explicar el motivo real de la traición, ya que la fuente principal, Marcos, no aportó información al respecto. Se trata más bien de calumnias apologéticas construidas por la siguiente generación de cristianos con la clara intención de demonizar, nunca mejor dicho, a Judas, y de camino, de explicar el porqué del terrible acto.

Quizás, como se ha llegado a plantear, el traidor decidió entregar a su maestro por motivos políticos. Como ya saben, su apellido, Iscariote, parece guardar relación con aquellos rebeldes nacionalistas judíos, los sicarios. ¿Pudo ser que Judas traicionase a Jesús contrariado porque no se estaba mostrando tan contundente como esperaba del que creía que era el Mesías? Quizás...

También podemos suponer que llegó a temer que Jesús estaba traicionando con sus ideas a las creencias bien asentadas del pueblo de Israel. Al fin y al cabo, se creó un extraño contubernio en su contra formado por las autoridades romanas y judías (tanto los saduceos como Herodes Antipas), que contó además con cierto apoyo popular. Como vimos, en Juan se dejó claro que muchos de sus seguidores lo abandonaron porque no compartían sus ideas. Es más, su propia familia, según Marcos, lo repudió, al menos durante un tiempo, llegando a pensar que estaba loco. Quizás Judas lo traicionó por eso, porque llegó a considerar que Jesús se había convertido en un enemigo de su propia religión.

¿Y si entregó a Jesús cumpliendo órdenes expresas de este? Aunque parezca mentira, es posible. O al menos, existen antiguas tradiciones que así lo consideran…, como pronto veremos.

Ni siquiera contaron los evangelistas del mismo modo cómo se produjo el arresto de Jesús: los sinópticos plantean que fue detenido en el huerto de Getsemaní por los sacerdotes judíos y los guardias del Templo, armados con espadas y palos. Pero Juan, a su rollo, contó algo diferente: fue una cohorte romana. En unos, hubo beso; en otros, no. En unos, habló Jesús; en otros, no. Muy raro todo.

Las mismas contradicciones encontramos en las distintas narraciones de los acontecimientos posteriores: los sinópticos cuentan que Jesús fue llevado por las hordas armadas a casa de Caifás, el sumo sacerdote, aunque no se sabe muy bien por qué motivo, ya que poco después, al alba, fue llevado ante el Sanedrín. Allí se celebró el juicio religioso contra Jesús, en el que fue condenado.

Marcos explicó que los dirigentes judíos buscaban condenar a Jesús con cualquier excusa, ya que su auténtica intención era quitárselo de en medio. Pero no lograron encontrar nada, ya que unos testigos decían una cosa y otros la contraria, pese a ser testigos falsos… Finalmente, Caifás se hartó, fue directamente a Jesús y le preguntó si era el Mesías. La respuesta de este fue contundente: «Yo lo soy. Y veréis al Hijo del hombre sentado a la diestra del Poder y viniendo entre las nubes del cielo» (Mc 14,62). Fue la gota que colmó el vaso. El sumo sacerdote condenó aquello como blasfemia y el Sanedrín decidió que había que matarlo. Pero, como los judíos no podían hacerlo, dado que solo la autoridad romana tenía esa facultad, lo llevaron ante Pilato, que de primeras le preguntó: «¿Eres tú el rey de los judíos?» (Mc 15,2). Jesús, algo críptico, le respondió con un perturbador: «Tú lo dices».

Mateo repitió la secuencia de acontecimientos casi del mismo modo que Marcos —aunque sí que se ocupó de narrar qué pasó con Judas, como les contaré ahora después—. En cambio, Lucas introdujo varios cambios sustanciosos: el juicio sucedió por la mañana —no como en Marcos y Mateo, en los que se produjo de noche—, y cuando fue llevado ante Pilato, lo entregaron diciendo: «Hemos hallado este extraviando a nuestra nación, prohibiendo pagar los tributos al César y diciendo que es el Mesías rey» (Lc 23,3). Y aquí metió Lucas otra escena novedosa: según él, Pilato no vio nada culpable en Jesús y, tras enterarse de que era galileo, decidió enviarlo al gobernante de aquella región, Herodes Antipas, que estaba en aquellos días en Jerusalén con motivo de la Pascua —su residencia habitual estaba en Tiberíades, una localidad situada en la orilla del mar de Galilea—. Jesús, pese a la insistencia y el interés del tetrarca, no respondió a ninguna de sus preguntas, y este se lo mandó de vuelta a Pilato. No me dirán que no es curioso que sea este el único evangelio que mencione este encuentro entre Jesús y el herodiano Antipas. De ser cierto, se trataría de una buena treta procesal de Pilato, que, lavándose las manos, escurrió el bulto y lo lanzó al tetrarca, quien tenía plena jurisdicción sobre el galileo, aunque siempre por debajo del prefecto romano. Lamentablemente, parece más bien que esto fue un invento de Lucas o de sus fuentes, con la clara intención de quitarle responsabilidades a Pilato y de echar aún más basura sobre los judíos, a los que, como venimos viendo, se les culpabilizó de la muerte de Jesús de manera sistemática.

En Juan, de nuevo, todo es distinto: en primer lugar, tras el arresto, Jesús fue llevado a casa de Anás, el suegro de Caifás y anterior sumo sacerdote, donde fue interrogado. Lo curioso es que después sí que lo llevaron ante Caifás, sin que sepamos muy bien por qué motivo, ya que inmediatamente fue trasladado de nuevo para que compareciese ante Pilato. Al margen de este embrollo, lo destacable es que en Juan ¡no se menciona en ningún momento la reunión del Sanedrín! De hecho, la acusación la lanzó Pilato directamente; eso sí, dejando claro que fueron los jefes de los sacerdotes y el propio pueblo de Jesús los que lo acusaban de haber afirmado ser el rey de los judíos. Además, en Juan, Pilato se muestra mucho más dubitativo sobre su culpabilidad. Tanto es así que pensó que con flagelar y ridiculizar al reo, por su osada pretensión de ser el rey de Israel, sería suficiente para calmar la ira de los judíos (Jn 19,6-8). Pero no (Jn 19,12).

LA MUERTE DE JUDAS

En cualquier caso, lo realmente sorprendente es que, tras narrar cómo los discípulos salieron despavoridos tras la detención de Jesús, tres de los evangelistas no aportaron la más mínima información de lo que sucedió con Judas tras el vil acto. Ni Marcos, ni Lucas, ni Juan dijeron nada sobre el devenir del traidor. Para estos, sin más, desapareció de la historia —aunque el autor del Evangelio de Lucas, como en breve les comentaré, sí que contó algo en los Hechos de los Apóstoles—.

Sin embargo, como ya les adelanté, Mateo introdujo una escena inédita tras el juicio en el Sanedrín y las negaciones de Pedro, pero antes de la crucifixión. Presten atención:

> Al amanecer, todos los jefes de los sacerdotes y los ancianos del pueblo tomaron la decisión de matar a Jesús, de modo que lo ataron, lo condujeron al gobernador Pilato y se lo entregaron.
>
> Entonces Judas, el que lo había entregado, al ver que había sido condenado, _se arrepintió y fue a devolver las treinta monedas de plata_ a los jefes de los sacerdotes y a los ancianos, diciendo: «_He pecado entregando sangre inocente_». Ellos replicaron: «¿Qué nos importa? Allá tú». _Arrojó entonces las monedas al Templo y se marchó y fue a ahorcarse._ Los jefes de los sacerdotes recogieron las monedas y dijeron: «No es lícito ingresarlas en la tesorería, porque son precio de sangre».
>
> De modo que tomaron la decisión de emplear el dinero para _comprar el campo del alfarero_ para destinarlo a cementerio de extranjeros. _Por esto aquel campo se llama «campo de sangre» hasta el día de hoy._ Así se cumplió lo anunciado por el profeta Jeremías: «Y tomaron las treinta monedas de plata, el valor que le asignaron los hijos de Israel al ponerle precio, y las emplearon en el campo del alfarero, según me lo había ordenado el señor». [Mt 27,1-10].

Es decir, según Mateo, Judas se arrepintió, y esto, desde una perspectiva cristiana, es sumamente interesante. Además, tras arrojar las monedas al Templo, se ahorcó. Los mandamases judíos, ya que no podían aceptar aquel dinero, lo usaron para comprar un terrenico, «el campo del alfarero», con la intención de hacer cumplir una profecía de Jeremías.

El arrepentimiento de Judas (Simón Gómez Polo, 1874).

¿Cómo es posible que Marcos no conociese esta historia? Algo tan importante como que uno de los Doce, el ínclito traidor que entregó a Jesús, terminase abrumado por la culpa, se arrepintiese y se ahorcase debería haberse extendido como la pólvora en las distintas tradiciones orales cristianas. Sin embargo, solo Mateo parece conocer este episodio. Juan, ni por asomo. Y Lucas, y esto es digno de estudio, aunque no dijo nada de esto en su Evangelio, en los Hechos de los Apóstoles puso en boca de Pedro una versión totalmente diferente sobre la muerte de Judas…, que también estaba relacionada con la compra de un terrenico. Curioso.

Esta obra comienza narrando la ascensión de Jesús, tras cuarenta días dejándose ver después de resucitar, y continúa explicando cómo se reorganizó el colectivo. Pero había un problema: había que buscar un sustituto para Judas para reconstituir el grupo dc los Doce. Y el autor de Hechos aprovechó para contar qué fue del traidor.

Y en aquellos días, <u>se levantó Pedro en medio de los hermanos</u> —que eran una multitud de unas ciento veinte personas en el mismo lugar— y les dijo: «Hermanos, <u>era necesario que se cumpliera la Escritura, que predijo el Espíritu Santo por boca de David acerca de Judas, el que fue el guía de los que prendieron a Jesús. Pues se contaba como uno de los nuestros y había recibido en suerte este ministerio</u>». [Hch 1,15-17].

Es decir, el rey David, unos cuantos siglos antes, predijo la traición de Judas.

Al margen de la historicidad de este pasaje, que es bastante dudosa, lo importante es que el autor quería dejar claro, en boca de Pedro, que la traición no había pillado de sopetón ni a Jesús ni a los demás, pues ya había sido anunciada por los profetas. El Nazareno no se equivocó al invitarlo a participar en su ministerio, pues todo formaba parte de un plan divino previamente trazado. Pero sigamos:

Judas arrojando las monedas en el Templo (James Tissot, 1850).

Ahora bien, este [Judas] adquirió un campo con un dinero inicuo y, cayendo de cabeza, reventó por la mitad y se derramaron todas sus entrañas. Y esto fue notorio entre todos los habitantes de Jerusalén, de modo que aquel campo fue llamado en su propia lengua «Hakeldamah», que quiere decir «Campo de Sangre». Pues está escrito en el libro de los Salmos: «Quede su finca desierta y no haya quien habite en ella» y «que otro reciba su cargo». [Hechos 1,15-20].

Y el que recibió su cargo fue un tal Matías, un personaje totalmente desconocido.

El suicidio de Judas (Giovanni Canavesio, 1491). Esta obra forma parte de la extraordinaria colección de frescos que este autor realizó para la capilla de Notre Dame des Fontaines, la «pequeña Capilla Sixtina de los Alpes».

Las diferencias entre los relatos de Mateo y Hechos sobre la muerte de Judas son sustanciales y muy difíciles de encajar. Según el primero, se ahorcó. Según Lucas, se cayó por un balate y reventó. ¿En qué quedamos? ¿Cómo puede ser que se cuenten dos versiones distintas de la muerte de un personaje tan importante para los cristianos? Una vez más, raro.

Como era de esperar, los sabios de la Iglesia intentaron casar ambas propuestas y plantearon, como hizo el bueno de Jerónimo de Estridón (c. 347-420), que primero se ahorcó y que luego se rompió la soga, cayó al suelo y se le derramaron las tripas. Otras tradiciones plantearon un encaje distinto: fue el diablo el que, una vez muerto Judas, rajó su tripa para extraerle el alma y llevársela al infierno. La pintura *El suicidio de Judas*, en la página anterior, tan terrible como explícita, muestra a la perfección esta idea.

Por si fuera poco, los estudiosos han encontrado el origen real de ambos relatos.

La versión de Mateo (ahorcamiento) se construyó a partir de la historia de Ahitofel, un consejero del rey David que le terminó traicionando al abrazar la causa de su hijo díscolo, Absalón, que se proclamó rey en Hebrón, hasta el punto de convertirse en su mano derecha y de no dudar en aconsejarle que debía mandar todas sus tropas para acabar con su padre, que permanecía en Jerusalén. Absalón no le hizo caso y, siguiendo los consejos de Husai, el arquita —que en realidad era un agente doble—, decidió esperar para preparar mejor el ataque. Gracias a esto, David consiguió huir de la ciudad santa y salvó su vida.

Ahitofel, molesto, regresó a Gilo, su ciudad, y tras solucionar algunas cosillas, se ahorcó, quizás por miedo a que David, una vez repuesto y tras romper la revuelta, se vengase de él:

> Pero Ahitofel, viendo que no se había seguido su consejo, enalbardó su asno, y se levantó y se fue a su casa a su ciudad; y después de poner su casa en orden, se ahorcó, y así murió, y fue sepultado en el sepulcro de su padre. [2 Samuel 17,23].

Esto no quiere decir que el suicidio de Judas no tenga una base real. Quizás sucedió. Pero también es posible plantear que no, y que Mateo se sacó esto de la manga para explicar algo que Marco parecía desconocer: el destino de Judas. De camino, evocaba una historia bíblica bien conocida por sus potenciales lectores, algo que era su marca de la casa. O quizás no se lo inventó y ya se había formado una tradición oral que defendía que Judas se suicidó.

En realidad, su intención era mostrar que incluso el traidor, arrepentido, reconoció que Jesús era inocente. De un modo similar se muestra a Pilato en este Evangelio, que llega a lavarse las manos y a decir: «Soy inocente de la sangre de esta persona. Vosotros veréis» (Mt 27,24). Esa es la clave. Ni Judas ni los romanos fueron los verdaderos responsables de la muerte de Jesús. Fueron los judíos, como dejó bien claro Mateo: «Y el pueblo entero contestó: "Su sangre sobre nosotros y sobre nuestros hijos"» (Mt 27,25).

Además, según la versión de Hechos, no se suicidó. ¿Es que esa posible tradición no llegó a oídos de Lucas? Sin embargo, esta otra historia también está inspirada en una escena de las Escrituras: la muerte de Antíoco IV Epífanes (215-163 a. C.), rey de Siria de la dinastía seléucida, destronado, precisamente, durante la revuelta de los macabeos, narrada en 2 Macabeos 9.

Así, el que hasta hacía poco, en su arrogancia sobrehumana, se imaginaba poder dar órdenes a las olas del mar y, como Dios, pesar las más altas montañas, cayó derribado al suelo y tuvo que ser llevado en una camilla, haciendo ver claramente a todos el poder de Dios. Los ojos del impío hervían de gusanos, y aún con vida, en medio de horribles dolores, la carne se le caía a pedazos; el cuerpo empezó a pudrírsele, y era tal su mal olor, que el ejército no podía soportarlo. Tan inaguantable era la hediondez, que nadie podía transportar al que poco antes pensaba poder alcanzar los astros del cielo. Entonces, todo malherido, bajo el castigo divino que por momentos se hacía más doloroso, comenzó a moderar su enorme arrogancia y a entrar en razón. Y como ni él mismo podía soportar su propio mal olor, exclamó: «Es justo someterse a Dios y, siendo mortal, no pretender ser igual a él». Entonces este criminal empezó a suplicar al Señor; pero Dios ya no tendría misericordia de él. [2 Mac 9,9-13].

Así pues, este asesino, que injuriaba a Dios, terminó su vida con una muerte horrible, lejos de su patria y entre montañas, en medio de atroces sufrimientos, como los que él había hecho sufrir a otros. [2 Mac 9,28]

El suicidio de Judas en el salterio de Guiluys de Boisleux (*c.* 1246).

Campo de sangre

En otras palabras: las dos versiones de la muerte de Judas, que divergen en casi todo, están inspiradas en importantes y populares episodios bíblicos. Sin embargo, sí que coinciden en relacionar el final del traidor con un campo.

En Hechos, es Judas quien compra aquellas tierras, «de modo que aquel campo fue llamado en su propia lengua "Hakeldamah", que quiere decir "Campo de Sangre"» (1,19). Y es allí donde termina muriendo.

En Mateo, los sacerdotes judíos, para no mancillar el Templo con el sucio dinero devuelto por Judas, «tomaron la decisión de emplear el dinero para comprar el campo del alfarero para destinarlo a cementerio de extranjeros. Por esto aquel campo se llama "campo de sangre" hasta el día de hoy» (Mt 27,7-8). Es decir, lo compraron los sacerdotes. Pero, después del suicidio de Judas, que no sabemos dónde se produjo. Además, Mateo planteó que hasta esto se hizo para cumplimiento de una antigua profecía. Pero se equivocó al decir que esta procedía de Jeremías. En el libro de este profeta no podemos encontrar esos versículos, pero sí una referencia a ese misterioso lugar llamado «campo del alfarero»: en el capítulo 18 se incluye una metáfora en la que Dios le muestra a Jeremías que, al igual que un alfarero rehace una vasija que se le ha echado a perder, él puede moldear al pueblo de Israel.

> Levántate y vete a casa del alfarero, y allí te haré oír mis palabras. Y descendí a casa del alfarero, y he aquí que él trabajaba sobre la rueda. Y la vasija de barro que él hacía se echó a perder en su mano; y volvió y la hizo otra vasija, según le pareció mejor hacerla. [Jer 18,2-4].

Si bien es cierto que en ese capítulo no se dice nada de que aquel lugar pasase a llamarse «campo de sangre» —en arameo es *hagel dema*—, sí que se comenta algo parecido en el siguiente: Dios le ordena a Jeremías que compre una vasija de barro y la lleve junto con los ancianos del pueblo y los sacerdotes al valle del hijo de Hinom, junto a la entrada oriental de Jerusalén, donde debía proclamar que Dios castigará al pueblo por haberlo abandonado, por adorar a dioses ajenos y por haber derramado sangre inocente, incluso sacrificando a sus hijos para venerar a Baal.

> He aquí que yo traigo mal sobre este lugar, tal que a todo el que lo oyere, le retiñan los oídos. Porque me dejaron, y enajenaron este lugar, y ofrecieron en él incienso a dioses ajenos, los cuales no habían conocido ellos, ni sus padres, ni los reyes de Judá; y llenaron este lugar de sangre de inocentes. Y edificaron lugares altos a Baal, para quemar con fuego a sus hijos en holocaustos al mismo Baal; cosa que no les mandé, ni hablé, ni me vino al pensamiento. Por tanto, he aquí vienen días, dice Yahvé, que este lugar no se llamará más Tofet, ni valle del hijo de Hinom, sino Valle de la Matanza. [Jer 19,3-6].

Gracias a esto sabemos que el dichoso Campo de Sangre estaba en el valle de Hinom, al otro lado de la muralla sur de Jerusalén. Y también se sabe que desde el siglo VI a. C. era una especie de vertedero usado para quemar las cosas que consideraban impuras y las basuras de los jerosolimitanos. Además, allí hubo un cementerio para gentiles y peregrinos que se usó hasta el siglo XIX. De hecho, en la Edad

Media se consideraba que era una buena acción ser enterrado allí, y se extraía tierra de esa zona, rica en arcilla —de ahí lo del «campo del alfarero»—, para colocarla en los cementerios cristianos de Occidente. Y allí erigieron los cruzados, posiblemente los templarios, un monasterio rupestre que tenía en su interior varias cuevas naturales que se usaron como lugar de enterramiento por los judíos. Se cree que una de las tumbas encontradas cerca del monasterio es la de Anás, antiguo sumo sacerdote, que, según Juan, presidió el juicio de Jesús. El monasterio de Akeldama, como se le conoce, es propiedad del patriarcado armenio de Jerusalén desde el siglo XVI.

Muy cerquita de allí levantaron los ortodoxos griegos, en 1874, un monasterio consagrado a San Onofre —un anacoreta del siglo IV famoso por su frondosa y larguísima barba y por vestir únicamente con un taparrabos de hojas—, construido, según esta tradición, en el lugar en el que se ahorcó Judas, en una estrecha terraza de la cara sur del valle, frente el monte Sion y las murallas de la ciudad vieja. Una leyenda del siglo XVI dice que ocho de los apóstoles se escondieron en una cueva cercana después de que Jesús fuera capturado en el monte de los Olivos.

Sea como fuere, lo cierto es que este lugar, Hakeldamah o Aceldama, es de los pocos que aparecen en el Nuevo Testamento cuya ubicación actual parece realmente cierta. Sin embargo, el turista que hasta allí se aventure no encontrará nada que lo señale. Es una zona realmente inhóspita y alejada de los circuitos turísticos.

La *gehenna*

Insisto, según la tradición judía, en el valle de Hinom se realizaban sacrificios de niños por parte de judíos apóstatas que rendían culto de este modo al dios Baal. Y no solo se comenta en el libro de Jeremías. En 2 Crónicas se cuenta la historia del rey Manasés, de Judá, un monarca que renunció a la fe de su pueblo y se entregó a los cultos paganos anteriores a Baal o Asera, y además...

> Y pasó sus hijos por fuego en el valle del hijo de Hinom; y observaba los tiempos, miraba en agüeros, era dado a adivinaciones, y consultaba a adivinos y encantadores; se excedió en hacer lo malo ante los ojos de Yahvé, hasta encender su ira. [2 Crónicas 33,6].

Pues bien, debido a estas afrentas, y a las atrocidades que allí acometió el pueblo de Judá, el nombre de aquel valle —en hebreo, *ge-hinnom*; en griego, *gehenna*— se convirtió en sinónimo del infierno para los judíos y, por extensión, para los cristianos. ¿Les suena esto de *gehenna*?

Miren lo que escribió Marcos, en nombre de Jesús:

> Y quien escandalice a uno de estos pequeños que creen en mí, mejor le está si le atan una piedra de molino alrededor de su cuello y es arrojado al mar. Y si te escandaliza tu mano, córtala; pues mejor es que entre manco en la vida antes que con las dos manos <u>marches a la *gehenna*, al fuego inextinguible</u>. Y si tu pie te escandaliza, córtalo; mejor es que entres cojo en la vida <u>que ser arrojado a la *gehenna*</u> con los dos pies. Y si tu ojo te escandaliza, arráncatelo; pues mejor es que entres con un solo ojo en el reino de Dios que <u>ser arrojado a la *gehenna*</u> con los dos, «porque su gusano no muere y el fuego no se extingue». [Mc 9,42-48].

Los tres casos hacen referencia a inclinaciones al pecado, y el texto en su conjunto, al juicio que todos protagonizaremos tras morir. Evitando el pecado, evitaremos la *gehenna*.

Fotografía del valle de Hinnom (1900).

En otras muchas ocasiones, los evangelistas mencionaron a Jesús amenazando a los que se apartasen del reino con ser arrojados a la *gehenna,* al fuego inextinguible. El propio Mateo lo hizo en varias ocasiones (aunque, curiosamente, todos estos versículos proceden de Q):

> No temáis tampoco a los que matan el cuerpo pero no pueden matar el alma: temed más bien al que puede exterminar alma y cuerpo en la *gehenna.* [Mt 10,28].

> ¡Ay de vosotros, escribas y fariseos hipócritas, que cruzáis mares y tierras para hacer un prosélito y cuando lo habéis conseguido lo hacéis candidato a la *gehenna* dos veces más que vosotros! [Mt 23,15].

> Así es como levantáis testimonio contra vosotros mismos: también vosotros sois hijos de los que mataron a los Profetas. ¡Colmad la medida de vuestros padres! Serpientes, raza de víboras, ¿cómo vais a evitar la condena de la *gehenna*? [Mt 23,31-33].

Recuerden que aquello se convirtió en un basurero en el que se quemaban los desperdicios de los habitantes de la Ciudad Santa, que ardían día y noche. Ya saben, el fuego inextinguible. Sin duda, en tiempos de Jesús, aquello se había convertido, simbólicamente, en una puerta al infierno donde arderían, por los siglos de los siglos, los pecadores, la «basura» de la sociedad judía…

Ojo, no es lo mismo que el Sheol, que sería la morada de los muertos para los judíos, una suerte de Hades a lo hebreo, pero no un sinónimo del infierno cristiano, como se muestra a la *gehenna* incluso en la tardía Carta de Jacobo/Santiago (3, 6), de finales del siglo I.[21]

Concluyendo: no deja de resultar significativa la asociación entre el destino final del traidor, nuestro querido Judas, y este valle maldito, según las tradiciones judías, que se terminaría convirtiendo para los cristianos en un símbolo del infierno.

Pero, si lo piensan, algo no cuadra aquí: según Mateo, los sumos sacerdotes usaron el dinero devuelto por Judas para comprar el

---

21   Por cierto, también el infierno para los musulmanes, Yahannam, toma su nombre de la *gehenna.* Aparece 77 veces en el Corán, aunque se relaciona más bien con la capa más alta del infierno, reservada para los pecadores musulmanes.

campo del alfarero y convertirlo en un cementerio de extranjeros, y por eso es un lugar maldito. Pero no, ya lo era de antes. ¿Por qué el evangelista no dijo que se trataba, precisamente, de la *gehenna* de la que hablaba Jesús? ¿Acaso no lo sabía? Y tampoco lo hizo Lucas, que también mencionó en alguna ocasión este lugar en boca de Jesús (12,5) y que, sin embargo, en los Hechos, aunque no mencionó el campo del alfarero, sí dijo que ese lugar fue condenado porque Judas, su dueño, murió allí.

Por mi parte, me queda claro que ambos evangelistas se liaron de mala manera con todo esto. Es razonable pensar que las primeras tradiciones orales sobre el destino de Judas planteasen que había muerto de una forma horrible y que acabó, como todos los pecadores, en la *gehenna*. Décadas después, cuando Mateo y Lucas escribieron sus textos, debieron usar versiones modificadas de esas primigenias leyendas, o quizás ellos mismos las modificaron, llegando incluso a olvidar que ese maldito lugar, en efecto, existía y era usado simbólicamente por el propio Jesús para indicar a dónde irán a parar los pecadores.

Otras versiones de la muerte

No hay dos sin tres. Y es que, amigos lectores, tenemos una tercera versión sobre la muerte de Judas que procede de una fuente antiquísima, casi contemporánea a los propios Evangelios, y que de nuevo deja claro que el lugar en el que falleció quedó maldito.

Fue cosa de un misterioso cristiano llamado Papías, obispo de la ciudad de Hierápolis, del que muy poco se conoce, pero que debió vivir en la segunda mitad del siglo I y la primera del siglo II. No se conserva ningún texto suyo, pese a que escribió una monumental obra, dividida en cinco tomos, llamada *Exposición de los dichos del Señor*; pero sí muchas referencias procedentes de algunos de los padres de la Iglesia, como Ireneo de Lyon, que dijo que había conocido a Juan el apóstol en persona y que fue compañero de Policarpo, el maestro de Ireneo, o Eusebio de Cesárea (*c.* 260-339), que en su *Historia Eclesiástica* (320) comentó que había sido obispo de Hierápolis y, lo más importante, que fue él quien identificó por primera vez a los autores de los Evangelios de Marcos y Mateo.

Judas colgado, junto a Cristo crucificado. Placa de
marfil (*c.* 420-430). British Museum.

Pues bien, Ireneo, en su obra *Contra las herejías*, escrita hacia el
año 180, expresó lo siguiente sobre Judas, además de incluir un dicho
de Jesús totalmente inédito, procedente de Juan el evangelista, pero
conocido porque Papías lo comentó:

Esto es lo que recuerdan haber oído de Juan, el discípulo de Jesús,
los presbíteros que lo conocieron, acerca de cómo el Señor les había instruido sobre aquellos tiempos: «Llegarán días en los cuales cada viña
tendrá diez mil cepas, cada cepa diez mil ramas, cada rama diez mil
racimos, cada racimo diez mil uvas, y cada uva exprimida producirá
25 medidas de vino. Y cuando uno de los santos corte un racimo, otro
racimo le gritará: ¡Yo soy mejor racimo, cómeme y bendice por mí al
Señor! De igual modo un grano de trigo producirá diez mil espigas,
cada espiga a su vez diez mil granos y cada grano cinco libras de harina
pura. Lo mismo sucederá con cada fruto, hierba y semilla, guardando
cada uno la misma proporción. Y todos los animales que coman los alimentos de esta tierra, se harán mansos y vivirán en paz entre sí, entera-
mente sujetos al hombre».

El anciano Papías, que también escuchó a Juan como compañero
de Policarpo, ofrece el testimonio siguiente en el cuarto de sus cinco
libros, añadiendo: «Cuantos tienen fe aceptarán lo anterior. Y como

Judas el traidor no creía y le preguntó: ¿Cómo podrá el Señor producir tales frutos?, el Señor le respondió: Lo verán quienes irán a esa tierra». [Ireneo, p. 310].

Respecto al tema que nos ocupa, un controvertido pensador cristiano posterior, Apolinar, obispo de Laodicea (c. 310-c.390), declarado herético por negar la naturaleza humana de Jesús, enfatizando la divina, puso en boca de Papías esa descripción diferente sobre la muerte de Judas de la que les hablaba:

Judas no murió ahorcado, sino que sobrevivió, habiendo sido abatido antes de ser asfixiado. Y los Hechos de los Apóstoles lo demuestran, que cayendo de cabeza se reventó por la mitad y todas sus entrañas se derramaron. Este hecho lo relata con mayor claridad Papías, el discípulo de Juan, y el cuarto libro de las *Exposiciones de los Oráculos del Señor*, de la siguiente manera:

Judas anduvo por este mundo como un terrible ejemplo de impiedad; su carne se hinchó hasta tal punto que, por donde puede pasar con facilidad un carro de heno, él no pudo pasar, ni siquiera la masa de su cabeza. Dicen que sus párpados se hincharon hasta tal punto que no podía ver la luz en absoluto, mientras que sus ojos no eran visibles ni siquiera para un médico que mirara a través de un instrumento, tan profundamente se hundieron de la superficie. Sus genitales parecían completamente desfigurados, nauseabundos y grandes. Cuando se movía, le fluían secreciones y gusanos de todo el cuerpo sólo por las partes íntimas, a causa de sus ultrajes. Después de muchas agonías y castigos, murió en su propio lugar. Y debido a esto, el lugar está desolado y deshabitado incluso ahora. Y hasta el día de hoy nadie puede pasar por ese lugar, a menos que se tape la nariz con las manos. Tal juicio se extendió por su cuerpo y sobre la tierra.[22]

---

22 El texto procede de una catena (es decir, un texto compuesto de extractos de otros textos encadenados entre sí mediante ligeras alteraciones en los extremos; era algo muy habitual en la Edad Media, y solían verse en los márgenes de las Biblias manuscritas) elaborada a mediados del siglo XIX por John Cramer. La he tomado de esta fuente: «Papías» [*on line*] https://web.archive.org/web/20140910155741/http://www.chronicon.net/index.php/papias [Consultado el 19 de agosto de 2024].

Evidentemente, no hay nada que permita plantear que esto tenga más credibilidad que los relatos de Mateo, que Papías niega por completo, o Hechos. Las tres versiones son reinterpretaciones posteriores de algo real que nunca podremos conocer, por desgracia.

Profanadores de tumbas

En relación con el trágico final de Judas, me van a permitir que, antes de continuar con otro asunto, me haga eco de algo curioso que pude conocer gracias a un artículo del profesor Sabino Perea Yébenes, del Departamento de Historia de la Universidad de Murcia, titulado «La mención a Judas Iscariota en epitafios latinos cristianos de la Hispania visigoda y bizantina: el delito sepulcral y la condena mágica», publicado en la revista *Myrtia*, editada por dicha universidad.[23]

Sabino Perea, en su estudio, se hace eco de varias inscripciones en latín talladas en estelas funerarias de piedra que se han encontrado en distintos puntos de la geografía española y recogen advertencias mágicas para los profanadores de tumbas. Lo guapo es que las penas propuestas para los potenciales vándalos estaban relacionadas con el terrible final de Judas.

En una de ellas, hallada en 1871, datada en el siglo VII y conservada en el Museo Arqueológico de Cartagena, podemos leer el siguiente texto: «Hic iacet Saturina qui vixit annos sex et redivit in pace si quis tem(p)taverit isto [*sic*] monumento a-beat parte com [*sic*] Iuda Iscariota».

Traducción: «Aquí yace Saturina, que vivió seis años y recobró la paz. Si alguien fuerza este monumento (sc. esta tumba) tome parte con Judas Iscariota» (Perea Yébenes, p. 238).

Aunque el texto tenía alguna falta de ortografía, lo que quería decir está claro: «Habeat parte com Iuda Iscariota»; «Tenga/Tome parte con Judas Iscariota».

---

23 Perea Yébenes, S.: «La mención a Judas Iscariota en epitafios latinos cristianos de la Hispania visigoda y bizantina: el delito sepulcral y la condena mágica». *Myrtia*, n.º 21, 2006, págs. 235-276. Todas las citas de este subcapítulo proceden de este artículo.

Lápida de Saturina.

No es para menos. Aquello de profanar el sagrado descanso de los muertos para apropiarse de los ajuares funerarios es algo que nunca ha estado bien visto. En el derecho romano llegó a estar condenado con la muerte. Pero las leyes no siempre consiguen frenar a los atrevidos delincuentes, así que existían otras soluciones, como maldecir a aquellos que se atreviesen a violentar un sepulcro. Por eso, una vez que el cristianismo se extendió por todo el Imperio de forma masiva, a partir del siglo V sobre todo, comenzaron a aparecer este tipo de estelas en las que se les amenazaba con correr la misma suerte que Judas. En otra inscripción, encontrada en Córdoba, datada a comienzos del siglo VII, podemos leer lo siguiente: «[…] que vivió 21 años, descansó en paz el día diez de las calendas de octubre del año 610 […] de la Era; si alguien violenta este sepulcro, tome parte con Judas» (*Ibid.*, p. 257).

Y en una lápida procedente del pueblo jiennense de Cárchel, de la misma época, esto otro: «Este es el sepulcro de Teudesinda; si alguien lo remueve marche con el traidor Judas y el fuego» (*Ibid.*, p. 258).

O en esta otra, encontrada en Mérida a mediados del siglo XIX, también del siglo VII:

Oh tú, que miras esta obra sepulcral, entiende que es el lugar donde reposa Eulalio, clérigo confesor. Con todo, si alguien quisiere de hecho y de verdad inquietar este monumento mío, sea herido con el rayo del anatema; infestado de lepra como Giezi,[24] se complazca en ella; encuentre la suerte de Judas el traidor, y no tenga entrada en la iglesia, y apartado de la comunidad santa sea consorte del diablo y sus ángeles en el daño de los suplicios eternos. [*Ibid.*, p. 261].

Lápida de Mérida.

Y estos son solo ejemplos de esta Hispania nuestra, pero hay muchos más. Por decir uno, una estela funeraria encontrada en Ática, del siglo VI, tiene la siguiente inscripción en griego:

La tumba de Andrés y de Atenais y de su hija María, quienes acabaron la vida virtuosamente. Si alguien se atreve a abrir [esta tumba] también al sol [?], éste irá a tomar parte con Judas [Iscariota], todas las cosas se volverán oscuras para él y Dios lo destruirá en ese día. [*Ibid.*, p. 264].

---

24   Giezi, según el Segundo Libro de los Reyes, fue un criado del profeta Eliseo. Después de que este curase de la lepra a un sirio llamado Naamán, y contrariado porque su señor no aceptó regalos a cambio, motivado por la codicia, decide seguirlo y pedirle los regalos en nombre de Eliseo. Al enterarse este, le dice que la lepra que le había quitado a aquel pasaría desde ese momento a Giezi y su descendencia. Se trata, por tanto, de otro ejemplo de codicia, corrupción moral y traición. A lo Judas…

Queda claro pues que en esta época, ya con los visigodos instalados en el Occidente europeo, esto de maldecir a los ladrones de tumbas con vivir la suerte de Judas era algo de lo más común. Es más, en el IV Concilio de Toledo, que presidió Isidoro de Sevilla en el año 633, siendo rey el godo Sisenando, se aprobaron una serie de normas de diverso tipo. Una de ellas, la LXXV, se dirigía a aquellos que osasen atacar a los monarcas, a los que una vez más se les amenazaba con quedar malditos, «esto es, perdición en la venida de Cristo, y el tal y sus compañeros tengan parte con Judas Iscariota, amén» (*Ibid.*, p. 268).

Además, en algunos edificios cristianos se pusieron por esa época advertencias similares para acojonar a los cacos. Por ejemplo, en el dintel de una de las puertas de El Conventín, como se conoce popularmente a la iglesia de San Salvador de Valdediós (Villaviciosa, Asturias), construida en el siglo IX, se conserva, aunque en muy mal estado, la siguiente inscripción: «Si alguien intentare apoderarse de estas ofrendas nuestras que [...] aquí, sufra una profunda amargura por los terribles males y llore en compañía de Judas por (tiempo) interminable».

Allí mismo se custodia un sarcófago de un sacerdote en el que de nuevo se incluía un epitafio de este estilo.

Esto evidencia que el terrible final de Judas sirvió como ejemplo moralizante de lo que podría pasarles a los cristianos si se alejaban del redil.

Y todo, por treinta monedas. Por cierto...

ALGUNAS PREGUNTAS

¿Por qué treinta monedas?

Como era de esperar, algún que otro experto en numismática se ha lanzado al interesante ejercicio de averiguar qué valor tendrían esas monedas hoy en día. Claro, para ello hay que determinar de qué monedas se trataba, y eso no es fácil, ya que había un montón de tipos de dineros en aquella región, dominada en los tres siglos anteriores por los persas, los griegos y los romanos (talentos, dracmas, didracmas, tetradracmas, denarios, estateros, leptos). En los propios Evangelios se mencionan varias. Pero debemos tener en cuenta que el pago lo realizaron, según Mateo, los sacerdotes del Templo de Jerusalén, y en el Templo solo se podían atesorar siclos de Tiro (tetradracmas), ya que el pago de tributos de los habitantes de Judea debía de hacerse en esa moneda (en didracmas, medio siclo, que era el pago ordenado según la Torá).[25] Tenían la imagen del dios Melcart por un lado y un águila en el otro, y contaban con un 92 % de plata.

De hecho, en el propio Evangelio de Mateo se menciona esto: «Llegaron a Cafarnaún, se acercaron a Pedro los recaudadores del didracma del Templo y dijeron: "¿Vuestro maestro no paga el didracma?"» (Mt 17,24).

Un experto mexicano llamado Carlos Amaya Guerra plantea que, en función del grado de conversión, el precio unitario actual oscilaría entre 800 y 3000 dólares.[26]

Tetradracma de Tiro.

Sea como fuere, la paga de un trabajador cualificado era más o menos de un dracma diario. Por lo tanto, si Judas cobró 30 didrac-

---

25 «Esto dará todo aquel que sea contado; medio siclo, conforme al siclo del santuario. El siclo es de veinte geras. La mitad de un siclo será la ofrenda a Jehová» (Éx 30,13).

26 Villa Roiz, C.: «¿Cuánto valen hoy las 30 monedas que recibió Judas por traicionar a Jesús?». *Desde la fe.*

mas (dos dracmas cada uno), sería el equivalente a dos meses de trabajo. Una miseria, teniendo en cuenta el valor mercantil de lo que el supuesto traidor ofreció a cambio. Esa parece ser la idea de Mateo: mostrar que Judas entregó a Jesús por una cantidad irrisoria. Ahora bien, desde una perspectiva teológica, se podría plantear que, por esa cantidad irrisoria de dinero, Jesús se sacrificó por todos nosotros. Salió barato.

Esto vendría a estar legitimado por algo que aparece en el libro bíblico del Éxodo: «Si el buey acornea a un siervo o a una sierva, el dueño dará a su amo treinta siclos de plata, y el buey será apedreado» (Éx 21,32). ¡Era la mitad del precio de un esclavo! Es más, en el Génesis se cuenta que los hermanos de José (todos hijos de Jacob, los que encabezaron las doce tribus), lo vendieron como esclavo a unos mercaderes madianitas por «veinte piezas de plata» (Gn 37,28).

Pintura de la iglesia de Atotonilco (México), en la que se muestra la escena de la entrega de las monedas a Judas (como pueden observar, Satanás, con la forma de un basilisco, controla al traidor).

Además, según una antigua tradición babilónica, o quizás anterior (sumeria), cuando algo carecía de valor, se decía que valía tan solo treinta monedas. Esto guarda relación con el sistema sexagesimal que se usaba en la antigua Mesopotamia, un sistema que emplea como base el número 60 (se trata del número más pequeño que se puede dividir por los seis primeros), que aún empleamos para medir el tiempo y los ángulos. Pues bien, el 30, en cambio, no era útil ni necesario, ni servía para medir nada.

Reliquias de las monedas

Por sorprendente que pueda parecernos, existen un montón de monedas repartidas por toda la cristiandad que formaron parte, dicen, del pago que recibió el traidor.

Por ejemplo, en la preciosa localidad zaragozana de Velilla de Ebro existe una curiosa tradición en torno a una campana que se construyó usando una de las treinta monedas malditas y que sonaba sin que nadie la tocase para anunciar la inminencia de alguna desgracia. La leyenda cuenta que, antes de la venida de los musulmanes, la campana llegó flotando por el Mediterráneo hasta el delta del Ebro; luego subió el río contracorriente, con dos velas encendidas arriba, hasta que llegó a Velilla. Los lugareños, al verla, se dispusieron a sacarla del río, pero, cuanto más lo intentaban, más se hundía. Así que tomaron la brillante decisión de que lo intentasen dos niñas vírgenes: nada más tocarla con sus dedos, la campana salió sola. Y finalmente fue instalada en la ermita de san Nicolás de Bari. Desde entonces, sonó solo para anunciar algunos eventos importantes, como la invasión musulmana del 711, o en 1435, durante la batalla de Ponza, la mayor derrota marítima de los aragoneses, o cuando se produjeron algunas muertes de personajes ilustres. Lo curioso es que muchos de estos episodios fueron recogidos por notarios de la época. La última vez que sonó fue en 1686. Pero la campana se acabó estropeando porque entre los vecinos se extendió la moda de quitarle trocicos de cobre que usaban como amuletos.

Sobre su origen, existen varias leyendas. Según una de ellas, fue construida por los ángeles con una de las dichosas treinta monedas.

Lo que no se termina de explicar es por qué adquirió aquellas características sobrenaturales.

Además, en España hay otras cuantas monedas de Judas más, como las conservadas en la catedral de Valencia (bien lo sabe mi amigo Jesús Callejo, que pudo comprobar que ni de lejos es auténtica), en la Cámara Santa de la catedral de Oviedo y en el monasterio de Montserrat. A Toledo se trasladó en el año 1788, por orden del cardenal Francisco de Lorenzana, una que se custodiaba en la cercana localidad de La Puebla de Montalbán. Este epígrafe aparecía en el inventario de la iglesia: «Una moneda del precio de la sangre de Jesucristo en un pequeño viril de plata sobredorada, pesa una libra y cuatro onzas». Se sabe que fue entregada en 1623 por el obispo de Cuenca, Andrés Pacheco, al cura local, ya que había nacido allí. Por desgracia, está desaparecida. Pero hasta mediados del siglo XX era costumbre que los vecinos de La Puebla rezasen el Viernes Santo ante el relicario que la contenía.

En la preciosa localidad sevillana de Utrera existió otra, de la que se tiene constancia por unos inventarios que se realizaron en 1778 y en 1849 en la parroquia de Santiago. Por desgracia, también está perdida.

Y hay muchísimas más, más de treinta, claro, repartidas por medio mundo: en América, en Brasil, Perú, Venezuela, Colombia, México (¡en la catedral de Zacatecas hay siete!), y en Europa, en Italia (en la catedral de Génova se conservan tres), Portugal, Francia, Malta, Alemania o Irlanda. En este último país, en el Museo Hunt de la localidad de Limerick, se conserva un pendiente compuesto por una de estas monedas (un decadracma) con una montura de oro en la que se lee la inscripción: «Este es el precio de la sangre».

Moneda de Judas
del Museo Hunt.

Recientemente, el gran director de cine Álex de la Iglesia ha estrenado una serie titulada *30 monedas* que toma como punto de partida esta movida. La historia sigue las andanzas de un grupo satánico infiltrado en el interior de la Iglesia católica, los cainitas, adoradores del Evangelio de Judas, del que ya hablaremos, cuyos miembros buscan por todo el mundo las treinta monedas de plata, que, según la ficción, otorgan a sus poseedores poderes sobrenaturales. A ellos se enfrentarán el cura de la localidad segoviana de Pedraza (interpretado por Eduard Fernández), el alcalde (Miguel Ángel Silvestre) y la veterinaria del pueblo, Elena (Megan Montaner).

No quiero terminar este breve apartado sin mencionar algo curioso que sucedió el 18 de marzo de 2022, pocas semanas después del comienzo de la invasión rusa de Ucrania: ese día se marchó del país el embajador bielorruso Ihar Sokol, ya que su país simpatiza con el ínclito Putin. En la frontera, un soldado ucraniano intentó entregarle treinta monedas de plata. Sokol no las aceptó y el soldado se las tiró a la cara. Pueden ver el vídeo por internet…

Por cierto, hablando de reliquias, aunque no se conserva ninguna del cuerpo de Judas, como es lógico, sí que existen varias relacionadas con él. En el monasterio franciscano de Hall, situado a pocos kilómetros del castillo de Ambras, en Innsbruck (Austria), se conservaba un trozo de la supuesta cuerda con la que Judas se ahorcó, junto a un pequeño pergamino en el que se contaba su historia: fue encontrado durante el llamado Saco de Roma, como se conoce al saqueo masivo que realizaron las huestes alemanas y españolas del rey Carlos I de España y V del Sacro Imperio Romano Germánico, que comenzó el 6 de mayo de 1527, en mitad de un conflicto entre el emperador y el Papado. Un tal Sebastian Schertlin, uno de los líderes de los lansquenetes (como eran llamados los soldados mercenarios alemanes), robó la cuerda de la por entonces catedral de San Pedro del Vaticano y la donó a la iglesia parroquial de su localidad, Schorndorff. El 2 de octubre de 1529 se colgó junto a una plaquita en la que se explicaba su origen. Allí permaneció hasta 1575, cuando, durante la Reforma, los jesuitas la llevaron a Innsbruck, donde pasó a formar parte de la colección que el archiduque Fernando II creó en el castillo de Ambras, en la llamada Cámara de Arte y Maravillas, junto a un montón de autómatas, espadas samuráis, instrumentos musicales extraños o una impresionante galería pictórica de personas con deformidades. Incluía, por ejemplo, un retrato anónimo de Petrus Gonsalvus, un canario nacido en 1537 que formó parte de la corte de Enrique II de Francia y que padecía hipertricosis, una enfermedad genética que provoca un crecimiento desmesurado de pelo por todo el cuerpo, incluida la cara; por esto, también se le conoce como «síndrome de Ambras».

En un inventario de esta colección que se realizó el 30 de mayo de 1596 ya aparecía la soga de Judas. Y allí permaneció hasta finales del siglo XVIII, cuando el emperador austriaco ilustrado José II ordenó que fuese retirada de aquel fascinante museo porque no le gustaba… Fue entonces cuando pasó a manos de los franciscanos. Por desgracia, no existe información sobre su paradero actual, aunque sí sobre el pergamino que la acompañaba.

Retrato de Petrus Gonsalvus.

Por último, aunque yo no he encontrado confirmación en ninguna otra fuente, el biólogo de la Universidad de Jaén Jesús Cobo Molinos, en su libro *El cazador de reliquias* (2017, p. 344), asegura que en la localidad calabresa de Umbriatico, en Italia, se conserva la supuesta antorcha que Judas usó para alumbrarse cuando iba camino de Getsemaní para entregar a Jesús. Él tampoco debió encontrar ninguna fuente…

¿Por qué un beso?

Desde nuestra perspectiva actual, que Judas decidiese entregar a Jesús identificándolo con un beso tiene un claro sentido simbólico no exento de ironía ni de sarcasmo. El beso es un gesto de amistad y cariño, claro está. Pero ¿era así en tiempos de Jesús? Sí, entre los judíos era un símbolo muy común de amor, respeto y lealtad, aunque también de paz. Podemos encontrar muchos ejemplos en el Antiguo Testamento. Tras muchos años de enemistad —y tras venderle sus derechos como primogénito por un plato de lentejas—, Esaú, el hijo mayor de Isaac, hermano de Jacob, corrió a su encuentro, lo abrazó, se echó sobre su cuello «y le besó, y los dos lloraron» (Gn 33,4-5). Lo mismo pasó entre Jacob y su hijo José: después de estar separados durante años, cuando se vieron en Gosén, José besó a su padre y «lloró sobre su cuello largamente» (Gn 46,29). Es más, al describir la escena de la unción de Saúl como rey, el profeta Samuel tomó «una redoma de aceite, lo derramó sobre su cabeza y lo besó» (1 Samuel 10,1). En ese mismo libro se describe a Jonatán y al rey David, que mantenían una amistad muy especial, «besándose el uno al otro» (1 Samuel 20,41).

Al entrar o salir de una casa, era y es común entre los judíos tocar con los dedos la *mezuzá*, un pequeño estuche que contiene unos cuantos pergaminos con versículos de la Torá, que se fija en los marcos de las puertas, y luego besárselos. Lo mismo se hace con el *talit* (el manto que cubre el rollo de la Torá) durante los servicios religiosos, como muestra de respeto y amor hacia la ley judía, o con los *tefilín*, unas pequeñas cajas que también contienen pasajes de las Escrituras y que los varones judíos se atan al brazo.

El beso de Judas (Luca Giordano, 1655).

Por supuesto, también era y es habitual besar la mano de los rabinos. Y en las principales celebraciones judías, como la Brit Milá (la circuncisión) o el Bar Mitzvá, los besos abundan.

Y también entre los primeros cristianos era común. Pablo de Tarso, en varias de sus cartas, incitaba a sus discípulos a que se saludasen con algo que llamaba «beso santo» (Rom 16,16; 1 Cor 16,20; 2 Cor 13,12; 1 Tes 5,26). En la Primera Carta de Pedro se dice también: «Saludaos unos a otros con un beso de amor fraternal» (1 Pedro 5,14).

Es más, en muchos movimientos religiosos de la época, sobre todo en los cultos mistéricos, el acto de besarse entre iniciados era de lo más habitual. Entre los cristianos gnósticos, a los que ya volveremos cuando hablemos del enigmático Evangelio de Judas, era habitual besarse en la boca como símbolo de la transmisión de la gnosis, del conocimiento del verdadero camino hacia la salvación. En el Evangelio de Felipe, del siglo II, podemos ver un polémico ejemplo:

> La sabiduría denominada «estéril» es la madre [de los] ángeles, y la compañera del [Salvador es] María Magdalena. El [Salvador] la amaba más que a todos los discípulos y <u>la besaba frecuentemente</u> en [¿la boca? ¿La mejilla? ¿La frente?]. [63,30].

Muchos atrevidos han interpretado esto como una evidencia de que Jesús y la Magdalena estaban liados. Ni de lejos. El propio Evangelio de Felipe explicaba su verdadero significado:

> [El que ...] por la boca; [si] el Logos hubiera salido de allí, se alimentaría por la boca y sería perfecto. <u>Los perfectos conciben mediante un beso y engendran</u>. Por ello nos besamos unos a otros, recibiendo la concepción por la gracia mutua que hay entre nosotros. [59,1-5].

Sin embargo, en los Evangelios canónicos, si exceptuamos las escenas de la traición, no hay besos, excepto en una ocasión..., y no podía ser más significativa, pues se trata de la versión de Lucas de la unción de Jesús a manos de una pecadora pública, que, además de ungir sus pies con perfume, los besó (Lc 7,37-38). Lo interesante es que, a continuación, en ese mismo episodio, Jesús reprende a Simón el fariseo por criticar a la pecadora en estos términos:

¿Ves a esta mujer? Entré en tu casa y no me diste agua para los pies, pero ella regó mis pies con sus lágrimas y los enjugó con sus cabellos; no me diste un beso, pero ella desde que entró no cesó de besarme los pies. [Lc 7,44-45].

No sé a ustedes, pero a mí me parece significativo que los dos únicos besos presentes en estos textos procedan de la pecadora pública y de Judas.

Visto lo visto, el acto infame de la entrega de Jesús empeoraba aún más con el irónico acto del beso, algo que, desde un punto de vista narrativo, ofrecía una nueva dimensión a la escena: era algo inesperado, rompedor, chocante e inédito en los Evangelios.

Por si fuera poco, en el Antiguo Testamento podemos encontrar una historia que bien pudo haber servido de inspiración para todo esto del beso de Judas: uno de los hijos del rey David, Absalón, lideró una revuelta contra su padre y se autoproclamó rey. Joab, sobrino del monarca y uno de sus principales comandantes, acabó con su vida, pese a que se le había ordenado que no lo hiciese. Por otro lado, Amasa, otro sobrino de David, apoyó a Absalón. Pero, tras su muerte, David lo perdonó, y, para congratularse con él, lo nombró comandante de sus ejércitos, en lugar de elegir a Joab. Este, contrariado, aprovechó un encuentro con él y, bajo el pretexto de saludarlo, tomó a Amasa por la barba como si fuera a besarlo, pero, en lugar de eso, lo apuñaló en el vientre, matándolo al instante.

Entonces Joab dijo a Amasa: «¿Te va bien, hermano mío?». Y tomó Joab con la diestra la barba de Amasa, para besarlo. Y Amasa no se cuidó de la daga que estaba en la mano de Joab; y este le hirió con ella en la quinta costilla, y derramó sus entrañas por tierra, y cayó muerto sin darle un segundo golpe. [2 Sam 20,9-10].

Años después, Salomón, el hijo de David que heredó el trono, se lo cargó como castigo por sus múltiples crímenes, incluido el terrible y traicionero asesinato de Amasa. Esto no pasaría de ser una simple casualidad, de no ser porque en la revuelta de Absalón estuvo implicado un personaje que, como ya vimos, tiene algunos paralelismos bastante obvios con Judas: Ahitofel, el consejero aquel del rey David que, tras traicionarlo, terminó ahorcándose.

Es más, ya puestos a buscar en las tradiciones judías, en el libro de Proverbios se dice también algo sobre los besos traicioneros: «Fieles son las heridas del que ama; pero importunos los besos del que aborrece» (Proverbios 27,6).

Sea como fuere, si hacen memoria, recordarán que Marcos, al narrar la escena del prendimiento, dejó claro que esto del beso lo había pactado Judas con los gerifaltes judíos: «Al que yo bese, ese es; apoderaos de él y llevadlo con cuidado» (Mc 14,44). Sin duda, este detalle hace aún más intensa esta carga irónica de la que hablamos. Aquellos, los líderes religiosos del pueblo judío, lo vieron bien, ya que no dijeron nada en contra, lo que los convierte en copartícipes de esta felonía horrible y odiosa.

El problema es que no todos los evangelistas lo narraron así. Mateo sí lo contó de una forma parecida, aunque con una sutil diferencia: «Aquel a quien dé el beso, ese, prendedlo» (Mt 26,47). Es decir, no dijo nada de que lo tratasen con cuidado, haciendo aún más dura la traición. Sin embargo, Lucas no dijo nada de que el beso fuese una señal pactada. De hecho, si lee con atención su relato, no está claro que hubiese beso: «Mientras todavía hablaba, irrumpió una multitud, y el llamado Judas, uno de los Doce, los precedía, y se acercó a Jesús para besarlo. Pero Jesús le dijo: "Judas, con un beso entregas al hijo del hombre"» (Lc 22,47-48).

El beso de Judas Iscariote (pintura anónima del siglo XII, Galería de los Uffizi, Florencia).

Por último, el cuarto evangelista, que siempre iba a lo suyo, ¡ni siquiera incluyó la escena del beso! ¿Por qué? Difícil saberlo, pero llama la atención que este evangelista, que fue especialmente combativo contra Judas, no se hiciese eco de esta escena. Es más, si hacen memoria de nuevo, podrán comprobar que Judas, según Juan, ni siquiera lo entrega, sino que se limita a llevar hasta el huerto de Getsemaní a la cohorte romana...

Una curiosidad para terminar: aunque no está del todo claro, se dice, se comenta, que existe algo llamado *il bacio della morte* («el beso de la muerte»), un gesto ritual que los jefes de la mafia italiana usan o usaban para señalar que algún traidor era condenado a muerte. Si recordamos la extraordinaria segunda parte de *El Padrino*, dirigida por Francis Ford Coppola y estrenada en 1974, el personaje de Michael Corleone (interpretado por un Al Pacino en estado de gracia) besa a su hermano Fredo (John Cazale) para indicarle que es consciente de su traición. Claro, de ser cierto esto, el origen, sin duda, estaría en el beso de Judas.

¿Se equivocó Jesús al elegirlo?

Al margen de todo lo que hemos visto hasta ahora, que ha sido bastante, es necesario pararse a reflexionar un ratito antes de continuar con otras historias relacionadas con Judas. Y es que, estimados lectores, hay algo que no termina de cuadrar en todo esto y que, de algún modo, cierra el círculo que comenzamos páginas atrás, cuando les hablé de lo problemático y desconcertante que resulta el supuesto grupo de doce apóstoles que eligió Jesús.

Judas era uno de los Doce, claro está. Los evangelistas, además, mostraron un especial interés en comentarlo, como habrán podido comprobar. Esto resultó problemático para los cristianos posteriores. El motivo es sencillo. Recuerden aquello que comentaron Mateo y Lucas (tomado de Q), una profecía que incluía a Judas y que, evidentemente, no se cumplió: «Os aseguro que vosotros, los que me habéis seguido, en la renovación universal, cuando el Hijo del hombre se siente en su trono glorioso, os sentaréis también vosotros en doce tronos para juzgar a las doce tribus de Israel» (Mt 19,28).

Jesús falló con este vaticinio, y no solo porque la anunciada llegada del Reino de Dios no se produjo. A Judas le correspondía uno de esos doce tronos, como miembro de los Doce. Pero esto conduce inexorablemente a una reflexión: ¿acaso Jesús no sabía en ese momento que Judas lo iba a traicionar? ¿Cómo no lo iba a saber, si era el hijo de Dios? Si lo sabía, ¿por qué dijo que a él, como a los demás, le correspondería uno de aquellos tronos?

Por eso, la problemática de la inclusión del traidor en esta lista de los Doce es de tremenda importancia, porque en los Evangelios se muestra de forma insistente que Jesús eligió a todos y cada uno de ellos, especialmente en el de Juan: «No sois vosotros quienes me elegisteis, sino que yo os elegí a vosotros y os destiné para que vayáis y deis fruto, y vuestro fruto permanezca, para que lo que le pidáis al padre en mi nombre os lo conceda» (Jn 15,16).

Es más, en un versículo anterior, lo relacionó con Judas: «"¿No os he elegido yo a vosotros, los Doce? Y uno de entre vosotros es un diablo". Se refería a Judas, hijo de Simón el Iscariote; pues ese, uno de los Doce, lo iba a entregar» (Jn 6,70). Y Juan lo seguirá haciendo en más ocasiones (13,18), y eso que, como vimos, según este evangelista era el encargado de las cuentas del grupo, un cargo de gran responsabilidad. Lo curioso es que en esa misma escena, Juan deja claro que, siendo el tesorero del movimiento, era un ladrón. ¿Por qué no fue expulsado? Que el encargado de las cuentas de un colectivo meta mano en la bolsa para quedarse un porcentaje, que es lo que insinúa este evangelista, era motivo suficiente para expulsarlo. ¿Es que Jesús, el Verbo hecho carne según este autor, no era consciente de aquello?

Por si fuera poco, en este Evangelio se introdujo una escena que no aparece en los sinópticos y que tiene lugar justo antes de los sucesos de la última cena: tras anunciar que el diablo se había metido en el corazón de Judas para que lo entregase...

> [...] sabiendo que el Padre lo había puesto todo en sus manos y que había salido de Dios y a Dios iba, se levantó de la cena, depositó la ropa y tomando una toalla se la ciñó; luego puso agua en la jofaina y comenzó a lavar los pies de los discípulos y a enjugárselos con la toalla con la que se había ceñido. Entonces llegó a Simón Pedro; este le dijo: «Señor, ¿tú me lavas los pies?». Jesús le respondió: «Lo que yo hago tú no lo entiendes ahora, pero lo entenderás después de esto». Pedro le contestó. «No me lavarás lo pies jamás». Jesús le replicó: «Si no te lavo, no tienes parte conmigo». Simón Pedro le dijo: «Señor, no solo mis pies,

sino también las manos y la cabeza». Le respondió Jesús: «El que se ha bañado no tiene necesidad de lavarse, ya que está limpio entero; y vosotros estáis limpios, pero no todos». Pues conocía al que lo iba a entregar, por eso dijo «No todos estáis limpios». [Jn 13,3-12].

Y a continuación, Jesús pasa a anunciar que uno de ellos, uno de aquellos a los que acaba de lavar los pies, lo va a entregar. No me negarán lo curioso que es esto: Jesús, según este autor, se rebajó a hacer una labor más propia de esclavos. Por eso Pedro se negaba al principio. Pero lo interesante es que también lo hizo con Judas.

Debemos tener en cuenta que este Evangelio es el más tardío, fruto de una profunda reflexión sobre la historia narrada unas tres décadas antes por Marcos. Esto es importante entenderlo, ya que, como Juan, los demás evangelistas se vieron obligados a corregir y revisar gran parte de lo propuesto por Marcos: lo que no terminaba de encajar con sus propias perspectivas cristológicas y, lo que es más importante, aquello que los podría poner en algún tipo de dificultad con sus críticos, que ya por entonces tenían con total seguridad.

Una de esas dificultades es esta: ¿cómo explicar que el hijo de Dios, consciente de que su misión era morir en la cruz como sacrificio para redimir al hombre del pecado, fuese traicionado vilmente por uno de los que él mismo había elegido?

El bueno de Marcos no lo explicó de ningún modo. Se limitó a decir que fue elegido para el club vip de los Doce (3,13-19), que decidió entregarlo a los jefes de los sacerdotes sin un motivo aparente (14,10-11) y que Jesús, durante la última cena, dijo que «mejor sería para ese hombre no haber nacido». (14,17-21).

Es más, según este autor, Jesús envió a Judas a predicar, como a todos los apóstoles, y, también como ellos, tuvo que realizar algunos exorcismos y curaciones:

Recorría [Jesús] también las aldeas de alrededor [de Nazaret] enseñando. Convocó a los Doce, comenzó a enviarlos de dos en dos y les daba autoridad sobre los espíritus inmundos. [...] Y tras marcharse, predicaban que se convirtieran. Expulsaban a muchos demonios, ungían con aceite a muchos enfermos y los curaban. [Mc 6, 6.13].

Para Marcos, sencillamente, era un apóstol como cualquier otro, y contó con los mismos poderes sobrenaturales y la misma confianza de Jesús, hasta que la lio.

Mateo y Lucas intentaron solucionar el problema como pudieron y, como resultaba habitual con ellos, cada uno a su forma: el primero planteó que la motivación era económica; el segundo, que estaba poseído por el diablo. Pero esto no explicaba su inclusión entre los Doce, a no ser que forcemos la interpretación y consideremos, como defiende la cristiandad, que Jesús sabía perfectamente, desde el primer momento, que sería el que lo entregaría para que se cumpliese el plan salvífico divino.

El prendimiento de Cristo (Anton van Dyck, 1620).

Precisamente por esto, Juan, que planteó una extraña mezcla de ambos motivos, escribió aquello de «Lo que vas a hacer, hazlo pronto» (Jn 13,27), lo que apuntaba claramente a que ese era el rol de Judas, un rol que quizás ni él mismo sabía. Como vimos, los demás discípulos no entendieron aquello, y eso que el evangelista lo expresó explícitamente.

Es decir, al margen de que la historia de la traición sea real, era un problemón, pues evidenciaba que Jesús se había equivocado al elegirlo para aquel selecto club. ¿Cómo es posible que el mismísimo hijo de Dios, o el Verbo hecho carne, tuviese un error? ¿Es que acaso ignoraba su destino? Por eso, amigo lector, los primeros cristianos dieron por hecho que Jesús estaba al tanto de todo y conocía a aquel que lo iba a entregar a sus enemigos.

¿Es posible plantear que, siguiendo la estela de lo narrado en el Evangelio de Judas, del que pronto hablaremos, hubiese una suerte de pacto secreto entre Jesús y el apóstol para que lo entregarse y forzar así la cadena de acontecimientos de la pasión?

Sería mucho decir, pero en los Evangelios se muestra en varias ocasiones a Jesús preparando planes con alguno de sus discípulos a espaldas del resto. Por ejemplo, en Marcos 11, ordena a dos de los apóstoles —no se mencionan sus nombres— que vayan a Betania y cojan un pollino para orquestar su entrada gloriosa en Jerusalén y hacer cumplir la profecía, o en Marcos 14, donde, de nuevo, envía a dos discípulos a preparar la cena de Pascua.

Es más, Mateo, al describir el momento del prendimiento, introdujo una frase que parece apuntar también en esta misma dirección: «Acto seguido [Judas] se acercó a Jesús y lo saludó: "Salud, rabbí", y le dio el beso. Jesús le dijo: "Amigo, a lo tuyo"» (Mt 26, 50).

Claro, esto puede interpretarse de otro modo. Si la traición de Judas no formaba parte de ningún plan divino, como todo parece indicar y como defienden los buscadores del Jesús histórico no confesionales, fue un acto deleznable e infame que no pudo predecir Jesús, lo que le restaría puntos como aspirante a Mesías o como hijo de Dios. Los enemigos del cristianismo no hubiesen dudado en atacar a sus seguidores con este argumento —como pronto comentaré, lo hicieron—, y los evangelistas se vieron obligados a explicarlo como pudieron.

Marcos no se vio capaz, y pasó por esto de la traición como de puntillas, dejando claro que sucedió, pero que ni él mismo sabía muy bien por qué. Lucas y Mateo aportaron distintas motivaciones, pero tampoco solucionaron el entuerto, aunque el segundo, con este complicado versículo de la escena del prendimiento —«Amigo, a lo tuyo» (26,50)—, parecía apuntar a que Jesús era consciente de lo que iba a pasar: lo permitió porque era necesario. Y Juan tampoco habría solucionado del todo la problemática si no es por aquello de «Lo que vas a hacer, hazlo pronto» (13,27). Esa sí que sería una buena solución al enigma de por qué eligió el Verbo hecho carne a alguien que sabía que lo iba a traicionar: todo formaba parte de un plan orquestado tiempo atrás, un plan que Jesús controlaba con su batuta, marcando los tiempos y propiciando el desarrollo de los acontecimientos.

En cualquier caso, aunque suene paradójico, la inclusión de Judas en este grupo selecto parece confirmar que, en efecto, esto de los Doce es algo histórico. Así lo explicó el filósofo Fernando Bermejo Rubio en *La invención de Jesús de Nazaret. Historia, ficción, historiografía* (2019):

Dejando aparte que la elección de un grupo por parte de un líder responde a un patrón bien conocido en los movimientos mesiánicos, un grupo de doce posee especial sentido en un contexto judío, máxime por parte de un nacionalista, por lo que puede aplicársele el índice de plausibilidad contextual. Además, la referencia a los Doce desaparece pronto de la literatura cristiana posterior, lo que muestra que no parece responder a intereses teológicos de las comunidades primitivas. Por último, los problemas que causó en la tradición cristiana el hecho de que Judas fuese consistentemente incluido en la lista de los Doce sugieren también que un grupo de esas características se remonta a la vida de Jesús. [Bermejo Rubio, 2019, p. 196].

Claro, los evangelistas tampoco podían haber hecho otra cosa. De haberlo ocultado, es posible que sus enemigos lo usasen en su contra.

Ahora bien, llama la atención que Pablo no dijese nada sobre Judas. Como recordarán, cuando comentó en 1 Corintios (15,5) que Jesús resucitó al tercer día, dijo lo siguiente: «Se apareció a Cefas y luego a los Doce». ¿Cómo que a los Doce? Si Judas lo había traicionado, ya no estaba entre los que tuvieron la suerte de verlo resucitado. ¿No conocía Pablo la traición? ¿Cómo no iba a conocer algo tan importante? ¿Es posible que se deba a que incluyó en el grupo a Matías, el sustituto de Judas? No, pues, según los Hechos de los

Apóstoles, esto ocurrió después. Por lo tanto, según Pablo, que escribió sus cartas antes que los evangelistas sus textos, Jesús se le apareció también a Judas.

Un último detalle relacionado con esto. Como vimos, en los Hechos de los Apóstoles (Hch 1, 21-22) se cuenta que, un mes y medio después de las muertes de Jesús y de Judas, los apóstoles eligieron un nuevo miembro para restituir el club de los Doce: Matías. Sin embargo, en el mismo libro se narra que Jacobo el Mayor, hijo de Zebedeo y hermano de Juan, uno de los apóstoles más importantes, el de Compostela, fue decapitado por orden de Herodes Agripa I, nieto de Herodes el Grande, unos cuantos años después, entre el 41 y el 44 d. C., intervalo en el que este fue rey de Judea, gracias a que el emperador romano Claudio le otorgó el reino:

Por aquel tiempo, el rey Herodes echó mano a algunos miembros de la Iglesia para aniquilarlos. Mató a espada a Jacobo, el hermano de Juan (Hch 12,1-2).

Cuando esto pasó, los apóstoles no se reunieron en cónclave para elegir un nuevo miembro de los Doce. ¿Por qué? No lo sabemos, pero quizás se deba a que estaban dispersos por el mundo y no era factible. Pero puede ser que aquello de «los Doce» hubiese dejado de tener importancia para las distintas comunidades cristianas. ¿Es posible esto? ¿Cómo explicar que algo que el propio Jesús había realizado con un fin claro terminase en el olvido? Quién sabe…

¿Existió? ¿Es histórica la traición?

Tarde o temprano debíamos afrontar esta pregunta: ¿es posible que Judas no haya existido realmente y que todo esto se trate de un invento posterior de las primeras comunidades cristianas?

En efecto, como acabamos de ver, su historia guarda ciertas semejanzas con algunos relatos del Antiguo Testamento, desde la dolorosa traición hasta el beso. Sus dos muertes están inspiradas en escenas bíblicas, y su nombre evoca algunos momentos importantes de la tradición judía, como la revuelta de los macabeos o la tribu de Judá, que dio nombre a Judea. Recuerden que para muchos Judas fue el único apóstol de esta región, si es que era de aquella localidad, Qeriot, ya que, como vimos, todos los demás eran galileos.

Todo esto ha conducido a que algunos estudiosos consideren que se trataba de un personaje inventado con el que se pretendió simbolizar al pueblo judío en su conjunto, culpable, según los Evangelios, de la muerte de Jesús. Eso es lo que planteó el erudito y político escocés John Mackinnon Robertson (1856-1933), un ferviente defensor de la no existencia histórica de Jesús de Nazaret, en su libro *Jesus and Judas* (1927). Entre otras cosas, argumentaba que quizás había un sustrato real, la historia de un aspirante a Mesías fracasado que terminó siendo ejecutado, que luego se completó con material legendario de diversas fuentes. Así, todo, desde los milagros hasta sus dichos, pasando por el reclutamiento de los Doce, era un invento de los seguidores de Pablo de Tarso, cristianos gentiles. Y Judas, un invento, una construcción literaria ideada por aquellos para desacreditar a los judeocristianos de Jerusalén, otra rama del mismo movimiento más cercana, según Robertson, al judaísmo; una historia creada con el objetivo de exonerar a Dios de toda culpa del martirio sufrido por Jesús y, de camino, al Imperio romano, volcando toda la responsabilidad en los judíos. Así, la traición de Judas iría de la mano de la perfidia de Caifás y del odio masivo del populacho, que no dudó en salvar a un delincuente como Barrabás, y de las continuas intentonas de Poncio Pilato para evitar la condena de aquel desdichado.

Algo parecido defiende el extraordinario exégeta José Montserrat Torrents:

> El discípulo Judas, como otros discípulos mencionados en los evangelios, forma parte de la leyenda. Los episodios de la traición se diluyen en la nebulosa de la pugna que ya durante la primera generación cristiana enfrentó a los cristianos helenizantes con los judíos de Jerusalén. Judas, cuyo nombre significa judío, no pudo traicionar a Jesús porque, probablemente, no existió. [Monserrat Torrents, 2006, p. 196].

Otros negacionistas de Judas plantean una propuesta distinta: como también vimos, la mayoría de los Evangelios sugieren que la traición de Judas era esencial para el cumplimiento del plan de Dios. Mateo y especialmente Juan sugieren que Jesús era consciente y lo permitió. Esto se puede entender, tal y como argumenté antes, como un intento de explicar el fracaso que suponía que el hijo de Dios o el Verbo hecho carne no fuese capaz de adivinar que Judas lo iba a traicionar. Pero también como una construcción apologética ideada para propiciar la muerte de Jesús. Como ya saben, según la tradición paulina, Jesús murió y resucitó para vencer a dos potencias cósmicas: el Pecado y la Muerte. Esta idea la defienden todos los Evangelistas, de ahí que en sus textos se muestre a Jesús conocedor de lo que iba a pasar. Formaba parte de un plan trazado previamente por Dios, anunciado una y otra vez a los discípulos, que no lo comprenden hasta el último momento, cuando ya es tarde. Jesús tenía que morir. Pero de ese deicidio tremendo nacerá el bien: la salvación de la humanidad mediante la redención de los pecados y la garantía de la vida eterna para los que no se alejen del redil y llevan una ordenada vida cristiana.

La crucifixión (James Tissot, 1896).

El papel de Judas era esencial: fue un instrumento del plan de Dios, dispuesto a sacrificar a su hijo para salvar a la humanidad, a diferencia de lo que sucedió con Abraham y su hijo Isaac. Según el Génesis (22,1-19), Yahvé le frenó cuando aquel estaba a punto de entregar a su hijo en sacrificio en el monte Moriah —en el que un tiempo después, según la tradición bíblica, se levantó el Templo de Salomón—, pese a que la propia divinidad se lo había pedido. En su lugar, Yahvé hizo que un macho cabrío ocupase el lugar de Isaac como ofrenda propiciatoria. De este modo se firmó una alianza entre aquel dios y el pueblo descendiente de Abraham, que unos episodios antes, en el capítulo 17, se había establecido mediante una curiosa señal:

> Este es mi pacto, que guardaréis entre mí y vosotros y tu descendencia después de ti: será circuncidado todo varón entre vosotros. Circuncidaréis la carne de vuestro prepucio, y será por señal del pacto entre mí y vosotros. [Gn 17,10-11].

Es decir, la sangre derramada del prepucio era la señal del pacto. ¿Les suena esto?: «De igual modo, llenó la copa, después de cenar, diciendo: "Esta copa es la nueva alianza por medio de mi sangre, derramada por vosotros"». [Lc 22,20].

En efecto, el supuesto sacrificio de Jesús simbolizaba la firma de un nuevo pacto, firmando en esta ocasión entre Dios/Jesús y la humanidad al completo. Pero, como ya os comenté, esto de la eucaristía procede de Pablo (1 Cor 11,23-27), cuya misión, recordarán, estaba centrada en los gentiles y enfrentada a los de «la circuncisión», como llama en muchas ocasiones a los judeocristianos de la Iglesia de Jerusalén.

Por tanto, todo esto puede ser visto como una completa inversión de la perspectiva sacrificial de las tradiciones judías. La ley judía, que Pablo terminó repudiando, exigía a los judíos que realizasen sacrificios en honor a su Dios para establecer y/o restaurar su alianza con ellos. Pero, según el cristianismo paulino, Dios entregó a su hijo, el cordero de Dios que quita el pecado del mundo, para que fuese sacrificado por la humanidad, firmando una alianza nueva y eterna.[27]

---

27 Es más, si me apuran, el símil tiene parecidos sorprendentes. En el episodio del Génesis se dice que Abraham tomó «la leña del holocausto, y la puso sobre Isaac»

Y Judas, desde esta perspectiva, tenía un papel esencial. Su traición propició el desarrollo de los acontecimientos posteriores. Por eso algunos consideran que se trata de un personaje inventado.

Pero no. Esta perspectiva es sumamente interesante, aunque no funciona a la hora de negar la existencia histórica de Judas o de la traición. Que Pablo interpretase la muerte de Jesús como un sacrificio simbólico que suponía la firma de un nuevo pacto entre Dios y la humanidad no implica que los acontecimientos no se hubiesen producido de este modo.

Es más, si hacemos caso al criterio de atestiguación múltiple, no solo debemos aceptar como posiblemente histórica la existencia de Judas, sino el hecho mismo de la traición. Tanto la tradición sinóptica como Juan lo comentaron, y Pablo, que si bien no habló directamente de la felonía, sí comentó que Jesús fue entregado (1 Cor 11,23).

Por otro lado, también el criterio de dificultad permite presuponer este acto como histórico. ¿Quién iba a inventar algo así, que, en todo caso, minusvaloraba las capacidades de un supuesto profeta y de un aspirante a Mesías, como pretendía ser Jesús? Nadie en su sano juicio podría haber inventado esto. No hay que ser muy listo para pensar que esto podría ser el centro de las críticas de los posibles enemigos de su recién nacida fe. De hecho, lo fue…

Uno de los primeros en escribir contra el cristianismo, el filósofo platónico Celso, publicó hacia el año 178 una demoledora obra titulada *Logos Alethes* (*Discurso verdadero*), en la que atacaba de forma brutal la nueva religión, al considerar que toda la historia de Jesús, en especial lo relacionado con sus milagros, con su entidad divina y con la resurrección, eran mitos sin fundamento. Por desgracia, aquella obra fue destruida, pero conocemos bastante sobre ella gracias a una extensa refutación que redactó unos setenta años después Orígenes de Alejandría (c. 185-253), *Contra Celso* (*c.* 248), en la que incluyó muchas citas de aquel libro; tantas que incluso se han editado varias versiones de cómo pudo ser el *Discurso verdadero* (por ejemplo, una editada por Alianza y realizada por Serafín Bodelón en 1988).

Pues bien, Celso, comentó lo siguiente sobre la traición, aunque sin mencionar a Judas de forma explícita:

---

y «fueron ambos juntos» (Gn 22,6). Jesús, aun con la ayuda de Simón de Cirene, portó el madero hasta el Gólgota.

¿Cómo recibir como Dios a aquel que, entre otros agravios atribuidos, nada hizo de lo que había prometido? ¿Quién es el que acusado, juzgado, condenado al suplicio, vergonzosamente <u>fue preso gracias a la traición de los mismos a los que llamaba sus discípulos</u>? ¿Sería propio de un Dios dejarse atar y conducir como un criminal? Mucho menos aún convenía a un Dios el ser abandonado, traicionado por sus próximos, que lo seguían como a un maestro y veían en él al Mesías, hijo y mensajero del gran Dios. <u>Un buen general que manda miles de soldados jamás encuentra un traidor entre ellos</u>; lo mismo sucede con un miserable jefe de salteadores que comanda a hombres perdidos, en cuanto estos tienen su lucro conseguido; pero Jesús, <u>traicionado por sus propios compañeros</u>, no supo hacerse obedecer como un buen general; ni siquiera después de habérselos ganado —quiero decir a sus discípulos— no consiguió inspirarles la dedicación que un jefe de salteadores consigue de su cuadrilla. [...]

<u>Si Jesús predijo la traición de uno, la negación de otro, ¿cómo osaron el uno traicionar, el otro negar a aquel que sabían debían temer como a un Dios? Sin embargo, lo traicionan, lo reniegan sin la menor aprensión.</u> Un hombre contra el que conspiran, si lo sabe, se anticipa a los conjurados, los hace por eso mismo cambiar de designio y se pone en guardia. Esos acontecimientos no ocurrieron pues, porque hubieran sido predichos. <u>Es imposible que personas avisadas con antelación hubiesen persistido en traicionar o renegar.</u>

Mas Jesús, que predijo todas esas cosas, era Dios; era preciso pues, que todo lo que tenía él previsto y había profetizado ocurriera. ¡Un Dios habría inducido a sus propios discípulos, con los cuales repartía el pan y el vino, en ese abismo de impiedad y de perversión, él que había venido para bien de todos los hombres y, especialmente, más que a los demás, a aquellos con los que había tenido un banquete cotidiano! ¿Dónde se vio a alguien urdir traiciones a sus anfitriones? <u>Pues ahora, en este caso, es el comensal de un Dios el que le tiende celadas; y, lo cual repugna aún más, el propio Dios tiende emboscadas a sus compañeros y los convierte en traidores e impíos.</u> [Celso, 2009, p. 80-82].

Las primeras comunidades, contrariadas por lo sucedido, y posiblemente conocedoras de la felonía de Judas, buscaron y encontraron una explicación en el mismo lugar en el que hallaron un sentido a la escandalosa muerte de Jesús en la cruz: en las Escrituras. La traición, concluyeron, había sido profetizada mucho tiempo antes. Y así, al narrar cómo se produjo, lo adornaron con motivos bíblicos.

Sin embargo, algunos estudiosos han planteado que no existió realmente. Philipp Vielhauer, por ejemplo, sostuvo que es histórico que Jesús fue entregado por uno de los suyos, pero que el personaje de Judas fue creado por la Iglesia primitiva a partir de aquellos pasajes del Antiguo Testamento. Pero esto es discutible: ¿cómo es posible que no se supiese o que se hubiese olvidado el nombre del traidor? Además, su inserción dentro de los Doce provocaba más problemas de los que solucionaba.

Otros, como Günther Klein y Walter Schmithals, plantearon otra opción, sugerente pero difícil de defender. Consideran que sí existió Judas, pero que no hubo traición, sino que más bien se trataba de uno de los Doce, que para estos sería una invención pospascual, que, tras la muerte de aquel, apostató y denunció a la comunidad cristiana ante las autoridades. Es decir, entregó simbólicamente a Jesús. Así, tanto los Doce como Judas serían retrotraídos a la vida de Jesús. Bien, pero no hay nada que permita defender esto.

En resumidas cuentas, pese a todos los añadidos evangélicos, lo más probable desde un punto de vista histórico es que Judas existió realmente y que fue el responsable de entregar a Jesús a sus enemigos.

¿Por qué? ¿Qué hizo Judas?

Asumido esto, debemos preguntarnos dos cosas: ¿cuál fue el motivo?, y lo más importante, ¿en qué consistió la traición?

Sobre el porqué hablaremos largo y tendido en los siguientes capítulos, ya que es la gran pregunta que todos, desde distintos ámbitos del conocimiento, se han hecho a lo largo de los siglos. Pero es que tampoco termina de quedar muy claro qué fue lo que hizo Judas. Sí, todos los Evangelios coinciden en señalar que fue quien llevó hasta el monte de los Olivos a los enemigos del Nazareno para que procediesen a su captura, dejando claro además que parte de su misión consistía en indicar quién era. Pero ¿hacía falta?

El propio Marcos expresó lo siguiente:

Jesús tomó la palabra y le dijo: «¿Como contra un bandido habéis salido con espadas y palos para prenderme? Durante el día estuve ante vosotros enseñando en el templo, y no me prendisteis. Pero para que se cumplieran las Escrituras…». [Mc 14,49-50].

Sus enemigos debían conocer perfectamente su identidad. Sí, se podría argumentar que no quisieron prenderlo en público para evitar un altercado. Así que lo único que hacía falta es que alguien les indicase dónde podrían apresarlo, siempre evitando que hubiese demasiada gente presente. ¿Fue esa la misión de Judas, informar a las autoridades judías y/o romanas de que Jesús estaba en el monte de los Olivos?

Así pues, tomemos como hipótesis que la traición consistió en aportar las indicaciones sobre el lugar en el que Jesús podría ser detenido sin que se produjese ningún altercado. Pero tampoco resulta del todo convincente. ¿De verdad era necesario que uno de los principales discípulos lo entregara? ¿Acaso no tenía el Sanedrín gente disponible para seguir el rastro de Jesús y los suyos? ¿Acaso no disponía de espías la autoridad romana?

Judas (Teodora Gajewskiego, 1936).

Además, el grupo de Jesús no estaba escondido. Lucas comentó que, tras la cena, Jesús «salió entonces y se encaminó, según su costumbre, al monte de los Olivos» (Lc 22,39). Y Juan expresó lo siguiente: «También Judas, el que lo iba a entregar, conocía el lugar porque Jesús se había reunido muchas veces allí con sus discípulos» (Jn 18,2). No era difícil dar con él.

Pero es que ese lugar era muy importante para la tradición judía, pues allí, según el profeta Zacarías, descendería el enviado de Dios para rescatar a Israel e instaurar el Reino:

> He aquí, el día de Yahvé viene, y en medio de ti serán repartidos tus despojos. Porque yo reuniré a todas las naciones para combatir contra Jerusalén; y la ciudad será tomada, y serán saqueadas las casas, y violadas las mujeres; y la mitad de la ciudad irá en cautiverio, mas el resto del pueblo no será cortado de la ciudad. Después saldrá Yahvé y peleará con aquellas naciones, como peleó en el día de la batalla. <u>Y se afirmarán sus pies en aquel día sobre el monte de los Olivos, que está en frente de Jerusalén al oriente</u>; y el monte de los Olivos se partirá por en medio, hacia el oriente y hacia el occidente, haciendo un valle muy grande; y la mitad del monte se apartará hacia el norte, y la otra mitad hacia el sur. [Zacarías 14,1-4].

Es más, aunque Marcos (11,12) parece indicar que Jesús y los suyos pernoctaban en Betania, según Lucas, el grupo de Jesús estaba acampado allí: «Durante el día estaba enseñando en el Templo, pero salía a pasar las noches al raso en el monte llamado de los Olivos, y todo el pueblo iba de madrugada a escucharlo en el Templo» (Lc 22,37-38).

Quizás la delación de Judas consistió, simplemente, en informar a las autoridades de Jerusalén de que Jesús afirmaba ser el Mesías y el rey de los judíos, como esbozó el extraordinario exégeta Bart D. Ehrman en su obra *El Evangelio de Judas* (2007), entre otros. Hago mía esta idea y procedo a explicarla, siguiendo el esquema que planteó Ehrman.

Un aspecto muy curioso del Evangelio de Marcos es que casi nadie parece comprender realmente quién es Jesús, ni los habitantes de su pueblo, ni su madre, ni sus hermanos, que incluso creen que ha enloquecido (Mc 3,20-21), ni siquiera sus discípulos. Y esto último es especialmente grave, y Marcos no duda en señalarlo con insistencia (por ejemplo, en 3,5; 4,12; u 8,21). A la vez, en este texto también se muestra a Jesús empeñado en mantener en secreto su verdadera identidad. Esta escena, en la que por primera vez uno de los suyos lo reconoce como el Mesías, ilustra como ninguna otra lo que les quiero plantear:

> Marchó Jesús con sus discípulos a las aldeas de Cesárea de Filipo. Y en el camino preguntaba a sus discípulos: «¿Quién dice la gente que soy yo?». Y le contestaron: «Unos dicen que Juan Bautista; otros, Elías; y otros, que uno de los profetas». Les seguía preguntando: «Y vosotros, ¿quién decís que soy yo?». Respondió Pedro: «Tú eres el Mesías». <u>Y les ordenó rigurosamente que a nadie hablaran de él</u>. [Mc 8,27-30].

En realidad, lo que pasaba aquí es que sus discípulos no debían tener claro qué clase de Mesías era Jesús. Y es que, amigos, en el siglo I existían varias formas de concebir a esta figura: unos pensaban que sería un poderoso líder militar descendiente de la casa del mítico rey David que vendría a liberar al pueblo de Israel del yugo romano; otros lo veían como un ser sobrenatural que bajaría a la tierra para juzgar a la humanidad y propiciar la instauración del Reino de Dios, lo que implicaría también la expulsión de los ocupantes romanos; otros, en cambio, pensaban que sería un sabio sacerdote que, guiado por Dios, realizaría una nueva alianza con el pueblo judío, siempre y cuando este cumpliese su ley.

Lo que no pensaba ningún israelita de esa época es que sería alguien que terminaría siendo crucificado para acabar con el pecado del mundo y que resucitaría para demostrar que la resurrección de los cuerpos futura era totalmente viable si se tenía fe en él, como defendía Pablo de Tarso. Sin embargo, Marcos, como muchos cristianos de su época (la segunda mitad del siglo I), sí pensaba esto, y no dudó en reconstruir la historia de Jesús desde esa premisa, siempre a partir de las tradiciones previas que conocía. Por eso mostraba a Jesús como plenamente consciente de que ese era su papel, morir en la cruz; por eso lo mostraba adelantándoles a sus discípulos, pese a su incomprensión, lo que iba a suceder.

Claro está, esto no es histórico. Si Jesús creyó ser el Mesías, y todo parece indicar que al menos al final de su vida sí lo hizo, tuvo que ser uno de esos modelos que hemos comentado. Y claro, sus discípulos, judíos también, esperaban que fuese uno de esos Mesías. Y él reconoció, aunque fuese en privado, que lo era. Pero ¿cuál? Sobre esto se ha escrito lo más grande, y tampoco es plan de dedicarle demasiado tiempo, pero parece razonable pensar que quizás pudo ser una mezcla de los tres: un rey guerrero de los judíos enviado por la divinidad para propiciar la llegada del Reino de Dios, lo que implicaría también la expulsión de los romanos y la exaltación del pueblo de Israel, que sería juzgado por sus pecados, y solo los justos, los que estuviesen libre de pecado, formarían parte de esa futura y gloriosa utopía judía, con Dios como gobernante supremo, con Jesús a su diestra y con los doce apóstoles, representantes de las doce tribus de Israel, en sus respectivos tronos.

Pero hay que tener en cuenta que, según se muestra en los evangelios, el día en que esto sucediese estaba cerca. Jesús creía en eso, como anteriormente Juan el Bautista o los esenios, y como haría luego Pablo de Tarso. Había urgencia.

Como recordarán, en Marcos y Mateo, y de forma explícita en Juan, se establece una relación entre la escena de la unción de Jesús a manos de una mujer y la traición de Judas. Como vimos, aquello pudo tratarse de una especie de coronación simbólica de Jesús como rey de Israel, como se había mostrado unos días antes, durante la entrada triunfal en Jerusalén. Pero ¿por qué no lo hizo en público? Eso es lo que debieron esperar sus seguidores. O quizás fue ungido no como el rey de los judíos, sino como el simbólico monarca del inminente Reino de Dios.

Así pues, es posible razonar que Judas, contrariado ante aquella escena, viendo que Jesús no parecía responder a la idea del Mesías guerrero y libertador que posiblemente esperaba, se dispusiese a entregarlo a las autoridades judías con dos factibles objetivos: que se lo cargasen, en caso de que hubiese cambiado totalmente de opinión sobre Jesús, o que pretendiese de ese modo que aquello sirviese como acicate para que, de una vez por todas, se proclamase pública y abiertamente como el rey de los judíos.

Como vimos, Jesús fue condenado por los romanos precisamente por eso, por proclamarse rey de los judíos, algo que atentaba contra los intereses de Roma, pues solo el Imperio tenía la potestad de nombrar a los reyes de Israel. En cualquier caso, esa proclamación implicaba un acto de sedición y desobediencia. Por eso fue crucificado. Pero él nunca dijo eso en público. Sus predicaciones iban por otro lado. Pero en privado enseñó a sus discípulos, Judas incluido, que gobernaría en el Reino de Dios junto a ellos, aunque estos, como vimos, no terminaban de entenderlo.

¿Y si pensaron que les hablaba en realidad de un futuro reino terrenal de Israel, donde Jesús reinaría con el apoyo de Dios? ¿Y si Judas se dio cuenta de que lo que ellos creían no era lo que Jesús defendía? ¿Y si, en un momento de ira, decidió entregar a Jesús, contrariado porque no era el Mesías que esperaba? O, ya puestos, ¿y si lo entregó solo para forzar que de una vez por todas se dejase de secretos mesiánicos y se proclamase rey de los judíos, iniciando la revuelta que, con la ayuda de Dios, terminase propiciando la llegada del Reino?

Esta última opción, si lo piensan bien, explicaría muchas cosas. Ehrman planteó algo parecido para explicar el porqué de la traición, aunque consideraba más bien que el motivo real fue una crisis de fe de Judas, contrariado por las constantes alusiones de Jesús a su cercana muerte, probablemente porque era consciente de que podría correr la misma suerte que su maestro, Juan el Bautista, o que muchos de los profetas de la tradición judía. Judas, según Ehrman, esperaba que en Jerusalén, por fin, se proclamase rey, pero en vez de eso fue ungido por una mujer, en secreto, no como rey, sino «para la sepultura» (Mc 14,8). Y «quizá, con sus esperanzas desbaratadas, dirigió a quien antes había amado su desesperación o su rabia o su simple frustración» (Ehrman, 2007,267).

Ahora bien, no hay que olvidar que los discípulos de Jesús creían que, como elegido de Dios, era capaz de realizar proezas sobrenaturales y de sacar demonios de los cuerpos de los pobres poseídos. Esa, junto a sus predicaciones éticas y escatológicas, es su mayor ocupación en los Evangelios. Pero, según la tradición sinóptica, siempre a partir de lo narrado por Marcos, Jesús, en numerosas ocasiones, además de pedirles a sus discípulos que no digan nada sobre quien realmente es, les exige a los receptores de sus milagros o a los testigos que mantengan silencio sobre lo sucedido. Sirvan estos cinco ejemplos: la sanación del leproso (Mc 1,40-45), la resurrección de la hija de Jairo (Mc 5,35-43), la sanación del sordomudo (Mc 7,31-37), la confesión de Pedro (Mc 8,27-30) y la transfiguración (Mc 9,2-10).

Así pues, es razonable plantear que Judas, harto de tanto secreto, convencido como estaba de que Jesús era el Mesías, el rey de los judíos, un exorcista y un hacedor de milagros, decidió ejercer de detonante e ideó un plan: informar a las autoridades judías de Jerusalén, que ya andaban buscando a Jesús por revoltoso y por predicar contra ellos, y por liarla en el Templo contra los cambistas y los mercaderes, de que Jesús estaba afirmando además que era el Mesías, el rey de los judíos y una suerte de hijo adoptivo de Dios, como los antiguos profetas. Como los gerifaltes del Templo y del Sanedrín querían cargárselo de cualquier modo por sus propios intereses, conocedores de que algo así podría hacer sonar las alarmas a los romanos y podría llevarlos a actuar antes de que una posible rebelión estallase, urdieron el plan para ser ellos los que entregasen a Jesús a las autoridades civiles, ya que eran los únicos que podían condenar a muerte a alguien. Y aquello, afirmar ser el rey de los judíos, implicaba atentar directamente contra el Imperio romano y estaba castigado con la cruz. Y no iba a ser la primera vez que se usara, ni la última.

Ese sería el momento perfecto para que Jesús, viéndose acorralado, se mostrase públicamente como lo que era, lo que Judas había creído hasta entonces que era, el glorioso rey de los judíos, el Mesías esperado, que contaba con el apoyo de Dios, y que, en el plan de Judas, seguro que intervendría cuando su hijo adoptivo, Jesús, declarase ante todos quién era. Su plan, tan loco y disparatado, quizás, como lógico, si nos ponemos en sus zapatos, parecía coherente. Si Jesús era quien decía ser y quien, según Judas, había demostrado quién era con sus labores milagreras, sobrenaturales y exorcistas, no tendría más remedio que hacer algo llegado el momento. Al fin y al cabo, tenía a Dios de su lado. ¿Qué podría salir mal?

Pero no fue así. Ya saben cómo terminó aquello.

En páginas posteriores, cuando les hablé de una serie de obras de ficción en las que Judas tuvo un gran protagonismo, veremos que esta idea fue propuesta por muchos de sus autores. No en vano, entra dentro de lo probable.

O no. También es posible apelar al factor humano y considerar, sin más, que Judas, en efecto, traicionó a su maestro por dinero. No sería la primera vez que algo así sucede. Pero, de haber sido así, esto tuvo que ir acompañado de algún tipo de desafección. Judas creyó, al menos durante un tiempo, que Jesús tenía poderes. Por lógica, si lo entregó por pasta, debía pensar que aquello no tendría consecuencias para él.

Lo cierto es que tanto la existencia de Judas como la entrega de Jesús por uno de sus discípulos, a mi entender, son históricas.

Ojo, hay quien ha pensado que igual el traidor no fue el Iscariote. Lo hizo hace un tiempo Juan Bosch (1909-2001), un escritor dominicano que llegó a ser presidente de su país, en su obra *Judas Iscariote, el Calumniado* (1955). Su razonamiento es curioso: ninguno de los apóstoles estuvo presente durante el proceso judío contra Jesús, al menos según los sinópticos. Pero el cuarto evangelista comentó algo sorprendente: tras el prendimiento de Jesús, la cohorte romana lo condujo a casa de Anás, el suegro del sumo sacerdote, Caifás. Y entonces sucedió lo siguiente:

> Seguía a Jesús Simón Pedro, junto con otro discípulo. <u>Aquel discípulo era conocido del sumo sacerdote y entró con Jesús en el patio del sumo sacerdote</u>. Pedro se quedó fuera junto a la puerta. Salió entonces el otro discípulo, el conocido del sumo sacerdote, habló a la portera e hizo entrar a Pedro. [Jn 18,15-16].

Y acto seguido, mientras Jesús era interrogado por Anás, se produjeron las tres famosas negaciones de Pedro. Pero la cuestión es quién fue aquel anónimo discípulo que era un conocido de Anás. Pues bien, se trata del famoso discípulo amado, un curioso personaje que solo aparece en este Evangelio, que habría escrito él, y que la tradición ha identificado con Juan el apóstol. Aunque esta escena parece más bien construida para exponer que la traición de Pedro fue presenciada por este señor, al que siempre se muestra por encima de Pedro, Bosch se planteó que quizás esto sea un indicio sobre otro posible traidor: Juan. Sugerente, ¿no?

La traición de Cristo (Caspar Isenmann, 1465).

Según la tradición

Diga lo que diga Bosch, Judas ha pasado a la historia como el malo de la película, más incluso que los mandamases judíos, los responsables de su muerte según los Evangelios, pues la traición hacía más grande su maldad. Y continuaría siéndolo durante los siglos posteriores gracias a las leyendas y el arte: el arquetipo del traidor egoísta y materialista. Pero, por extensión, también se convirtió en el arquetipo de lo judío, estableciéndose así una nueva polaridad: Jesús/cristianos vs. Judas/judíos, que se manifestó especialmente en las representaciones artísticas de nuestro protagonista, pero que comenzó con los escritos de algunos importantes pensadores cristianos, que contribuyeron en gran medida al galopante antisemitismo que prosperaría con el paso de los siglos.

Epifanio, en su *Panarion*, de finales del siglo IV, presentó a Judas como padre de los judíos: «Así pues, este Judas —que se convirtió en padre de ellos en cuanto a la negación de Dios y la traición, un Satanás y un diablo no por naturaleza, sino por su propósito» (38, 5,1).

Y en su antisemitismo, llegó a afirmar lo siguiente, exculpando totalmente a los romanos de la muerte de Jesús:

> Así también sobre la cruz. Los judíos crucificaron al Salvador y Judas lo entregó no porque la divina Escritura lo dijera, sino que, porque Judas lo iba a entregar y los judíos a crucificar, por causa de esto, la divina Escritura lo predijo en el Antiguo Testamento y el Señor en el Evangelio. [*Ibid.*, 38, 7,1-2].

Por aquella misma época, Agustín de Hipona (354-430) lo comparó también con los sacerdotes judíos, definiendo así una asociación que se perpetuará con el paso del tiempo, un lugar común del antisemitismo medieval, moderno y contemporáneo: como Judas, los judíos no fueron capaces de acceder a la verdad revelada por Jesús, pensaba Agustín. Además, lo tachó, como a estos, de mal administrador, al considerar que era el tesorero del grupo, como afirmó Juan, y de ladrón de los bienes de la comunidad de Jesús. *Qui aliquid de ecclesia furatur, Iudae perdito comparatur* («El que roba algo de la Iglesia es comparado con Judas, que pereció por ello»), escribió. De hecho, Judas se convirtió también en el símbolo de todos aquellos que osan apropiarse de forma indebida de los bienes eclesiásticos físicos para uso privado —como también sucedió con Simón el Mago, que intentó comprarle a Pedro sus superpoderes, según Hechos de los Apóstoles (8,9-21), de lo que deriva la palabra *simonía*, que se aplica más bien para la compra de bienes espirituales (sacramentos, cargos eclesiásticos, misas, etc.).

Jerónimo de Estridón, uno de los mayores intelectuales de la cristiandad, expresó que el modelo de las «serpientes judaicas» fue Judas. Además, estableció un paralelismo entre el salmo 109,2 («Porque contra mí han abierto su boca impía y engañosa; con lengua mentirosa han hablado contra mí»), el beso de Judas y, por extensión, la responsabilidad del pueblo judío por la muerte de Jesús: «Su sangre sobre nosotros», expresaron, según Mateo (27,25).

Juan Crisóstomo (c. 347-407), en su sermón *De Proditione Judae*, a partir de lo dicho en el Evangelio de Juan, lo describe como una persona sin espíritu, mundana, como un animal, grosero y estúpido, deshonesto, avaricioso, pérfido, incapaz de entender a Jesús y de reconocer su verdad. Y siempre aclarando que el pecado de Judas era el pecado de todos los judíos, y que la pena sería la misma. Así lo explicó Crisóstomo:

> La desolación [de Judas] fue el preludio de la de los judíos, como se manifiesta al observar con detenimiento los hechos. Pues en verdad se destruyeron a sí mismos con hambre, y mataron a muchos, y la ciudad se convirtió en cementerio de forasteros, de soldados. [Ehrman, 2007, p. 89].

Durante la Edad Media continuó esta identificación. Sirva este ejemplo, algo cultureta, pero muy interesante: el poeta Gonzalo de Berceo (*c.* 1196-*c.* 1264), en su famosa obra *Milagros de Nuestra Señora*, una recopilación de 25 milagros supuestamente realizados por la Virgen María que escribió a mediados del siglo XIII, nos dejó un par de referencias. En el milagro número XXV («La iglesia robada»), cuenta la historia de unos ladrones judíos que intentaron robar en una iglesia castellana, con tan mala suerte que, cuando proceden a robar una toca del cura, la Virgen se manifestó e hizo que uno de ellos quedase atado a la prenda. Gracias a eso son capturados. Pues bien, así los describió el poeta:

Movieronse ladrones de parte de Leon,
De essa bispalia, de essa region,
Vinieron a Castiella por su grant confusion,
Guiolos el diablo que es un mal guion.

El uno era lego en duro punto nado,
El otro era clerigo del bispo ordenado,
Llegaron en Zohinos, guiólos el peccado,
El que guió a Judas façer el mal mercado.

Es decir, los judíos, como Judas, estaban siendo controlados por el diablo.

Esta asociación se mantuvo durante toda la Edad Media, cuando los judíos fueron perseguidos con ahínco en el orbe cristiano. Y durante los siglos posteriores. Es más, ya en el siglo XX, con la llegada del nacionalsocialismo, esa imagen del judío típico medieval, que a la vez es la imagen de Judas, se hizo presente de nuevo en forma de propaganda, con el fin de transmitir clichés sobre aquellas gentes, a las que culpaban de todos los males que sucedían en la Alemania de entreguerras. La traición se presentó como el acto típico de los judíos, y eso que los nazis tampoco mostraban demasiado cariño hacia los cristianos.

Póster para la exposición antisemita, *Der ewige Jude* (*El judío errante*), en el que se caracteriza a los judíos como marxistas, prestamistas y esclavizadores. Se inauguró en Múnich, Alemania, el 8 de noviembre de 1937.

SEGUNDA PARTE

Judas en los Evangelios apócrifos

Cuando se habla de los evangelios apócrifos, se suele considerar que estamos ante obras prohibidas o consideradas heréticas por la Iglesia. Pero eso no siempre es así. De hecho, casi nunca es así.

Debemos tener en cuenta que el cristianismo no fue un bloque monolítico, sino que desde un primer momento comenzaron a desarrollarse comunidades con distintas ideas sobre quién había sido Jesús, cuál fue su mensaje y cómo se conseguía la salvación. Y muchas de ellas produjeron sus propias obras para uso de sus fieles. Los evangelios canónicos, de hecho, nacieron así. Son fruto de grupos distintos que compartían una serie de creencias, pero que se diferenciaban en otras tantas. Pero llegó un momento, sobre todo a partir de mediados del siglo II, en el que algunos sabios cristianos de Occidente, con Ireneo de Lyon a la cabeza, comenzaron a plantear la necesidad de crear una ortodoxia, un redil amplio pero cerrado que permitiera diferenciar entre lo que consideraban el verdadero cristianismo y lo que no. Y por eso era importante aclarar qué textos eran los buenos.

Así pues, la incipiente Iglesia occidental fue repudiando sistemática y paulatinamente determinadas obras al considerarlas «faltas de autenticidad», o por ser contrarias al dogma, siendo tachadas algunas de ellas de heréticas. Muchos de estos textos forman parte de ese cajón de sastre de los Evangelios apócrifos, una amplia variedad de obras —más de sesenta—, de diferentes autores, fechas y lugares de procedencia, que aportaron un gran caudal de información sobre la vida y obra de Jesús, y que vienen a completar la escueta información que aportaba el Nuevo Testamento. Es decir, se trata de un conjunto de libros que tratan los mismos temas que los textos canónicos, con la pretensión inicial de equipararse a los que la Iglesia considera inspirados, pero que no han entrado a formar parte del canon. De ahí que muchos consideren que es más correcto el empleo del término *extracanónicos*.

La realidad parece ser, simplemente, que llegaron tarde a la cita: todos los apócrifos son posteriores a los canónicos, y casi todos, más tardíos, incluso, que el resto de obras del Nuevo Testamento. A pesar de su acanonicidad, la cristiandad asumió parte de las ideas e historias narradas en muchos de estos textos apócrifos, que pasaron a formar parte de la tradición, otro cajón de sastre en el que cabe mucho.

En cualquier caso, desde el punto de vista histórico, poco pueden aportar los apócrifos, tanto por la lejanía temporal como, sobre todo, porque todos parecen inspirarse en las obras canónicas, que completan y desarrollan. Sin embargo, son interesantes porque muestran cómo se fueron desarrollando las creencias cristianas durante sus primeros siglos.

Y claro, Judas, como era de esperar, aparece en muchas de estas obras, que ofrecieron nuevos datos sobre su vida —insisto, dudosamente históricos—. Además, como veremos a continuación, estos textos nos permiten ver cómo en torno a su figura comenzó a desarrollarse una reinterpretación interesante que venía a intentar responder el gran misterio que articula esta obra: por qué Judas traicionó a Jesús, siendo como fue uno de su afortunado grupo de elegidos para difundir su mensaje, realizar exorcismos y curar a los enfermos.

INFORMACIÓN INÉDITA

Judas en Galilea: el Evangelio de los ebionitas

El obispo chipriota Epifanio de Salamina (c. 315-403), uno de los padres de la Iglesia, en su conocidísima obra *Panarion* (que se puede traducir como *Botiquín*), un extenso tratado contra las herejías escrito hacia el año 375, en el que denuncia 80 doctrinas heterodoxas diferentes, habló de un grupo de cristianos, a los que llamó ebionitas, que permanecieron fieles a la ley judía tras la destrucción de

Jerusalén durante la primera guerra judeorromana y que se caracterizaban por su pobreza autoimpuesta —de hecho, esto de «ebionitas» procede del término hebreo *ebjonim*, «pobres», como se llamaban a sí mismos—. Ya Ireneo había hablado brevemente sobre ellos, indicando que solo usaban el Evangelio de Mateo, pero Epifanio matizó que empleaban en realidad una versión mutilada y adulterada.

Lo interesante es que, citando ese texto, que está perdido, aportó algo de información novedosa sobre nuestro protagonista:

> En el evangelio que usan [los ebionitas] llamado según Mateo, no del todo completo, sino mutilado y adulterado —ellos lo llaman Evangelio Hebreo—, se dice que «hubo un hombre por nombre Jesús, como de unos treinta años, que fue el que nos escogió a nosotros. Y en llegando a Cafarnaúm, entró en la casa de Simón, por sobrenombre Pedro, y abriendo su boca dijo: "Al pasar por la orilla del lago Tiberíades escogí a Juan y Santiago, hijos del Zebedeo, y a Simón y a Andrés, y a Tadeo y a Simón el Zelotes, y a Judas Iscariote. También te llamé a ti, Mateo, cuando estabas sentado en el telonio, y me seguiste. Quiero, pues, que seáis Doce Apóstoles para testimonio de Israel"». [*Panarion* 30,13, citado por De Santos Otero, 2003, p. 19].

Esta es la única fuente antigua, quizás de finales del siglo I o de comienzos del siglo II, en la que se menciona dónde Jesús contactó y captó a Judas: en el lago Tiberíades. Ya vimos que en los textos canónicos no se dice nada al respecto y que siempre se ha defendido que era el único apóstol procedente de Judea, pero, de ser cierto esto, estaba en Galilea, algo que, por otro lado, parece bastante coherente, ya que aquel lugar, el mar de Galilea, fue el epicentro de la labor predicativa de Jesús.

El niño Judas: el Evangelio árabe de la infancia

Lo curioso es que, según lo indicado en otra fuente apócrifa, Judas vivió en Nazaret y ya tuvo contacto con Jesús cuando este era tan solo un crío de tres años. Se trata del Evangelio árabe de la infancia, una obra tardía, seguramente del siglo IV, y, por lo tanto, alejada de la posible verdad histórica —se llama así, sobra decirlo, porque está escrito en lengua árabe—. Confeccionada a partir de un original siriaco (por eso también es conocido como Evangelio siríaco de la infancia), bebe de otros textos apócrifos anteriores que, como este, pretenden explicar cómo fueron los primeros años de vida de Jesús, como el Evangelio del Pseudo Tomás (del siglo II, ya que lo mencionó Ireneo de Lyon en el 180 d. C.) o el Protoevangelio de Santiago (posiblemente también del siglo II).

La narración mezcla lo expuesto en los primeros capítulos de Lucas y Mateo, en los que se describe de forma diferente el nacimiento de Jesús: del primero toma el viaje desde Nazaret a Belén por el censo romano, la adoración de los pastores, la presentación en el templo y la circuncisión; del segundo, la visita de los Magos de Oriente, la matanza de los inocentes ordenada por Herodes y la huida a Egipto de la Sagrada Familia. Gran parte de la obra gira en torno a esto último, la estancia de Jesús en el país de las pirámides. Allí permaneció la familia hasta que, tras enterarse de que Herodes el Grande había muerto, regresó a su tierra. Y ahí, entre Belén y Nazaret, se desarrolla la última parte del relato, que termina de nuevo con una escena tomada de Lucas: con Jesús hablando con los maestros judíos en el Templo con tan solo trece años.

Pues bien, según este Evangelio, en el que Jesús, aun siendo un niño, realiza un montón de milagros —algunos de ellos, terribles—, tras una breve estancia en Belén, instalada la familia ya en Nazaret, tuvo lugar este curioso acontecimiento:

> Cuando Jesús cumplió tres años, había por allí una mujer cuyo hijo, de nombre Judas, estaba poseído. Siempre que el demonio se manifestaba en él, se ponía a magullar a todos los que se le acercaban y, si no encontraba a nadie, se mordisqueaba sus propios brazos y piernas. Al saber la madre de la existencia de Jesús y de aquellos que fueron curados con su mediación, llevó a Judas ante su presencia.
>
> Entretanto, Santiago y José habían sacado al Niño a jugar. Al llegar, Judas se sentó a la derecha de Jesús y, al ser atacado inmediatamente por el demonio, se puso a dar golpes y a morder el flanco izquierdo de Jesús haciendo que se quejase y llorase. Pero de repente, el demonio salió huyendo de Judas bajo la forma de un perro rabioso. Este niño era Judas Iscariote, el que entregó a Jesús a la muerte. La parte del cuerpo de Nuestro Señor que Judas lastimó recibiría una herida de lanza el día de la pasión. [Capítulo 35].

Por supuesto, no hay nada que indique que esta curiosa escena protagonizada por Judas niño sea histórica, pero lo interesante es que su autor pretendía argumentar con esto que Judas estaba controlado por el Maligno desde su infancia. Además, según este relato, Judas vivía ya desde niño en Nazaret, en Galilea. Esto indica que, para algunos cristianos de los primeros siglos de la nueva religión, Judas, como el resto de apóstoles, era galileo.

Judas, sobrino de Caifás: el Evangelio de Nicodemo

Los Evangelios canónicos son terriblemente parcos a la hora de aportar información sobre los orígenes y la familia de los apóstoles. Solo mencionan a la suegra de Pedro (a la que Jesús sanó, según se cuenta en Mc 1,29-31), a los padres de Juan y Jacobo el Mayor (Zebedeo y María Salomé), y al padre de Mateo y Jacobo el Menor (un tal Alfeo). Además, como vimos, Juan identificó en un par de ocasiones a Judas como hijo de un tal Simón Iscariote, sin explicar quién era este señor, y es una pena.

Sin embargo, en algunas obras apócrifas se aportan algunos datos más sobre la familia de Judas, ¡y se habla incluso de su esposa!

La primera referencia la encontramos en una heterogénea recopilación de textos conocida como el Ciclo de Pilato, en la que el procurador romano ocupa un lugar muy destacado. No solo se aminora su responsabilidad en la muerte de Jesús, pasando el testigo a los judíos y al malísimo Herodes Antipas —lo normal dentro de la reinterpretación del terrible crimen que realizaron los cristianos, con el claro objetivo de eliminar la implicación de los romanos—, sino que se le muestra como un auténtico mártir y un testigo autorizado de los terribles acontecimientos de la Pasión. Además, muchos de estos textos vieron la luz en los primeros años del cristianismo, hacia el siglo II (por ejemplo, san Justino, hacia el 150, ya escribió sobre esto), si bien los que han llegado a nosotros son refundiciones posteriores (algunos, de fechas muy tardías).

Una de estas obras es el Evangelio de Nicodemo, un texto medieval compuesto por dos libros independientes: las *Acta Pilati* (Hechos de Pilato), que pretende ser un documento oficial que recoge pormenorizadamente los sucesos que llevaron a la cruz a Jesús, además de narrar la resurrección y el ascenso al cielo; y el *Descensus Christi ad Inferos* (El descenso de Cristo a los infiernos), en el que se narra el alucinante viaje que Jesús realizó al mundo de los muertos, al Sheol, para rescatar a los justos, es decir, a todos aquellos que merecían la salvación y que murieron antes que él —era de lo más lógico intentar explicar cómo serían justificados aquellos—. Ambas narraciones tuvieron una importancia y una influencia enormes en la tradición y en la iconografía cristiana, aunque se cree que se confeccionaron hacia el siglo X, pero tomando distintos escritos anteriores, algunos incluso del siglo II.

El descenso de Cristo al limbo (Alberto Durero, *c.* 1510).

En muchos manuscritos de las *Acta Pilati* se incluyeron algunos apéndices; por ejemplo, uno conocido como Declaración de José de Arimatea, muy en boga durante el Medievo, aunque se desconoce la fecha exacta de su redacción (el manuscrito más antiguo es del siglo XII). Pretende ser un escrito del mismísimo José de Arimatea, el controvertido personaje evangélico que se prestó para que Jesús fuese enterrado en su tumba sin estrenar.

Tras presentarse el supuesto autor, ofrece un retrato detallado de los dos compañeros de Jesús en el calvario, los dos supuestos ladrones, Gestas y Dimas. El primero, un despiadado y sanguinario criminal; el segundo, un ladrón que atracaba a los ricos, pero favorecía a los pobres, y era especialmente combativo con los judíos. Pues bien, este, entre otras fechorías, tuvo la osadía de robar los libros de la ley del Templo de Jerusalén; es decir, la Torá, los cinco primeros libros de la Biblia, atribuidos, según la tradición judía, a Moisés.

Fue detenido asimismo Jesús la tarde del día 4 antes de la Pascua. Y no había fiesta para Caifás ni para la turba de los judíos, sino enorme aflicción, a causa del robo que había efectuado el ladrón en el santuario. Y, llamando a Judas Iscariote, se pusieron al habla con él. <u>Es de saber que este era sobrino de Caifás.</u> No era discípulo sincero de Jesús, sino que <u>había sido dolosamente instigado por toda la turba de los judíos para que le siguiera</u>; y esto, no con el fin de que se dejara convencer por los portentos que Él obraba, ni para que le reconociese, sino <u>para que se lo entregase, con la idea de cogerle alguna mentira</u>. Y por esta gloriosa empresa le daban regalos y un didracma de oro cada día. Y a la sazón hacía ya dos años que se encontraba en compañía de Jesús, como dice uno de los discípulos llamado Juan. [I,2-3].

¡Judas, según esta obra, era sobrino de Caifás! Además, formaba parte de un complot: se había infiltrado en el grupo de Jesús dos años antes para que reuniese información sobre él y lo entregase. Y Judas vio la excusa perfecta en el robo que había realizado Dimas:

Y tres días antes de que fuera detenido Jesús, dijo Judas a los judíos: «¡Ea!, pongamos el <u>pretexto de que no fue el ladrón quien sustrajo los libros de la ley</u>, sino Jesús en persona; yo mismo me comprometo a hacer de acusador». [...] Mas la hija de Caifás, llamada Sara, dijo a voz en grito: «Pues Él ha dicho delante de todos contra este lugar santo: Soy capaz de destruir este templo y de levantarlo en tres días». A lo que respondieron los judíos: «Te damos todos nuestro voto de confianza», pues la tenían como profetisa. Y, una vez celebrado el consejo, fue detenido Jesús. [I,4].

Y al día siguiente, que era miércoles, lo llevaron a la hora nona al palacio de Caifás. Y Anás y Caifás le dijeron: «Oye, ¿por qué has robado nuestra Ley y has puesto a pública subasta las promesas de Moisés y de los profetas?». Mas Jesús nada respondió. [II,1]

De este modo, ante la negativa de Jesús de reconocer que había robado aquellos libros, la hija de Caifás, temiendo por su vida, ya que el populacho, indignado, la culpaba de la pérdida y quería quemarla, expuso un plan: culpar a Jesús.

Entonces Anás y Caifás dieron ocultamente a Judas Iscariote una buena cantidad de oro con este encargo: «Di, según nos anunciaste: Yo sé que la Ley ha sido sustraída por Jesús, para que el delito recaiga sobre él y no sobre esta irreprochable doncella». Y cuando se hubieron puesto de acuerdo sobre el particular, Judas les dijo: «Que no sepa el pueblo que vosotros me habéis dado instrucciones para hacer esto contra Jesús; soltadle más bien a este, y yo me encargo de convencer al pueblo de que la cosa es así». Y astutamente pusieron en libertad a Jesús. [II,2].

Como ven, la historia cambia bastante: según este texto, Jesús fue detenido, y luego liberado para que el plan previsto saliese bien.

Así, pues, el jueves al amanecer entró Judas en el santuario y dijo a todo el pueblo: «¿Qué queréis darme y yo os entregaré al que hizo desaparecer la Ley y robó los Profetas?». Respondieron los judíos: «Si nos lo entregas, te daremos treinta monedas de oro». <u>Mas el pueblo no sabía que Judas se refería a Jesús, pues bastantes confesaban que era Hijo de Dios</u>. Judas, pues, se quedó con las treinta monedas de oro.
[...] Y, una vez preso, lo pusieron en manos de Caifás y de los pontífices, diciéndoles Judas: «Este es el que ha hurtado la Ley y los Profetas». Y los judíos sometieron a Jesús a un injusto interrogatorio, diciendo: «¿Por qué has hecho esto?». Mas Él nada respondió.
Entonces Nicodemo y yo, José, viendo la cátedra de la pestilencia, nos separamos de ellos, no estando dispuestos a perecer juntamente con el consejo de los impíos. [II,3-4]

Es decir, Judas cobró treinta monedas de oro, no de plata, como dijo Mateo, para entregarlo —lo cual es absurdo, pues ya había estado detenido anteriormente y sabían a la perfección cómo era—y para culpar a Jesús del robo de los libros de la ley (que había sido cosa de Dimas).

El texto concluye con la crucifixión de Jesús y con José de Arimatea demandando su cuerpo a Pilato para poder darle legítima sepultura. Pero los judíos, en un arranque de cólera, lo metieron en la cárcel durante la tarde del sábado. Aunque al día siguiente apareció Jesús resucitado en su celda, acompañado de Dimas, y lo liberó.

El objetivo de esta obra era explicar, una vez más, por qué se produjo la traición. Y no fue solo por dinero, aunque dinero hubo, sino porque Judas era sobrino de Caifás y para ayudar a su prima, la hija de aquel, injustamente acusada de un crimen que no había cometido.

La mujer de Judas y el pollo asado

Por otro lado, existe una versión tardía de las *Acta Pilati* del Evangelio de Nicodemo, conocida en el mundillo académico como «recensión B del griego», de la que no se conoce ninguna copia anterior al siglo XV, que incluye una curiosa historia sobre nuestro protagonista —bueno, matizo, la incluyen solo dos de los treinta manuscritos que se conservan—, ¡y su esposa!

La historia, tomando como modelo lo narrado en Mateo, tiene lugar después de que el traidor intente devolver el dinero de su felonía a los sacerdotes, tras recibir una sarta de insultos por su parte, lo que lo lleva a terminar arrojando el dinero en el templo. A continuación, sucede esto:

> Y cuando se fue a su casa para hacerse una soga para ahorcarse, encontró a su mujer sentada asando un gallo sobre brasas o en una sartén antes de comérselo. Y le dijo: «Levántate, mujer, y <u>prepárame una soga, porque me quiero ahorcar</u>, como merezco». Pero su mujer le dijo: «¿Por qué dices eso?». Y Judas le dijo: «Debes saber en verdad que yo he entregado a mi maestro Jesús a los malvados para que Pilato lo condenara a muerte; pero resucitará al tercer día, ¡ay de nosotros!». Y su mujer le dijo: «No digas ni pienses así; <u>pues así como puede cantar este gallo que se asa sobre las brasas, así también resucitará Jesús</u>, como dices». Y al instante, al oír su palabra, <u>el gallo extendió las alas y cantó</u>

<u>tres veces</u>. Entonces Judas se convenció aún más, y al instante hizo un nudo en la cuerda y se ahorcó. [Rhodes James, 1924, p. 115].

¡Fascinante! Y no solo porque de este modo nos enteramos de que Judas estaba casado.

¿Les suena esto de un gallo cantando tres veces? Ya saben, aquella terrible premonición que, según Marcos (Mc 14,26-31) y sus colegas, Jesús le lanzó a Pedro en el monte de los Olivos: que, antes de que cantase el gallo, lo negaría tres veces. Y así sucedió.

El caso es que esta movida del gallo asado redivivo aparece en otras narraciones populares cristianas de otras maneras, y una de ellas nos conduce a un lugar fascinante.

El bibliógrafo alemán Johann Albert Fabricius (1668-1736) publicó en 1703 un interesantísimo libro sobre los Evangelios apócrifos titulado *Codex Apocryphus*. En él se hizo eco de algo que comentó un francés llamado Melchisédech Thévenot (*c.* 1620-1692), que, además de cartógrafo y bibliotecario, inventó el nivel de burbuja y, hacia 1672, escribió una obra titulada *Relations de divers voyages curieux*, en la que describió algunos viajes curiosos, aunque no todos protagonizados por él, sino por distintas personalidades desde 1442. Casualmente, sí que viajó a Egipto, y allí, entre los cristianos coptos, recogió una serie de narraciones folclóricas sobre Jesús y los apócrifos; de ahí el interés del anteriormente citado Albert Fabricius, que en su obra escribió, siguiendo el texto de Thévenot, lo siguiente:

> Sucedió el día de la Santa Cena que al Señor Cristo le sirvieron un gallo asado, y cuando Judas salió a vender al Señor, [Jesús] <u>ordenó al gallo que se levantara y siguiera a Judas</u>, y el gallo hizo lo propio, y luego informó al Señor Cristo sobre cómo Judas lo traicionó, y por eso se dice que <u>se le permitió seguirlo al Paraíso</u>. [Fabricius, 1719, p. 156].

Raro, ¿no? ¿Por qué necesitaba Jesús revivir a un gallo asado para que espiase a Judas? Por desgracia, Thévenot no comentó en qué libro apócrifo se comentaba esta historia. Pero nos dejó una pista: era un libro copto.

Pues bien, el enigma fue resuelto por el estudioso Pierlugi Piovanelli, profesor del Departamento de Estudios Clásicos y Religiosos de la Universidad de Ottawa (Canadá). En un artículo titulado «Exploring the Ethiopic Book of the Cock, An Apocryphal Passion

Gospel from Late Antiquity» (publicado en la *Harvard Theological Review* de octubre de 2003), se hizo eco de un texto titulado *Mashafa Dorho* (*Libro del Gallo*) escrito en ge'ez, una lengua semítica muy extendida en la Antigüedad por Eritrea y Etiopía. La obra, casi canónica para las iglesias actuales de aquella zona, escrita entre los siglos V y VI, aunque basada en una obra griega anterior perdida, consiste en una narración de la Pasión redactada por cristianos etíopes. De hecho, se conservan como treinta manuscritos, casi todos de los siglos XVII y XVIII, lo que demuestra que fue muy popular.

Piovanelli plantea que el original griego, perdido, se remonta a finales del siglo V, y que con toda seguridad fue traducido primero al copto, después al árabe y, finalmente, al etíope. Y de algún modo, esto terminó manifestándose en la recensión B del manuscrito griego del Evangelio de Nicodemo, donde se incluía la escena protagonizada por la esposa de Judas.

Lo interesante es que en esta obra etíope, que describe los últimos tres días de Jesús, además del dichoso gallo, tiene un gran protagonismo Judas.

El primer día, Miércoles Santo, Jesús y sus discípulos, estando en el monte de los Olivos, se encuentran con una roca que, milagrosamente, les anuncia que Jesús va a ser traicionado por Judas. Al día siguiente, este se reúne con los líderes judíos y pacta la entrega de su maestro. Esa misma noche, Jesús y los Doce se disponen a celebrar la cena de Pascua en Betania, en casa de Simón el Fariseo —nótese cómo se mezclan aquí los distintos relatos de la unción—. Durante el ágape, Jesús comenta a sus discípulos que a continuación irán de nuevo al monte de los Olivos. Judas se marcha apresuradamente para cumplir con su trato con los mandamases del templo, y en ese momento Jesús resucita al gallo que había asado Akrosenna, la esposa de Simón, y le ordena que siga a Judas, y el animal, claro, se lanza a cumplir su misión. Primero, presencia al traidor acostándose con su esposa, quien le aconseja que la mejor manera de entregar a Jesús es dándole un beso. Luego, ve cómo Judas recibe la recompensa por su traición. Lo curioso es que en esta escena entra en acción nada más y nada menos que Pablo de Tarso, por esa época un judío ortodoxo, que pacta con Judas la señal que les permitirá reconocer a Jesús: el beso. El gallo, ya debidamente informado, vuela hasta Betania e informa a Jesús y a los discípulos de lo que acaba de presenciar.

Finalmente, Jesús manda al gallo al cielo durante un periodo de mil años por su buen hacer.

Fascinante.

Ahora bien, ¿de dónde surge esta leyenda? No está claro, pero no se trata de nada nuevo. Existen numerosas historias hagiográficas (vidas de santos) en las que algunos animales cocinados recuperan la vida milagrosamente, casi siempre en el contexto de una charla entre el protagonista de la leyenda y un colega.

Pero resulta que contamos con una historia antiquísima que no tiene nada que ver con un gallo, pero que quizás haya que situarla en el origen de esto. En los Hechos de Pedro, una obra apócrifa escrita en la segunda mitad del siglo II, se narra el largo enfrentamiento que protagonizan Pedro y el enigmático Simón el Mago —también se describió en los Hechos de los Apóstoles (8,9-24)—. Los dos se enzarzan en una pelea digna de una peli de superhéroes, exhibiendo sus respectivos superpoderes. En este contexto, después de que Pedro propiciase que el perro de Simón hable y condene a su amo, para acto seguido fallecer, el populacho romano le insta a que haga otro milagro que demuestre que es superior que su contrincante. Así que cogió un arenque que estaba colgado de una ventana y lo lanzó a una alberca que había por allí. El pez, como era de esperar, revivió y se puso a nadar.

> La multitud contempló el pez, y Pedro hizo que nadara no solo un pequeño rato —no fuera que dijeran que era un fantasma—, sino bastante más tiempo, de modo que se congregara más gente y pudiera mostrarles el arenque convertido en pez vivo. Tanto fue así que algunos de los presentes le lanzaban pan al verle tan vivo. [Hechos de Pedro 12,5-13].

Sobra decir que esto del pez seco resucitado es una clara metáfora de la propia historia de Jesús. Como bien sabrán, el pez es un antiquísimo símbolo cristiano, en parte porque muchos de sus seguidores eran pescadores, pero, sobre todo, porque la palabra griega para «pez», *ichthys* (ἰχθύς), forma un acrónimo, también en griego, que alude a Jesús: Ἰησοῦς Χριστὸς Θεοῦ Υἱὸς Σωτήρ («Iēsûs Khrístos Theû Hyiós Sot□r»), que significa «Jesús el Cristo Hijo de Dios Salvador». Desde el siglo II se usaba este acrónimo entre los cristianos como símbolo secreto, a los que luego se le añadieron dos arcos que se cruzaban, formando la figura de un pez.

Ichthys.

Donde cantó la gallina después de asada...

Esto del gallo resucitado está presente también en una preciosa leyenda, ambientada en el siglo XIV, relacionada con el Camino de Santiago y ubicada en la ciudad riojana de Santo Domingo de la Calzada, que narró magistralmente la estudiosa Alexandra Fernández en su obra *50 lugares mágicos de La Rioja* (2020).

Los protagonistas fueron unos peregrinos alemanes, procedentes de Xanten, un matrimonio y su hijo de dieciocho años, Hugonell. Tras hacer una parada en esta localidad riojana para venerar las reliquias de su fundador, santo Domingo de la Calzada, se hospedaron en una posada. Una joven que trabajaba en el mesón se enamoró de Hugonell, pero este no mostró el más mínimo interés. Así que la chica, *despechá*, decidió vengarse introduciendo una copa de plata en su zurrón y llamando, tras su marcha, al corregidor local, que, tras capturarlo, decidió ahorcarlo. Los padres, atónitos, mientras estaban llorando ante su hijo difunto, escucharon una voz que les comunicó lo siguiente: «El bienaventurado Domingo de la Calzada me ha conservado la vida contra el riguroso cordel. Dad cuenta de este prodigio» (Fernández, 2020, 27).

Como es normal, fueron a hablar con el corregidor para contarle lo sucedido. Claro, este no se lo creyó, y les dijo que su hijo estaba tan vivo como el gallo y la gallina asados que estaba a punto de zamparse. Al instante, el gallo y la gallina saltaron del plato y se pusieron a cacarear.

Desde entonces se dice aquello de «Santo Domingo de la Calzada, donde cantó la gallina después de asada».

Esta ciudad, en efecto, fue fundada por el santo que le da nombre, un eremita llamado Domingo García (1019-1109), que durante años estuvo viviendo en un bosque cercano. A mediados del siglo XI, interesado como estaba por el recién nacido Camino de Santiago, se encargó personalmente de la construcción de una calzada de piedra que uniese Nájera con Redecilla del Camino —de ahí, su apodo—, de un albergue y de un pequeño hospital. En torno a este núcleo primigenio nacería la ciudad.

Pues bien, la iglesia románica en la que fue enterrado terminó convirtiéndose en catedral. Y allí, todavía, se conservan sus restos mortales. Y, además, frente a su tumba, en el brazo derecho del transepto, se levantó hacia 1460 un gallinero. Sí, como leen. Un gallinero que además alberga un gallo y una gallina blancos, que se van reponiendo recurrentemente…

Gallinero de la concatedral de Santo Domingo de la Calzada, La Rioja.

Se sabe por una bula del papa cismático de Aviñón Clemente VI que, al menos desde el 6 octubre de 1350, fecha en que se firmó aquella bula, se concedían indulgencias a los fieles que mirasen a aquellos animales… Y también que desde antiguo existe la creencia de que dar de comer a aquellas aves da buena suerte a los peregrinos.

Evidentemente, esta historia no parece cierta, en parte porque eso del forastero ahorcado se ha repetido hasta la saciedad en numerosas leyendas de santos, pese a que en la catedral se conserva un trozo de madera de la horca en la que casi murió aquel pobre alemán.

De hecho, en el capítulo V del segundo libro del famoso *Códice Calixtino*, una obra de la segunda mitad del siglo XII que recoge numerosos materiales relacionados con el culto a las supuestas reliquias del apóstol Jacobo el Mayor, se cuenta algo parecido: en el año de nuestro señor 1090 llegaron a la ciudad de Toulouse un grupo de ricos peregrinos alemanes que se alojaron en la casa de un hombre rico. Este, tras hacerle beber más vino de la cuenta, escondió una copa de plata en el zurrón de uno de ellos, que viajaba con su hijo, con la intención de acusarles del robo y quedarse con sus riquezas. Al día siguiente, denunció el robo. El pobre alemán fue condenado, pero el hijo se ofreció para sustituirlo, mientras que el padre, contrariado tras ver ahorcar a su hijo, siguió su camino hacia Compostela. A su regreso, volvió a pasar por allí para ver el cuerpo de su hijo, ¡que aún colgaba de la soga! Y de pronto, se obró el milagro, pues el joven comenzó a hablar, explicando a su padre que el mismísimo apóstol lo había sostenido con sus propias manos para evitar que muriese. Una multitud se congregó allí. El alemán fue bajado de la horca, ocupando su lugar el avaro rico.

Pero es que también lo del gallo se había contado antes, y se seguiría contando después. De hecho, existen versiones de la historia en Alemania,[28] Francia y la Toscana, si bien todo parece indicar que surgió, como parece evidente, en el contexto del Camino.

En Portugal, sin ir más lejos, tenemos la leyenda del gallo de Barcelos, totalmente inspirada en la de Santo Domingo de la Calzada: un peregrino gallego que realizaba el Camino Portugués, al pasar por Barcelos, al norte del país luso, es acusado injustamente de haberle robado dinero a un terrateniente local, por lo que es condenado a la horca. El reo, como última voluntad, pidió que lo llevasen ante el juez, que, cómo no, se estaba comiendo un pollo asado, y le dijo que el animal comenzaría a cantar como prueba de su inocencia cuando lo ahorcasen. Y así fue. El juez se dispuso a salvarlo, pero el peregrino había sobrevivido gracias a que el nudo de la soga estaba flojo. Años después, sigue la leyenda, aquel hombre esculpió un famoso cruceiro, el crucero del Senhor do Galo, levantado hacia el siglo XIV, en el que se representa a un ahorcado que mantiene la vida gracias a que Santiago le sostiene los pies.

El destino es caprichoso, y esta historia acabó dando lugar al que hoy es símbolo de Portugal, el gallo. Fue cosa de un periodista lla-

---

28 Por cierto, en 1993 la ciudad riojana se hermanó con la alemana Winnenden, donde existe un retablo con una representación de este milagro.

Crucero del Senhor do Galo, Museo Arqueológico de Barcelos (antiguo palacio de los duques de braganza)

mado Antonio Ferro, el principal propagandista del Estado Novo del dictador Antonio de Oliveira Salazar, quien, en el año 1930, con motivo de un congreso literario (el V Congreso Internacional de la Crítica), decidió encargar a unos escultores unas figurillas con un gallo para entregárselas como obsequio a los participantes. Poco a poco, la popularidad de aquella figurilla fue creciendo, y pocas décadas después ya se había convertido en una suerte de marca del país que, además, les encantaba a los turistas.

La cuestión es ¿qué fue primero? Lo razonable es creer que esto del gallo asado de la última cena relacionado con Judas procede de narraciones antiquísimas orales que se acabaron manifestando por escrito en distintas obras cristianas de épocas diferentes (como el *Libro del Gallo* etíope o la muy posterior versión griega B del Evangelio de Nicodemo); con el tiempo, este motivo legendario se acabó trasladando a otras narraciones populares y milagreras protagonizadas por otros santos, ambientadas ya en el contexto del Camino de Santiago. Pero siempre en relación a un hombre ahorcado, residuo claro de la historia original relacionada con Judas.

El Evangelio copto de los Doce Apóstoles

Pero aún no hemos acabado con la esposa de Judas, que también aparece en otro apócrifo no demasiado conocido, el Evangelio de los Doce Apóstoles, un texto escrito en copto que ya fue nombrado en el siglo III por Orígenes de Alejandría, en su famosa homilía sobre el Evangelio de Lucas: lo consideraba de finales del siglo I, anterior incluso a Lucas, pero no lo aceptaba como canónico porque, decía, no estuvo inspirado por el Espíritu Santo —de hecho, su intención era indicar que los Evangelios canónicos eran los únicos que debían utilizarse, y mencionó aquel texto solo para indicar la imaginación que desarrolló su autor.

Por desgracia, el texto está incompleto. Pero disponemos de una reconstrucción bastante amplia que apareció en la obra *Les Apocryphes Coptes*, publicada en París en 1904 por el egiptólogo francés Eugène Revillout (1843-1913), conservador de la colección egipcia del Louvre, que a su vez los transcribió de una serie de manuscritos coptos conservados en la Biblioteca Nacional de París, encontrados a finales del siglo XIX en Deir el-Abyad (Monasterio Blanco), un monasterio ortodoxo copto fundado en el siglo IV. El problema es que no hay consenso entre los estudiosos. Revillout consideraba que pertenecían a este Evangelio de los Doce Apóstoles, pero otros exégetas, como el arqueólogo alemán Carl Schmidt (1869-1938), responsable del hallazgo de algunos de aquellos pergaminos, defienden que forman parte del Evangelio de los Egipcios o del Evangelio de los Hebreos, otros apócrifos de los que solo conocemos algunos versículos gracias a lo que sobre ellos comentaron algunos estudios cristianos de los siglos II y III. Para el caso, es lo mismo.

Lo que importa para mi objetivo es lo que se dice sobre Judas, claramente inspirado por el Evangelio de Juan:

Encontramos a este hombre <u>robando todos los días cosas que echaban</u> [como limosna] <u>en su bolsa, llevándoselas a su esposa y frustrando a los pobres</u> en su servicio. Cuando, a veces, regresaba a casa con dinero en las manos, ella solía alegrarse por lo que había hecho. Incluso le habíamos visto no llevarlo a su casa, de acuerdo con la malicia de sus deseos y su insaciabilidad. Y <u>entonces ella solía ridiculizarlo</u>.

Así, pues, a consecuencia de <u>la insaciabilidad y malicia de esta mujer</u>, se quedó aquel día y ella le aconsejó aquella cosa grande y terrible, a saber: «He aquí que los judíos andan tras tu Maestro. <u>Levántate, pues, y entrégalo a ellos</u>. Te darán muchas riquezas y lo pondremos en nuestra casa para que podamos vivir de ello».

El infeliz se levantó después de escuchar a su mujer, hasta que condujo su alma al Tártaro del infierno, igual que Adán escuchó a su mujer, hasta que se convirtió en un extraño a la gloria del Paraíso y la muerte lo dominó a él y a su raza. Del mismo modo, Judas escuchó a su esposa y así se convirtió en un extraño a las cosas del cielo y las cosas de la tierra, terminando en el infierno, el lugar de llanto y lamentos.

Fue a ver a los judíos y acordó con ellos entregar a su Señor por treinta monedas de plata. Y ellos se las dieron.

Así se cumplió el dicho que estaba escrito: «Recibieron las treinta piezas de plata por el precio del que es precioso».

Se levantó. Se las llevó a su malvada esposa. Le dijo: [texto perdido]. [Revillout, 1904, p. 40; fragmento 132/1, folio 25].

Como vemos, una vez más, se trata de dar una explicación a la traición. En este caso, la culpa la tuvo su maquiavélica esposa, aunque la avaricia de Judas también contribuyó.

Lo curioso es que en el siguiente fragmento, que también atribuyó Revillout al Evangelio de los Doce Apóstoles copto, se cuenta una historia que seguro les sonará:

El Salvador lo colocó [a Matías] con los doce apóstoles y la mesa estaba delante de ellos. Cuando el Salvador extendía su mano hacia la comida, la mesa daba vueltas, de modo que todos extendían sus manos hacia lo que el Salvador comía y bendecía. Matías colocó un plato sobre el cual había un gallo. La sal estaba sobre la mesa. El Salvador extendió su mano para tomar sal primero, y, de la mesa, todos los apóstoles tomaron un poco.

El beso de Judas (Ignazio Jacometti, 1855).

Matías le dijo a Jesús: «Rabí, ¿ves este gallo? Cuando los judíos me vieron matándolo, dijeron: "Mataremos a tu amo como a este gallo"».

Jesús sonrió y dijo: «Oh, Matías, la palabra que han hablado, la cumplirán. Este gallo dará la señal antes de que amanezca. Es del tipo de Juan Bautista, que anunció antes que yo. Yo soy la luz verdadera que no tiene nada de oscuro. Cuando murió este gallo, se decía de mí que también moriría yo, a quien María había hecho estar en su vientre. Allí residí con los querubines y los serafines. Salí del cielo de los cielos a la tierra. Fue difícil para la tierra poder llevar mi gloria. Me convertí en un hombre para ti. Ahora pues, este gallo volverá a levantarse». Jesús tocó el gallo y le dijo: «Te digo, oh, gallo, que vivas como lo has hecho, que te crezcan alas y vueles en el aire, para avisar del día en que seré entregado». El gallo se paró sobre el plato. Y luego se escapó.

Jesús dijo a Matías: «He aquí que el pájaro que mataste hace tres horas ha resucitado. Me crucificarán; y mi sangre será la salvación de las naciones; (y resucitaré al tercer día)». [*Ibid.*, p. 40; fragmento 129/17, folio 61].

¿Es posible que este sea el auténtico origen de la leyenda del gallo redivivo? Podría ser. El problema es que no se sabe muy bien de qué fecha es, ni está claro que pertenezca realmente a esta obra.

HISTORIAS DE LA PASIÓN

Judas crucificado: el Evangelio de Bernabé

El Evangelio de Bernabé, un texto apócrifo del siglo XVI, o quizás del siglo XVII, que se extendió con fuerza por Europa, se hizo eco de una curiosa propuesta, que ya venía de antiguo: alguien sustituyó a Jesús en la cruz. Lo interesante es que, según esta obra, ¡fue Judas quien lo hizo!

El texto, a pesar de ser muy reciente, ha dado pie a que muchos consideren que pudo basarse en algún documento antiguo desconocido, entre otros, un desaparecido texto homónimo.[29] Y además, no

---

29   No debe confundirse con otro texto del mismo nombre del siglo VI que aparece

hace mucho, ha saltado a la actualidad por Internet gracias a titulares como este: «Hallan un antiguo Evangelio que niega la crucifixión de Jesús y anuncia los profetas del islam».[30] Luego aclararemos el bulo. Por ahora nos sobra con decir que este supuesto Evangelio fue producto de un escritor musulmán (o quizás varios) que lo tuvo que redactar antes de 1634, fecha en la que fue mencionado por primera vez, en un manuscrito morisco en castellano encontrado en Túnez.[31]

Curiosamente, en la versión española del texto, hoy en día perdida, se decía que un monje, un tal fray Marino, cercano al papa Sixto V, dio con el Evangelio en la biblioteca papal, donde lo fue a buscar tras leer varias referencias sobre él en obras antipaulinas.

El caso es que la obra pretende relatar la vida y obra de Jesús siguiendo la estructura y el contenido fundamental de los Evangelios canónicos, aunque, a diferencia de estos, el autor dice que le fue revelado en forma de libro brillante que descendió de los cielos sobre su corazón. Además, contiene varias modificaciones sugerentes en algunos puntos esenciales, siempre de acuerdo con la visión islámica de Jesús. Así, por ejemplo, se niega taxativamente que Jesús (Isa en el Corán) sea el hijo de Dios, pero sí un importante profeta, el anunciador del último que tenía que venir (Mahoma), nacido de una mujer virgen, que no pecó, que era el Mesías del pueblo de Abraham, que hacía milagros y que ascendió al cielo en cuerpo y alma.

Lo que a nosotros nos interesa es que, según esta obra, el Nazareno ni padeció tormento ni fue crucificado, algo que también defiende el islam:[32]

Y yo [Bernabé] inquirí: «Maestro, puesto que Dios es misericordioso, ¿por qué nos ha atormentado así, y por qué ha consentido que

---

nombrado en el *Decreto Gelasiano de libros aprobados y no aprobados* por la Iglesia. Esta obra se encuentra actualmente desaparecida.

30   *History Channel Latinoamérica*, 12 de agosto de 2021. Disponible en línea.

31   El manuscrito que se conserva está escrito en italiano y se conserva en la Hofbibliothek de Viena.

32   «Ellos [los judíos] dicen: «Ciertamente, nosotros hemos matado al Mesías, Jesús, hijo de María, enviado de Dios», pero no le mataron ni le crucificaron, pero a ellos se lo pareció. Quienes discuten y están en duda acerca de Jesús, no tienen conocimiento directo de él: siguen una opinión, pues, con certitud, no le mataron. Al contrario, Dios lo elevó hacia Él, pues Dios es poderoso y sabio» (Corán 4, 157-158).

creyésemos que habías muerto, mientras tu madre te lloraba hasta el punto de hallarse muy cerca de morir también? Y a ti, que eres el Santo de Dios, ¿cómo este te ha dejado expuesto a la infamia de morir sobre el Calvario, entre dos ladrones?».

Y Jesús contestó: «Créeme, Bernabé. Siendo Dios la pureza misma, no puede ver en sus servidores la menor falta que no castigue severamente. Y, como mi madre y mis discípulos me amaban con un afecto demasiado terrestre y humano, Dios, que es justo, ha querido castigar este afecto en el mundo mismo, y no hacerlo expiar por las llamas del infierno. Aunque yo hubiese llevado en la tierra una vida inocente, no obstante, como los hombres me habían llamado Dios e hijo de Dios, mi Padre, no queriendo que fuese, en el día del juicio, un objeto de burla para los demonios, prefirió que fuese en el mundo un objeto de afrenta por la muerte de Judas en la cruz, y que todos quedasen persuadidos de que yo había sufrido este suplicio infamante. Y esa afrenta durará hasta la muerte de Muhammad, que, cuando venga al mundo, sacará de semejante error a todos los que creen en la Ley de Dios».[33]

Es decir, quien murió en la cruz fue Judas, no Jesús.

Se desconoce quién fue el autor, pero se cree que la obra pudo ser realizada por algún morisco de Granada a finales del siglo XVI. Los moriscos granadinos, que en esa época estaban siendo objeto de una terrible persecución, eran conocidos por sus habilidades como falsificadores, ya que estuvieron envueltos en el asunto de los *Libros Plúmbeos* del Sacromonte, unos curiosos textos confeccionados en plomo y presentados como escritos cristianos que recogían varias ideas de lo más heterodoxas y que pretendían acercar el cristianismo al islam. Durante un tiempo, fueron considerados auténticos, pero el Vaticano los condenó en el año 1662 y los calificó como espurios por su fuerte contenido islamista. Pues bien, las semejanzas entre estas obras y el Evangelio de Bernabé son numerosas y más que evidentes, tanto por su mensaje de conciliación entre las religiones como en su revestimiento de «descubrimientos» fortuitos.

Así pues, pese a lo que se ha dicho en los últimos tiempos, no hay nada que permita darle credibilidad a este falso Evangelio. Y eso que durante un tiempo parecía que se había encontrado una de esas pruebas, contundentes y definitivas, que acabarían de una vez por

---

33 El Evangelio de Bernabé (fragmento italiano). Disponible en línea.

todas con la gran mentira defendida por el Vaticano. O al menos así nos lo vendieron en numerosos medios de comunicación, desde que en el 2011 saltasen a la actualidad una serie de noticias que se hacían eco de una extraña Biblia que se conservaba en el Museo Etnográfico de Ankara (Turquía) desde su descubrimiento en el 2000, una Biblia escrita en un dialecto del arameo, tallada en cuero, que tenía más de mil quinientos años de antigüedad y contenía el Evangelio de Bernabé, un texto prohibido por la ortodoxia en el Concilio de Nicea.

¿Hay algo de cierto en esto? Muy poquito. En efecto, en el 2000, durante una operación contra el contrabando de reliquias arqueológicas y manuscritos antiguos, la policía turca encontró el dichoso libro. Por este motivo se conserva en el Palacio de Justicia de Ankara y no en ningún museo. Pero no tenía quince siglos de antigüedad, sino que era del siglo XV o XVI, tal y como demuestra una inscripción que decía: «En el nombre de nuestro Dios, este libro está escrito por las manos de los monjes en el Monasterio de la Alta Nínive, 1500 en el año de Nuestro Señor». Además, estaba escrita en copto.

Pero, bueno, lo interesante para nuestros intereses concretos es que en este escrito tardío Judas sustituyó a Jesús en la cruz.

Judas el Enterrador: *Sefer Toledot Yeshu*

Por si fuera poco, existe un curioso libro judío, una especie de antievangelio titulado *Sefer Toledot Yeshu*, que circuló con mucho éxito por Europa y Oriente Medio durante la Baja Edad Media —tanto es así que se conservan cerca de cien manuscritos de esta obra, siendo el más antiguo del siglo XI—, en el que no solo se dice que Jesús fue un hijo ilegítimo (fruto del amor adúltero entre María y un tal Iosef Pandira de Nazaret), un asesino (ya que mató a su padre) y un hechicero educado en Egipto, sino también que su cuerpo fue robado de la tumba por sus discípulos para fingir su resurrección. Y aquí, una vez más, entra en acción Judas.

Se desconoce cuándo fue escrito, aunque se piensa que, como mínimo, debe ser del siglo IV, ya que se mencionan varias fiestas cristianas que se instauraron por aquella época y algunos pasajes de los apócrifos. Sí que es seguro que la mención más antigua, del año

826, procede de Agobardo (h. 779-840), arzobispo de Lyon durante la época carolingia.

Pero existen un montón de versiones diferentes del *Toledot Yeshu* que ofrecen relatos distintos sobre esto del robo del cuerpo: por ejemplo, en el manuscrito *Wagenseil*, publicado en 1681 por Johann Christian Wagenseil, se dice que Jesús fue condenado a muerte por pronunciar y usar para hacer falsos milagros el Shem HaMeforash, nombre con el que llamaron a Yahvé los *tanaim* (los rabinos cuyas opiniones aparecen en la Mishná), aunque, según los cabalistas medievales, se trataba más bien de los 72 nombres de Dios. En esta versión se cuenta que los judíos intentaron colgar a Jesús de varios árboles, pero todos se rompían, por lo que finalmente lo colgaron de un tallo de una col un día antes de la Pascua. Dos días después, sus seguidores informaron de que la tumba en la que había sido enterrado estaba vacía y que había ascendido a los cielos, como el propio Jesús había profetizado. Pero aquello se debió en realidad a que un jardinero lo sacó de la tumba para evitar que sus seguidores robasen el cadáver con la intención de fingir que la profecía se había cumplido. Para terminar, el jardinero llevó el cuerpo ante las autoridades judías, dejando claro que la supuesta resurrección había sido una estafa.

En otra versión, la del manuscrito de Estrasburgo, se dice que fue colgado en un algarrobo, que su cuerpo fue enterrado y que sus discípulos lo robaron para fingir que había resucitado. Pero, finalmente, el cuerpo apareció escondido en un huerto.

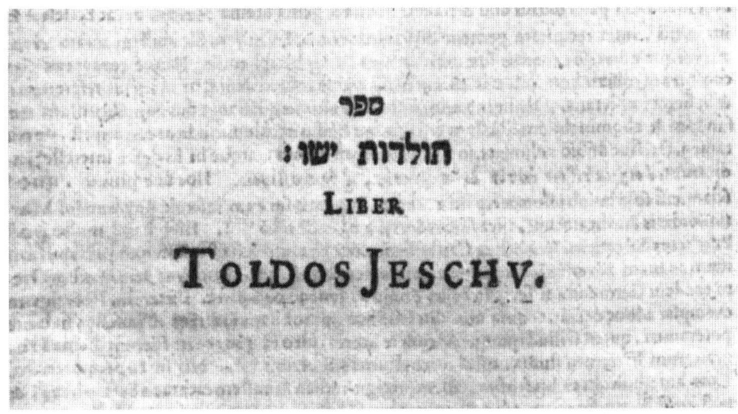

Portada de uno de estos libros.

Pero la que nos interesa es la propuesta del llamado manuscrito *Huldreich*, publicado en 1705 por el erudito cristiano Johann Jacob Huldreich en Leyden (Holanda), donde se introdujo una novedad muy interesante para el propósito de este libro: Judas (Yehudah) es mostrado como un agente infiltrado enviado por los mandamases judíos con el fin de recabar pruebas para detener a Jesús (Yesh"u o Yizu"sh) por saltarse la ley judía y por usar el Shem HaMeforash, el nombre oculto de Dios, para realizar milagros.

Y vino Yehudah ante el rey y le dijo en secreto que Yizu"sh y sus hombres estaban en la casa de Paruah. Y envió el rey, a jóvenes del servicio (jóvenes *cohanim*) hacia la casa de Paruah. Y sucedió que cuando llegaron, les dijeron: «Nosotros somos asesinos y nosotros les creemos a usted, como a sus palabras, solo [le pedimos] que realice con nosotros milagros». E <u>hizo Yizu"sh milagros con ellos con el *Shem HaMeforash*</u> (*Nombre Explícito del Etern-o*[34]). Y comió Yizu"sh y sus hombres en el *Tzom Kipur* (ayuno de *Kipur*) y no ayunaron. [Capítulo 13, 1-6][35].

Una vez cumplido el objetivo, Judas acordó entregarlo. Y Jesús, tras su detención, fue ejecutado:

Y aconteció que cuando se aproximó la fiesta de Pesaj [la Pascua judía], se declaró en toda la frontera de Israel que cualquiera que recuerde a Yesh"u el maldito sea traído ante el rey [Herodes Antipas]. Y respondió [afirmativamente] todo el pueblo que mató a Yesh"u. Y sucedió que en la tarde de [la festividad de] Pesaj tomó a Yesh"u de la casa donde estaba siendo vigilado. Y proclamaron sobre él: «Así perezcan todos Tus enemigos, oh Eterno», y <u>colgaron a Yesh"u sobre un árbol que está afuera de Yerushalaim, tal como decretó el rey y los *Jajamim*</u> [sabios]. Y TODO Israel vimos y alabamos, así como dimos gracias al *HaKadosh Baruj Hu* (Santo Bendito Sea Él *Di"s de Israel*) sobre lo que se hizo venganza en Yesh"u. Y fue la tarde (*de ese día*) y

---

34 Nótese cómo en el texto no se escriben completos los nombres de Dios, ya que es algo prohibido por los judíos.

35 Todas las citas están tomadas de esta página web, donde también está el texto original en hebreo: «Toldot Yeshu: Las Crónicas de Yeshu HaNotzrí, Versión Huldreich, 1705» (disponible en línea). Lo escrito entre corchetes son aclaraciones y matices para entender mejor la siempre difícil traducción del hebreo medieval al castellano.

Yehudah tomó el cuerpo de Yesh"u de entre el árbol y lo puso en su jardín, en el subsuelo, al cual arrastró para [obedecer] los decretos de los *Jajamim*. [Capítulo 15].

Es decir, Jesús fue ahorcado en un árbol situado a las afueras de Jerusalén, y Judas fue el que enterró su cadáver en el jardín de su casa, siguiendo las órdenes de los gerifaltes judíos (los *jajamim*). Esto provocó un enfrentamiento violento entre los judíos y algunos seguidores de Jesús, que vivían en una ciudad llamada Ha'ai —probablemente se trate de la Ai bíblica, mencionada en Josué 7 y 8—, que terminó con varios miles de muertos.

Y sucedió que cuando escucharon la gente [de la ciudad] de *Ha'ai* que colgaron a Yesh"u, se enojaron tanto [que empezaron] una disputa con Israel. Y aconteció que cuando encontraron las personas de *Ha'ai* a los habitantes de Israel, los mataron a los hombres de Israel, un [número] aproximado de 2000 hombres. [De tal forma que] no podían los Bene Israel subir a hacer peregrinación debido a la gente de [la ciudad de] *Ha'ai*. Y [esa gentuza] de *Ha'ai* luchó contra el rey, y no pudieron torturarlos porque también en Yerushalaim había muchos *Pritzim* (vándalos) que se oponían al rey. Y algunos de esos *Pritzim* fueron a [la ciudad] de *Ha'ai* y contaron la mentira ante la gente de *Ha'ai*, que después de tres días [desde] que fue colgado [muerto] Yesh"u como vino fuego de entre los cielos y volvió Yesh"u. Y luego volvió a vivir Yesh"u, y vivió y luego subió Yesh"u a los cielos y así creyeron los hombres [de la ciudad de] *Ha'ai* las palabras de los *Pritzim*. [Capítulo 16, 1-5].

Los *pritzim* (sc traduce literalmente como «violadores») eran los discípulos más cercanos de Jesús, ya que el texto los sitúa en Jerusalén. Fueron ellos, según esta compleja obra, quienes divulgaron la idea de que Jesús había resucitado al tercer día y que, un tiempo después, ascendió a los cielos.

Finalmente, Judas, conocedor de que aquello era mentira, se dispuso a contarle la verdad a la gente de Ha'ai. Pero de nada sirvió:

Y cuando Yehudah vio este escándalo decidió enviar libros a la gente de *Ha'ai* [tal como fueron realmente] las cosas. [en tales libros se decía:] «No hay paz, tal como dice HaSh-m (El Etern-o): ¿Por qué se agitan las naciones, y por qué los pueblos murmuran en vano? Vinieron a Yerushalaim y vieron a su falso profeta. Y he aquí, esta su cadáver derrotado de este perro quien está muerto, quien se dejó caer, que yo puse su cuerpo entre [sus] amigos».

Y sucedió que cuando oyeron estas palabras los *Pritzim*, fueron a Yerushalaim y vieron [en donde se] colocó en el subsuelo en donde se le arrastró [a donde pasan sobre su cadáver] suciedades, y [así fueron a ver la gente de la ciudad de] Ha'ai. Y dijeron: «Esa palabra escrita por Yehudah es mentira, pues hemos ido a Yerushalaim». Y he aquí que muchos se levantaron contra el rey, y expulsó el rey a los que creen en Yizu"sh, y a muchos de los *Jajamim* [sabios] asesinaron a causa de los que creen en Yizu"sh. Y [así] creyeron los hombres de *Ha'ai* en las palabras mentirosas de los *Pritzim* y pelearon con[tra] Israel. [Capítulo 16, 6-12].

Es decir, Judas les mostró a los discípulos dónde estaba el cuerpo de Jesús (en un lugar en el que caen «suciedades», quizás un pozo negro). Pero los apóstoles no lo creyeron y siguieron difundiendo que Jesús había resucitado, lo que provocó que muchos se levantaran con Herodes Antipas y asesinasen a numerosos *jajamim*.

Los últimos y curiosos capítulos de esta versión del *Sefer Toledot Yeshu* se centran en contar de forma muy imaginativa, y tan delirante como crítica, cómo fue la evolución del cristianismo, con fascinantes referencias a la escritura de los Evangelios, a la Sagrada Trinidad, a la Virgen María —que, tras morir, fue enterrada bajo el árbol en el que ahorcaron a Jesús— y a ¡Pablo de Tarso!, al que se le identifica, ojo, con el número de la bestia, el 666, aunque luego se le aplica al mismísimo Jesús. Ya me gustaría ahondar en todo esto, pero esta, amigos, es otra historia.

En definitiva, este invento medieval, confeccionado con la clara intención de atacar de forma salvaje a Jesús y los cristianos, es un *remix* compuesto por varias alusiones talmúdicas sobre Jesús, cosas tomadas de los relatos evangélicos, algunas historias apócrifas, los testimonios del filósofo antricristiano Celso —al que se llega a mencionar—, otros críticos anticristianos y mucha imaginación.

Pero no deja de ser curioso que durante un tiempo se moviese un libro como este. No en vano, la Iglesia lo prohibió en el año 1405, aunque se siguió difundiendo durante un tiempo, como demuestra el hecho de que Martín Lutero lo citase en la condena contra los judíos que hizo en su libro *Von den Juden und ihren Lügen* (*Sobre los judíos y sus mentiras*), publicado en 1543.

Judas en el infierno: el Evangelio de Bartolomé

Sabemos que existió una obra titulada Evangelio de Bartolomé, ya que Jerónimo de Estridón la mencionó en su *Comentario al Evangelio de Mateo*, de finales del siglo IV. Sin embargo, no se conserva ninguna copia, aunque sí un montón de textos fragmentarios. Por un lado, tenemos dos manuscritos griegos casi completos, que han recibido el nombre de Preguntas del apóstol Bartolomé, pero que la crítica considera que serían lo más parecido al desaparecido Evangelio de Bartolomé.

Ambos cuentan con una estructura similar: un largo diálogo entre Bartolomé y Jesús, después de la resurrección, en el que este le narra al apóstol, como en el Evangelio de Nicodemo, su descenso al infierno para rescatar a los justos que lo habían precedido. A continuación, Bartolomé, mientras está reunido con los apóstoles en un lugar llamado Chilturá, entabla una conversación con María, la madre de Jesús, sobre su concepción milagrosa, y ella le termina explicando cómo se produjo la anunciación. Luego se incluye una escena muy breve en la que Jesús les muestra a los apóstoles la entrada al infierno, y, por último, Jesús viaja de nuevo al infierno junto a Bartolomé y sus compañeros, y este apóstol entabla una curiosa conversación con Satanás, que le cuenta su historia, le ofrece un breve resumen del complicado mundo de los ángeles y le presenta a su hijo, Salpsan.

Por otro lado, existen un montón de fragmentos escritos en copto muy tardíos que serían fruto de una reelaboración posterior de dicho texto. Pues bien, el egiptólogo francés Eugène Revillout, del que ya les hablé, en su obra *Les Apocryphes Coptes*, también incluyó dos textos coptos que, en su opinión, pertenecían al perdido Evangelio de Bartolomé. Lo bueno es que ambos tienen que ver con Judas y están ambientados en el mundo de los muertos.

El primero dice lo siguiente:

Mentiroso [Belial]. Abrazó a Melchir. Lo ató con una cadena de hierro y acero. Mientras la muerte hablaba con el cuerpo [entierro] de Jesús en la tumba, Jesús liberaba a toda la raza humana. Sanó a los hijos de Adán que el enemigo había abatido. Devolvió al redil a las ovejas descarriadas. Devolvió a Adán a su estado primitivo y le perdonó sus pecados en paz. Amén.

Jesús se volvió hacia el hombre que le había traicionado, Judas Iscariote. Le dijo: «¿De qué te ha servido, Judas, haberme traicionado? Sufrí todas las penas para salvar a una criatura. Pero tú, Judas, ¡ay de ti! ¡Doble anatema y maldición sobre ti!».

Judas, su parte está con el diablo. Su nombre ha sido borrado del libro de la vida.

Le quitaron su destino de entre el número de los vivos. Destruyeron su [...]. Su estola fue desgarrada. Satanás recibió su juicio con él, al salir despreciado. Su episcopado le fue arrebatado. Le han robado la corona. Extraños se han apoderado de sus penas. Se ha revestido de maldiciones. Se ha manchado como agua corrompida. Le han robado su vestido de gloria. Se apagó la luz de su lámpara. Su casa quedó desierta. Sus días se acortaron. Su vida terminó. Su tranquilidad se apartó de él. El dolor lo encontró. La oscuridad se apoderó de él. El gusano lo heredó. Se cubrió de podredumbre. Los ángeles que siguen al Señor lo rechazaron. [Revillout, 1904, p. 69-70; fragmento 129/17, folio 63].

En el segundo, como el anterior, ambientado después del descenso de Jesús al infierno, se cuenta que Abbaton, la muerte personificada, bajó hasta allí para comprobar qué había pasado:

Sus puertas estaban derribadas, sus cerrojos forzados, y él [Jesús] había llenado los hornos de bronce ardiendo.

No encontraron a nadie en aquel lugar, salvo tres voces de hombres que gritaban de miedo, lágrimas, dolor y confusión. Estaban en el lugar del llanto y del crujir de dientes, en el lugar de los lamentos, del tumulto del terror y del gusano que no duerme. Ay de ellos, los desdichados ante Dios, esos tres hombres que habían sido borrados del Libro de la Vida, que habían sido sacados de la biblioteca de los santos y de la gnosis de la salvación; es decir, Judas, Caín y Herodes. En este lugar, eran los tricéfalos sobre los que pesaba el decreto de no misericordia; su memoria no sobrevivirá en absoluto.

Judas traicionó al Señor de todo lo que hay en el cielo y en la tierra; Herodes golpeó a Jesús en la cara con un gran golpe; Caín se levantó contra su propio hermano y lo mató. [*Ibid.*, p. 70-71; fragmento 129/17, folios 31, 33, 34, 35, 36].

Por si fuera poco, Revillout incluyó en su obra un pequeño apéndice con otros dos fragmentos coptos más que, a su juicio, podrían formar parte del Evangelio de Bartolomé. En el primero de ellos, además de girar en torno a Judas, aparece de nuevo su mujer y se plantea algo asombroso: ¡que ella se encargaba de cuidar al hijo de José de Arimatea!

El apóstol Judas, cuando el demonio entró en él, salió y corrió a los sumos sacerdotes. Les dijo: «¿Qué queréis que os dé para que os lo entregue?». Le dieron treinta monedas de plata.
La mujer de Judas tomó [había tomado] al hijo de José de Arimatea para que le diera de comer el día en que el desgraciado de Judas recibió las treinta monedas de plata y las llevó a su casa, el niño [no quería beber].
José fue a la habitación de la mujer […] Judas […] José acudió angustiado por su hijo. Cuando el niño vio a su padre (tenía siete meses) gritó diciendo: «Padre, ven y sácame de la mano de esta mujer que es una bestia salvaje». Desde la hora novena de ayer han recibido el precio [de la sangre de los justos]». Al oír esto, su padre se lo llevó. También Judas salió. [*Ibid.*, p. 79-80; fragmento 129/17, folio 59].

No está muy claro que estos textos en copto pertenezcan al Evangelio de Bartolomé. Algunos estudiosos consideran que forman parte de alguna versión perdida de una obra titulada Libro de la Resurrección de Jesucristo, del apóstol Bartolomé, escrita hacia el siglo IX, del que se conserva una copia parcial en la Biblioteca Británica (del siglo XII). También se ha planteado que podría estar inspirada en el perdido Evangelio de Bartolomé, con el que también se le suele identificar. Por si fuera poco el lío, en el prólogo de este texto aparece también la anteriormente comentada escena del gallo resucitado, de ahí que algunos consideren que el fragmento copto que Revillout consideró que era del Evangelio copto de los Doce Apóstoles podría pertenecer en realidad a esta.

Dante

Me van a permitir que me aparte un poco del camino para contarles algo que guarda relación con el infierno y con nuestro protagonista. No sé si lo sabrán, pero en *La Divina comedia*, el florentino Dante Alighieri (1265-1321) también le dedicó unas palabras a Judas.

En este extensísimo poema, que Dante escribió entre 1304 y la fecha de su muerte, el propio Dante se describe a sí mismo viajando al infierno y al purgatorio, acompañado del poeta latino Virgilio, y al paraíso, junto a Beatriz, su amor platónico, fallecida en 1290. En torno a estos tres lugares se estructuran las tres partes de la obra, divididas a su vez en 33 cantos, excepto la parte del infierno, que tiene uno más.

Precisamente, en ese canto trigésimo cuarto de esta sección situó a Judas, en el círculo más profundo de los nueve que hay en el infierno, que tiene forma de cono invertido, con la punta hacia abajo. Este lugar está destinado a los traidores y se divide en cuatro secciones; la última de las cuales, Judecca, se reserva a aquellos que traicionaron a sus benefactores, que permanecen inmersos en un lago alimentado por las lágrimas sangrientas de Satanás, un lago congelado por el batir de sus alas. Es decir, de algún modo, Satanás está atrapado en su propio lamento.

Como recordarán, según los fragmentos coptos del Evangelio de Bartolomé, en el lugar más profundo del infierno estaban Judas, Caín y Herodes. Pues bien, en *La Divina comedia*, Dante escribió que el Maligno, con sus tres bocas, masticaba a otros tres personajes, tres importantes traidores: Bruto y Casio, los principales asesinos de Julio César, y Judas, en el centro, de cabeza, desgarrando su cuerpo con los dientes.

> En cada boca hería con los dientes
> a un pecador, como una agramadera,
> tal que a los tres atormentaba a un tiempo.
>
> Al de delante, el morder no era nada
> comparado a la espalda, que a zarpazos
> toda la piel habíale arrancado.
>
> «Aquella alma que allí más pena sufre
> —dijo el maestro— es Judas Iscariote,
> con la cabeza dentro y piernas fuera.
>
> De los que la cabeza afuera tienen,
> quien de las negras fauces cuelga es Bruto:
> —¡mírale retorcerse! ¡y nada dice!—
>
> Casio es el otro, de aspecto membrudo.
> Mas retorna la noche, y ya es la hora
> de partir, porque todo ya hemos visto».

Satanás según el *Codex Altonensis*.

Curiosamente, los tres máximos traidores se suicidaron: Bruto y Casio, por atentar contra el Imperio, y Judas, por vender a Jesús, lo que aumenta todavía más su eterna y terrible condena.

EL EVANGELIO DE JUDAS

El jueves 6 de abril de 2006, la National Geographic Society anunció una noticia extraordinaria: un antiguo papiro escrito en copto, encontrado varias décadas antes, había sido recuperado, restaurado y traducido. Incluía varias obras, pero la más destacable era una titulada Evangelio de Judas, un texto ya conocido por los historiadores de las religiones, pero que hasta ese momento se creía perdido.

El librito, que se encontraba muy deteriorado e incompleto, narraba una historia bien distinta sobre Judas: no solo no es mostrado como un traidor, sino que se le describe como el más importante y fiel de los discípulos de Jesús; el único que entendió realmente quién era y por qué se había encarnado; el que entregó a su maestro porque él mismo se lo pidió...

Como sucede con todos los apócrifos que hemos visto, no se le puede otorgar veracidad histórica a lo relatado en este documento, escrito por alguna comunidad cristiana heterodoxa a mediados del siglo II, pero nos ayudará a entender mejor cómo fue realmente el desarrollo del cristianismo, en sus distintas vertientes, durante las décadas posteriores a la muerte de Jesús. Por ese motivo, el hallazgo del Evangelio de Judas es, sin duda, uno de los más importantes que se han producido dentro de este fascinante mundillo.

Una historia fascinante

En realidad, formaba parte de un códice de papiro que, hasta 2006, se creía que tenía un total de 66 páginas (estaban numeradas) y que contenía cuatro obras, todas escritas por el mismo escriba: la Carta de Pedro a Felipe (páginas 1-9) y el Primer Apocalipsis de Santiago (10-32), dos obras ya conocidas, pues formaban parte de la biblioteca gnóstica de Nag Hammadi —ahora explicaré qué es esto—; un fragmento del Alógenes (59-66), un texto que también formó parte de aquel archivo, pero que aquí se incluía en una versión diferente, y el Evangelio de Judas (33-58). Muchas páginas están perdidas. Y en las que se conservan hay numerosos huecos. Y esto se debe en gran medida a la truculenta historia de este fascinante códice, que también cuenta con numerosas lagunas.

No está muy claro cuándo se produjo el hallazgo, aunque se cree que tuvo lugar hacia 1978, en una cueva en las montañas de Jebel Qarara, cerca de El-Mynia, en Egipto (a unos doscientos kilómetros al sur de El Cairo): en el interior de una caja de piedra, junto a varios esqueletos humanos, se encontraron cuatro códices de papiro encuadernados en cuero y escritos en copto sahídico (la lengua del Valle del Nilo). Uno de ellos es el que nos ocupa.[36] No se sabe quién lo encontró, pero sí que pronto se hizo con él un trapicheante de antigüedades de El Cairo que se hacía llamar Hanna Asabil (un seudónimo) y que estaba especializado en manuscritos antiguos. Este,

---

36 Los otros estaban compuestos por un tratado matemático, una copia del libro del Éxodo, ambos en griego, y una pequeña colección de cartas de Pablo.

convencido de que aquello tenía un gran valor, lo puso a la venta por la friolera cifra de tres millones de dólares. A lo largo de las siguientes décadas, intentó venderlo, sin éxito.

En 1983, Hanna contactó con Ludwig Koenen, un tipo relacionado con la Universidad de Michigan. Este, a su vez, les encargó a varios expertos que analizasen la obra para averiguar exactamente qué valor tenía. Uno de ellos fue el coptólogo de la Universidad de Yale Stephen Emmel, en nombre de James M. Robinson, famoso por su trabajo con la biblioteca gnóstica de Nag Hammadi. Dejó claro que no se trataba de una falsificación, que bien podría ser del siglo IV, que estaba compuesto por varias obras distintas y que en una de ellas se mencionaba reiteradamente a Judas. Pero no se llegó a un trato: los estadounidenses no estaban dispuestos a pagar un precio tan elevado.

Por esa misma época, alguien dobló por la mitad el manuscrito, lo que tuvo dramáticas consecuencias, pues, con el tiempo, las páginas se rompieron por el pliegue.

Hanna, contrariado, decidió guardar el códice en una caja de seguridad de una sucursal bancaria de Hicksville, Long Island. Y allí estuvo durante los siguientes dieciséis años.

En el año 2000 entró en acción una señora egipcia, aunque de origen griego, llamada Frieda Nussberger-Tchacos, dedicada al negocio de las antigüedades, que ya en 1982 había escuchado hablar del códice. En abril de ese año lo compró por un precio que nunca ha salido a la luz —por eso también se conoce como *Codex Tchacos*—. A continuación, se llevó el manuscrito a la Universidad de Yale, con la intención de vendérselo a la Biblioteca Beinecke de Libros Raros y Manuscritos. Fue allí donde por primera vez se identificó que uno de los textos era el Evangelio de Judas —lo hizo el profesor de Coptología Bentley Layton—. Pero tampoco se cerró el trato.

En septiembre de 2000, Frieda Nussberger se lo vendió por dos millones y medio de dólares a un comerciante de manuscritos de Cleveland (Ohio) llamado Bruce Ferrini, que a su vez tenía ya un comprador, un coleccionista multimillonario llamado James Ferrell. Pero resulta que este último le recomendó a Ferrini que lo suyo era guardar el manuscrito en un congelador para evitar que se descompusiera todavía más. Fue una brillante idea. El códice había ido acumulando humedad en su interior durante años. Al congelarlo, se consiguió lo contrario: la savia que mantenía unidas las fibras del papiro se descompuso, y el agua de las fibras salió hacia el exterior del papiro, llevando consigo los pigmentos, lo que produjo que muchas páginas se oscurecieran.

Por fortuna, mientras todo esto sucedía, Nussberger comprobó que Ferrini no estaba cumpliendo los pagos acordados por la venta, así que acudió a un colega suyo, Mario Roberty, un abogado de Ginebra que en 1994 había fundado la Maecenas Foundation for Ancient Art, con sede en Basilea (Suiza). Y finalmente, a finales del año 2000, Roberty se hizo con el códice casi completo, pues Ferrini, para más inri, se había quedado con algunas páginas, que años después aparecieron.

Florence Darbre, una de las mayores expertas en restauración de documentos antiguos, con la ayuda de los coptólogos Rodolphe Kasser, profesor emérito de la Universidad de Ginebra, y Gregor Wurst, se encargó desde el primer momento (desde 2001) de la complicadísima tarea de intentar reconstruir la obra, debido a la extrema fragilidad de sus páginas, muchas de ellas prácticamente desintegradas. Para que se hagan una idea, tardaron tres años en descubrir que el códice contenía cuatro obras y no tres, como se pensaba en un primer momento (ya que las dos últimas se consideraban una sola).

A partir de 2004, con la ayuda de la National Geographic Society, que adquirió los derechos de publicación, comenzó a estudiarse con la colaboración de una serie de expertos: los citados Rodolphe Kasser y Gregor Wurst, y los estudiosos bíblicos Bart Ehrman, Stephen Emmel, Craig Evans, Marvin Meyer, Elaine Pagels y Donald Senior, entre otros.

En diciembre de ese año, A. J. Timothy Hall, de la Universidad de Arizona, realizó la prueba del carbono 14 al papiro y al cuero con el que se encuadernó el códice. El resultado fue rotundo: se elaboró en torno al año 280, con un margen de error de 60 años, lo que lo convierte en el Evangelio gnóstico más antiguo que se ha encontrado.

Dos años después, el jueves 6 de abril de 2006, la National Geographic Society anunció en una rueda de prensa realizada en sus oficinas centrales de Washington D. C. la noticia: el Evangelio de Judas había sido recuperado, restaurado y traducido.[37] Ese mismo año apa-

---

37 Aunque, en honor a la verdad, el anuncio se había realizado un tiempo antes, el 1

reció un conjunto de fotografías de fragmentos perdidos del códice que aportó mucha información: uno de ellos incluía el número 108 en copto, lo que indica que tenía muchas más paginas; pero lo más interesante es que algunos fragmentos correspondían al *Corpus Hermeticum XIII*, también presente en el códice VI de Nag Hammadi, una de las 24 obras que forman esta colección de textos sobre las creencias herméticas, escritos entre los siglos II y III.

Y en 2009 se encontraron nuevos fragmentos del códice en Egipto, algunos correspondientes al Evangelio de Judas. Estos se conservan en el Departamento de Antigüedades de dicho país. El montante principal de la obra está en la Biblioteca Bodmer de Ginebra.

Imagen de una página del manuscrito, en la que se puede
apreciar el alto grado de descomposición.

de julio de 2004, durante el VIII Congreso Internacional de Estudios Coptos, que se celebró en París, aunque en esta ocasión no se desveló el contenido del Evangelio.

El gnosticismo cristiano

Como acabamos de ver, el Evangelio de Judas formaba parte de un código que incluía tres obras ya conocidas porque pertenecían a la biblioteca de unos cristianos que desde muy antiguo fueron conocidos como gnósticos. Seguro que alguna vez han leído o escuchado algo sobre ellos. Se han convertido en un lugar común en la literatura sobre los enigmas del cristianismo, como los templarios o los cátaros, pese a que en muchos casos se habla desde la ignorancia atrevida y el desconocimiento metódico. Y es que no es fácil entender en toda su dimensión qué es el gnosticismo. Sus textos, cargados de simbolismo y densos como pocos, resultan impenetrables si no se tienen unas nociones previas bien trabajadas.

Tampoco es cuestión de entrar en detalle en este tema, pero sí creo necesario esbozar de forma resumida las principales ideas de este movimiento. Solo así podremos entender en toda su magnitud el contenido del Evangelio de Judas.

El concepto clave es que lo que realmente somos nosotros, ustedes y yo, dejando de lado el envoltorio corpóreo que nos retiene en este mundo material, está en nuestro interior y procede de otro mundo. Somos extraterrestres. Nuestra presencia aquí se debe a una suerte de encarcelamiento. Lo que somos, nuestra esencia espiritual, es totalmente ajena a la carne, la sangre y la materia. Somos unos enajenados, en el sentido literal de la palabra. Somos seres divinos y fuimos apartados del lugar al que pertenecemos; lugar al que debemos volver por todos los medios. *This is the way...*

En esto no hay demasiada diferencia respecto a los otros cristianismos, pero sí en la manera de escapar de esta cárcel carnal en la que están atrapadas nuestras almas. Los cristianos «normales», siguiendo a Pablo, creen que la autopista hacia el cielo se abre gracias a la fe en la muerte redentora de Jesús y en su resurrección, y cumpliendo una serie de normas morales. Ya saben. Los gnósticos no creían en esto, y en sus textos, que son muchos, lo explicaron.

El problema es que no es nada fácil entender el numeroso material que nos legaron. Y eso que disponemos de bastantes obras, sobre todo desde el extraordinario hallazgo que se produjo en diciembre de 1945 en el desierto egipcio, cuando unos campesinos egipcios del pueblo de Al Qasr wa al-Sayyad (la antigua Quenoboskion) encontraron en un macizo montañoso cercano a Nag Hammadi una jarra de cerámica, de un metro de alto, sellada. En un primer momento, tuvieron miedo de que en su interior se alojara un *djinn*, un genio maligno, pero finalmente la codicia se impuso y decidieron romperla por si había un tesoro en su interior. Lo había, pero no se trataba de oro ni de piedras preciosas, sino de trece códices de papiro escritos en copto y encuadernados en piel.

Los códices se fueron vendiendo a varios coleccionistas y estudiosos, aunque la mayor parte llegaron al Museo Copto de El Cairo. Finalmente, en 1977, se publicó por primera vez una traducción al inglés de los textos. Se trataba de una biblioteca que bien pudo pertenecer a un individuo aislado o, como parece más posible, a alguna comunidad cristiana desaparecida. Aunque los libros que la componen han sido datados hacia el año 350, se sabe que eran copias coptas de originales griegos muy anteriores. Los trece códices incluían 52 obras de muy diverso tipo, desde una versión de *La República* de Platón a unos treinta escritos gnósticos.

Fue un hallazgo importantísimo, solo a la altura de los manuscritos del mar Muerto, ya que permitió contrastar lo poco que se sabía sobre los gnósticos, aunque no todo, en parte porque ni siquiera el colectivo académico se pone de acuerdo en casi nada —algo que, por desgracia o por fortuna, pasa casi siempre—. Tanto es así que no tenemos claro cuándo surgió el gnosticismo, ni si es una ramificación del cristianismo o provenía del judaísmo e influyó en el propio mensaje de Jesús. Por si fuera poco, no todos creían en lo mismo y hubo grupos claramente diferenciados. Por mi parte, considero que se trata de la evolución de una serie de creencias místicas judías anteriores que se mezcló, posiblemente en el norte de Egipto —en Alejandría había una importante y culta colonia judía—y a partir de la segunda mitad del siglo I, con el neoplatonismo y el cristianismo.

Hoy sabemos que, para los gnósticos, la salvación se conseguía mediante un conocimiento (*gnosis* en griego, de ahí el nombre) secreto que fue revelado por Jesús, fuese este quien fuere, a unos pocos elegidos: sus discípulos. Para eso vino a este mundo corrupto de la materia, para enseñar el conocimiento salvífico.

Claro, para entender esto, se hace necesario conocer cómo llegamos hasta aquí. Y algunos de los textos de Nag Hammadi lo explicaban —por ejemplo, el Libro secreto de Juan o Sobre el origen del mundo—, pero también el Evangelio de Judas, aunque en el resto de libros se daba por hecho que los lectores conocían la cosmogonía central de este movimiento, que, insisto, varía en los distintos gnosticismos que se conocen, aunque no en lo esencial.

Voy a resumir con brevedad la versión más extendida, la del llamado gnosticismo setiano,[38] corriente que parece tener muchos puntos en común con el Evangelio de Judas.

Esto de «setiano» viene de Set, el tercer hijo de Adán y Eva, engendrado tras aquella terrible tragedia familiar que se produjo cuando el envidioso de Caín mató a Abel. Para estos gnósticos, Set llegó a convertirse en una suerte de ser divino que ya existía desde antes de «bajar» y que hizo esto precisamente para revelar a la humanidad cómo obtener la salvación. Fue el portador de la gnosis.

Todo comenzó con un desastre cósmico.

Dios no es uno, sino trino. Está compuesto por tres entidades, por llamarlas de alguna manera: el Gran Espíritu Invisible (el Padre), Barbeló (la Madre) y el Autogenerado (Autógenes, el Hijo). Durante mucho tiempo —no se aclara cuándo se creó el tiempo, y mucho menos el espacio-tiempo einsteiniano—, el Gran Espíritu y Barbeló, que venía a ser una emanación del primero, su Pensamiento, estuvieron en absoluta soledad en medio del vasto y vacío universo. Pero un mal día, el Gran Espíritu, en connivencia con su pareja celestial, su Pensamiento, «pensó en manifestarse y comunicarse hacia el exterior», como explica magníficamente Piñero (2006, 126). Surgieron así los eones («existentes»), que son, cómo decirlo, una especie de entidades divinas, organizadas también por pares, que en realidad son manifestaciones de la propia pareja divina. La suma de estos eones forma el Pleroma, que sería la plenitud total de la divinidad en su conjunto.

Todo iba bien, hasta que un día hubo un fallo. Una eón llamada Sabiduría se apartó del Pleroma, por motivos que no vienen al caso, y tras un montón de avatares, que tampoco tienen mayor importancia, terminó creando la materia con la colaboración de una divinidad inferior que ella misma creó: el Demiurgo, el Hacedor.

Es decir, no fue la sagrada pareja la responsable, en última instancia, de que tengan este libro en sus manos, sino la Sabiduría y su alta-

---

38 Las corrientes gnósticas más importantes, junto con los setianos, son los grupos formados por los seguidores de los maestros Valentín, Basílides y Marción, aunque había muchos más.

nero diosecillo de segunda. Fue este, con la ayuda inestimable de un montón de ángeles —creados por él—, quien, a la vez que construyó el universo físico, con todas sus cosas, dio forma al primer humano, Adán. Pero este ser de nuevo cuño también era complejo: su cuerpo fue cosa del Hacedor, pero en su interior portaba un cachito de la divinidad, que se encargó de insuflar la Sabiduría. Luego vino Eva… y, después, los demás.

Por lo tanto, para los gnósticos, el Demiurgo sería… ¡el Dios del Antiguo Testamento!, cuyo nombre gnóstico más común era Yaldabaot. Queda establecido así el marcado dualismo que defendían estas gentes: existen dos realidades, la de la materia, decadente, corrupta y efímera, y la del espíritu, eterna y perfecta.

Como estamos aquí por un error cósmico, el objetivo es liberar de las cadenas materiales a nuestra esencia divina y regresar al Pleroma, nuestra verdadera casa. Aunque, eso sí, quizás no todos lo hagamos, ya que algunos gnósticos pensaban que había tres grados distintos de presencia divina, y que unos, los *hílicos* («materiales»), no tenían nada, eran meros trozos de carne con patas. Estos, por desgracia, desaparecerán. Pero el resto, los llamados «psíquicos» y «pneumáticos»,[39] conseguirán salvarse gracias a la gracia del Pleroma, que, conmovido por nuestra situación, envió un salvador, un ser divino, Jesús el Cristo (el Autógenes según los gnósticos setianos), que bajó hasta la Tierra para informarnos de quiénes somos realmente. Ese conocimiento, que somos seres espirituales y divinos —repito, no todos—, nos llevará a despertar y a tomar conciencia de que nuestro único objetivo es escapar y volver a casa.

El Salvador, tras pasar por los seis cielos inferiores, en los que habitan diversos seres divinos, vino para informarnos, para darnos la gnosis, el conocimiento, y marcar el camino de salvación, que pasaba, como es lógico, por renunciar por completo a este mundo, desprendiéndonos de lo carnal y dejando de lado todo lo material. Ascesis y

---

39 Los «psíquicos» tienen la mitad de la sustancia, lo que se conoce como sustancia psíquica o anímica (*psýche* significa «alma» en griego). Los «pneumáticos» se encuentran en la cúspide de esta jerarquía, al tener *pneuma* («espíritu»), al cien por cien. Los primeros, que venían a ser los cristianos no gnósticos, si tienen una vida recta y just, ascenderán al cielo, pero no al Pleroma, lugar reservado solo para los pneumáticos.

celibato, en dos palabras. Nuestro reino no es de este mundo, así que vayámonos. Eso es lo que vino a enseñarnos el Salvador, que, por supuesto, no se encarnó, pues el cuerpo humano es obra del maligno Demiurgo —como veremos, no todos creían en esto—.

Piensen en las consecuencias: si Jesús no tuvo cuerpo físico, no pudo ser hijo de una Virgen, ni morir en la cruz, ni resucitar, ni instaurar la eucaristía…

Tanto la cosmogonía como la antropología de los gnósticos estaban fuertemente influenciadas por la filosofía neoplatónica, muy activa en el Egipto de los siglos I y II. De allí proceden el Evangelio de Judas y casi todos los manuscritos gnósticos encontrados. Platón, en *La república* —recuerden que se halló una copia en Nag Hammadi—, el *Timeo* y otras obras, para defender y explicar su famosa teoría de las ideas, planteó que la deidad suprema delegó la tarea de crear el mundo a un ser intermedio, el Demiurgo, al que ayudaron algunos dioses jóvenes. Este organizó, mediante la razón, la materia caótica preexistente para hacerla lo más perfecta posible según dos principios platónicos básicos: belleza y orden. Pero el Demiurgo tuvo como inspiración el mundo ordenado y bello de las ideas (o formas), que son entidades perfectas e inmutables. La materia, por lo tanto, sería una imitación imperfecta de esas ideas. Así pues, nosotros, los humanos, tendríamos una doble naturaleza, según desarrolló Platón en el *Fedón*: un cuerpo imperfecto y mortal creado por el Demiurgo, y un alma inmortal, atrapada en el cuerpo, cuyo destino final es liberarse para regresar al mundo de las ideas, donde existía antes de «nacer». Para más inri, también planteó que el alma humana ya posee, en su estado original, el conocimiento de las ideas, pero lo olvida al encarnarse en un cuerpo. La filosofía, entonces, consiste en un proceso de rememoración (*anamnesis*), mediante el cual el ser humano busca recordar las verdades universales e inmutables que su alma conoció antes de unirse al cuerpo. Por lo tanto, para el griego, el conocimiento (la gnosis) sería más bien «reconocimiento».

Todo esto, como veremos en breve, está presente en el Evangelio de Judas.

Del mismo modo, las ideas gnósticas, aunque de una forma muy primigenia, están presentes en el Nuevo Testamento.

En la Epístola a los Colosenses, falsamente atribuida a Pablo, se habla en términos claramente gnósticos, aunque en contra de ellos:

Él es la imagen del Dios invisible, primogénito de toda criatura, porque en él fueron creadas todas las cosas en los cielos y sobre la tierra, las visibles y las invisibles, ya sean los tronos, las dominaciones, los principados o las potestades; todo fue creado por él y para él. Él existe antes de todas las cosas, y todo subsiste en él. Él es la cabeza del cuerpo, que es la iglesia. [Col 1,15-18].

El autor de esta misiva, que no fue Pablo, insisto, pretendía denunciar como falsa la creencia en aquella supuesta dualidad entre el mundo material y el mundo de los cielos, que, según los gnósticos, fueron creados por deidades distintas. Poco después, en la misma carta, se ahonda en esta idea:

Mirad que nadie os embauque con la filosofía y vanos engaños según la tradición de los hombres, según los elementos del mundo y no según Cristo. Porque en él habita corporalmente toda la plenitud de la divinidad, y vosotros alcanzáis la plenitud en él, que es la cabeza de todo principado y potestad. [Col 2,8-9].

Nótese cómo se hace hincapié en esto de «corporalmente». Por cierto, eso de «plenitud» sería algo parecido al Pleroma gnóstico.

Algo parecido podemos ver en las llamadas Epístolas Pastorales, también atribuidas a Pablo (primera y segunda a Timoteo, y la de Tito), donde se ataca a estas ideas por erróneas y perniciosas. En 1 Tim 6,20, por ejemplo, se alerta ante «el mal llamado conocimiento»; en 2 Tim 2,18 se critica a los que creen que la resurrección ya ha tenido lugar —los gnósticos creían que, una vez conseguida la gnosis, la salvación se conseguía inmediatamente tras la muerte—, y en Tito 2,4 se critica su renuncia a la procreación —no todos practicaban la castidad, pero era lógico que lo hiciesen, ya que rechazaban la materia y la carne—.

Lo curioso es que, a la vez que se observa esta oposición al gnosticismo primigenio de la segunda mitad del siglo I y la primera del II, podemos encontrar algunos conceptos parecidos en algunas obras del Nuevo Testamento.

Pablo, por ejemplo, defiende en 1 Corintios la existencia de dos tipos de hombres, los psíquicos y los espirituales, siendo estos últimos los únicos capaces de comprender «el misterio de Cristo» (2,6-7), pues en ellos mora el espíritu. Es más, usó en varias de sus cartas esa idea de la unión mística *post mortem* con la divinidad, con la que terminaremos formando un solo cuerpo. Sin embargo, en esa misma misiva se muestra muy crítico con unos cristianos gnósticos de dicha comunidad que negaban que se fuese a producir una resurrección total en cuerpo y alma, como Pablo defendía, ya que pensaban, en coherencia con su fe, que solo esta última vencería a la muerte. Esta idea es muy gnóstica.

Pero, donde podemos encontrar más referencias, por sorprendente que pueda parecer, es en el cuarto Evangelio, el atribuido a Juan, sobre todo en algunos discursos de Jesús. Por ejemplo, la constante alusión a un dualismo entre la luz y las tinieblas o arriba y abajo, la unidad entre el enviado divino (Jesús) y sus seguidores con Dios, la salvación a partir del conocimiento (gnosis) transmitido por la palabra de Jesús y, sobre todo, la convicción de que el Salvador era un ser preexistente, el logos divino, eso sí, hecho carne.

¿Cómo supieron que se trataba de este Evangelio?

Desde un primer momento se dio por hecho que el Evangelio de Judas era la misma obra que, según comentó Ireneo de Lyon en el capítulo cuatro de *Contra las herejías*, usaba un grupo de gnósticos:

> Otros dicen que Caín nació de una Potestad superior, y se profesan hermanos de Esaú, Coré, los sodomitas y todos sus semejantes. Por eso el Hacedor los atacó, pero a ninguno de ellos pudo hacerles mal. Pues la Sabiduría tomaba para sí misma lo que de ellos había nacido de ella. Y dicen que Judas el traidor fue el único que conoció todas estas cosas exactamente, porque solo él entre todos conoció la verdad para llevar a cabo el misterio de la traición, por la cual quedaron destruidos todos los seres terrenos y celestiales. Para ello muestran un libro de su invención, que llaman el Evangelio de Judas. [Ireneo, p. 77].

Ireneo, que fue obispo de Lyon (en la Galia romana, la actual Francia), estaba especialmente preocupado por la enorme división que existía en el siglo II dentro del cristianismo, que ni de lejos era un bloque monolítico, y por la presencia de los cristianos gnósticos, a los que consideraba falsos cristianos que divulgaban un falso Evangelio. Entendía que el daño que esta gente hacía era incluso mayor que la terrible persecución que el emperador Marco Aurelio realizó en el año 177 contra los cristianos de la Galia, que Ireneo vivió en sus propias carnes. De hecho, su obra *Contra las herejías* estaba centrada en destruir a los gnósticos; de ahí su subtítulo, «Refutación y derrocamiento de la falsamente llamada gnosis». Sin embargo, hasta el hallazgo de la biblioteca de Nag Hammadi, fue la principal fuente sobre aquellos. Hoy sabemos que sus acusaciones no eran del todo acertadas y que su descripción era bastante inexacta.

Unas décadas después, Epifanio de Salamina, en su *Panarion*, otra obra repleta de «medicina» contra las herejías cristianas —recuerden que se traduce como «botiquín»—, haciéndose eco de lo dicho por Ireneo, expuso lo siguiente:

> Cainitas: del mismo modo, junto con los anteriores rechazan la Ley y al que habló en la Ley, niegan la resurrección y honran a Caín, diciendo que él es de una Potencia más fuerte. Al mismo tiempo, también deifican a Judas, juntamente con Coré, Datán y Abiram, además de los sodomitas. [Epifanio, p. 5].

> La Sabiduría [gnosis] los dejó acercarse a ella, pues son suyos. Dicen que a causa de esto Judas llegó a conocer perfectamente todo acerca de ellos. También pretenden que Judas está emparentado con ellos y lo consideran como [poseedor] de un conocimiento superior, hasta el punto de presentar incluso un tratadito en su nombre al que llaman «Evangelio de Judas». [*Ibid.*, p. 77].

Es decir, según Epifanio, aquel grupo, al que Ireneo no le puso nombre, eran los cainitas, una supuesta rama de los gnósticos que, siguiendo las ideas básicas que anteriormente comenté, defendían que el Dios del Antiguo Testamento, el creador de la materia, de la vida y de los humanos, era un ente maligno e inferior al Dios verdadero. Por ese motivo, todos los enemigos de Yahvé, o todos aquellos a los que esta divinidad odia o maldice, se convierten de algún modo en sus héroes; por eso Ireneo comentó que se consideraban hermanos de Esaú, Coré y los sodomitas;[40] por eso lo de «cainitas», por

---

40 Los sodomitas eran los habitantes de Sodoma, ciudad mencionada en Génesis 18, tan corrupta que Dios la destruyó con fuego y azufre por no encontrar diez hombres justos. Esaú, primogénito de Isaac y Rebeca, nieto de Abraham, vendió su primogenitura a su hermano Jacob por un plato de lentejas. Jacob, posterior-

Representación escultó-
rica de Ireneo de Lyon (Carl
Rohl Smith, 1884).

Caín, el hermano de Abel, primo-génito de Adán y Eva, que, según el Génesis, loco de celos porque Dios prefirió las ofrendas de su hermano (los mejores animales de su rebaño) en vez de las suyas (los excedentes de sus cosechas), decidió matarlo.

En realidad, se trataba de una variedad del gnosticismo setiano, del que les hablé páginas atrás.

Ahora bien, en honor a la verdad hay que aclarar que algunos importantes estudiosos, como Elaine Pagels (profesora de Religión en la Universidad de Princeton) o Karen L. King (profesora de Historia de la Iglesia en Harvard), consideran que el término *gnóstico* no es válido porque es demasiado abierto y genérico, dado que, en efecto, existía mucha variedad dentro de ese cajón de sastre, y porque ese concepto lo usó la Iglesia, a partir de Ireneo, para definir a un grupo muy amplio de cristianos a los que consideraban herejes.

Otros, como el gran Bart D. Ehrman (jefe del Departamento de estudios religiosos de la Universidad de Carolina del Norte) o Antonio Piñero (catedrático de Filología Clásica en la Universidad Complutense de Madrid), dos de las mayores autoridades en exégesis neotestamentaria, reconociendo la amplitud del término, defienden su uso, pues describe muy bien a varias comunidades religiosas cuyas creencias se centraban en un conocimiento (gnosis) secreto, otorgado por Jesús, que permitía conocer cuál era el camino para escapar de este mundo de la materia y la corrupción: tomar conciencia de nuestra verdadera identidad, pequeños fragmentos de Dios

mente, se convirtió en el padre de las doce tribus de Israel (Gn 25). Coré, durante el Éxodo, lideró una revuelta contra Moisés y Aarón con el apoyo de 250 israelitas. Dios castigó la rebelión haciendo que la tierra tragara a Coré y sus seguidores, aunque sus descendientes, como el profeta Samuel, sobrevivieron (Números 6).

encarcelados en la carne. Dicho de otro modo: el conocimiento que otorga la salvación es en realidad autoconocimiento de lo que verdaderamente somos. Y eso es lo que todos los gnósticos creían, pese a sus diferencias, pese a sus distintas y coloridas mitologías y cosmogonías, pese a que ni siquiera se ponían de acuerdo en si Jesús vino al mundo pero nunca se encarnó, pues era por completo espíritu, o si residió durante un tiempo en un cuerpo humano, del que se liberó en la cruz, gracias a lo que pudo ascender al Pleroma, al Cielo. Esto último es lo que defendía el autor del *Evangelio de Judas*.

Ahora bien, ¿el *Evangelio de Judas* del que habló Ireneo es este? Todo parece indicar que sí. No solo tiene el mismo título, sino que Judas, como veremos, es presentado como el héroe, el único que sabe quién es realmente Jesús y que entiende su mensaje, al contrario que los demás apóstoles, que veneran, equivocados, al Demiurgo en vez de al Dios verdadero. Además, en la obra, como comentó Ireneo, se deja claro que el acto de la traición tenía como fin liberar a Jesús de su envoltura cárnica y acabar de una vez por todas con el maldito y corrupto mundo material. En cambio, no es posible adjudicarlo a los gnósticos cainitas: muchos estudiosos dudan de su existencia, ya que la única fuente que habló sobre ellos fue Ireneo. El resto, como Epifanio, lo copiaron.

Lo interesante del comentario de Ireneo es que, puesto que redactó *Contra las herejías* hacia el año 180, marcó una fecha tope para el *Evangelio de Judas*, que debió escribirse a mediados del siglo II, una fecha muy antigua, más incluso que algunas de las obras del Nuevo Testamento y que la mayoría de apócrifos, y algo después que los cuatro Evangelios canónicos.

¿Qué decía este texto?

Entremos ahora en materia.

Como es habitual en las obras de los gnósticos, el *Evangelio de Judas* está construido como una revelación secreta de Jesús a uno de sus discípulos; en este caso, Judas. La propia introducción de la obra lo deja claro: «El discurso secreto del pronunciamiento mediante el que Jesús habló con Judas Iscariote, en ocho días, tres días antes de que él celebrara la Pascua» (33).[41] Al ser algo «secreto», era un conocimiento solo disponible para un grupo concreto, para una relativa élite formada por los poseedores de esa revelación.

El patrón siempre es el mismo en estas obras: Jesús, casi siempre desde el Cielo (el Pleroma) —en este caso, no es así, sino que lo hace «en vida», algo que solo se da en un par de obras más de las encontradas en Nag Hammadi[42]—, se manifiesta y ofrece unas enseñanzas privadas sobre cómo conseguir la salvación a uno de sus discípulos: María Magdalena, Tomás, Santiago, Felipe…, incluso Pedro, que para algunos gnósticos representaba simbólicamente a la pérfida y equivocada Iglesia de Roma. Esas dos ideas, la revelación sobre el verdadero Dios y la autopista hacia el cielo, y la crítica a la Iglesia occidental, articulan tanto este texto como la mayoría de Evangelios gnósticos.

Antes, el autor aportó una breve introducción sobre la vida de Jesús. Ojo a cómo termina:

> Cuando apareció (Jesús) sobre la tierra, realizó milagros y grandes maravillas para la salvación de la humanidad. Y mientras que algunos [caminaban] por el sendero de la justicia y otros caminaban por su transgresión, los doce discípulos fueron llamados. Empezó a hablar con ellos de los misterios que hay en el mundo y de lo que sucederá al final. En ocasiones se aparecía a sus discípulos, pero como un niño lo encuentras en medio de ellos. [33].

---

41 Todas las citas del Evangelio de Judas están tomadas de la traducción realizada por Fernando Bermejo Rubio, que apareció en su obra *El Evangelio de Judas, texto bilingüe y comentario* (Ediciones Sígueme, 2012). Existen otras traducciones interesantes, como la de Antonio Piñero, incluida en el libro *Todos los evangelios* (EDAF, 2009), coordinado también por él, o la de José Montserrat Torrents, incluida en la obra *El Evangelio de Judas* (EDAF, 2006). Opté por esta traducción de Bermejo Rubio por varios motivos: es la más reciente, recoge múltiples opciones en pasajes complejos de interpretar y, sobre todo, incluye algunos fragmentos nuevos que no estaban disponibles en las primeras ediciones que se publicaron.

Como referencia para el lector interesado en comparar las traducciones, indicaré el número de página del códice original. Entre paréntesis pondré algunos textos explicativos que ayudarán a entender mejor el significado de las citas. Entre corchetes, siguiendo a Bermejo, las palabras perdidas reconstruidas según el contexto o las ausencias que no se han podido reconstruir.

42 El Apocalipsis de Santiago y el Apocalipsis de Pedro.

¿Cómo un niño? Luego les explico esto.

La obra está compuesta por seis diálogos, en los que Jesús conversa con sus discípulos (a los que nunca se les llama «apóstoles») y, sobre todo, con Judas, el único al que se menciona por su nombre.

El primer diálogo tiene lugar en Judea. Un buen día, Jesús se encuentra a sus discípulos celebrando «la acción de gracias sobre el pan» (34), literalmente, una eucaristía (*eucharisto* en griego, «doy las gracias»), algo que al parecer le hace gracia al Nazareno, pues «se rio» (34). Los apóstoles, contrariados, le preguntan que a qué venía esa risa. Y Jesús les aclara que no se reía de ellos, diciéndoles:

No me río de vosotros. Vosotros no hacéis esto por vuestra voluntad, sino que a través de este vuestro dios [recibirá] alabanza». Dijeron: «Maestro, tú [...] eres el hijo de nuestro Dios». Jesús les dijo: «¿De qué modo me conocéis? En verdad os digo: ninguna generación de las personas que hay entre vosotros me conocerá». Cuando sus discípulos oyeron esto, empezaron a irritarse. Y se encolerizaron y blasfemaron contra él en sus corazones. Cuando Jesús vio su ignorancia, les [dijo]: «¿Por qué la turbación de la cólera? Vuestro Dios, que está dentro de vosotros, y sus [...] se irritaron con vuestras almas. Quienquiera que sea [fuerte] entre vosotros, los hombres, [haga comparecer] al hombre perfecto y permanezca erguido ante mi rostro. [34-35].

Es decir, los discípulos estaban equivocados, pues rendían culto a un dios diferente del suyo. Por lo tanto, Jesús no podría ser el hijo de ese dios.

Y, a continuación, comienza el segundo diálogo.

Y todos dijeron: «Somos fuertes». Y sus espíritus no pudieron osar mantenerse erguidos ante él, excepto Judas Iscariote. Él pudo permanecer erguido ante él, pero no pudo mirarlo a los ojos, sino que giró su rostro. Judas le dijo: «Yo sé quién eres y de qué lugar has venido. Tú has venido del eón inmortal del Barbeló, y no soy digno de decir el nombre del que te envió». Y Jesús, sabiendo que él estaba pensando en otras cosas elevadas, le dijo: «Sepárate de ellos, y yo te contaré los misterios del reino, no para que tú vayas allí, sino que para te apenes mucho, pues otro ocupará tu lugar, para que los doce [discípulos] de nuevo se completen ante su dios». [34-36].

Judas se levantó, sí, pero no pudo mirarlo a los ojos. ¿Por qué? Porque aún no estaba preparado. Pudo identificar a Jesús como un ser divino, un «eón inmortal del Barbeló», el enviado de una divinidad inefable. Pero eso fue motivo suficiente como para que Jesús lo reconociese como digno merecedor de recibir sus revelaciones especiales, no sus colegas, que permanecerán en la ignorancia por cabezotas. Por eso Jesús lo insta a que se separase de ellos, además de adelantarle que otro —ya saben, Matías según los Hechos de los Apóstoles, lo que nos indica que el Evangelio de Judas es posterior a dicha obra— ocupará su lugar en el selecto club de los doce.

El tercer diálogo consiste en una revelación de Jesús a sus discípulos sobre «otra generación grande y santa» (36) con la que acaba de estar; es decir, Jesús deja durante un rato el mundo corrupto de la materia para visitar el mundo espiritual. Claro, los apóstoles quieren saber más sobre esto. Pero Jesús se ríe de nuevo ante su atrevimiento y su ignorancia, pues nadie que pertenezca a este mundo podrá ver o visitar aquella generación: «En verdad os digo, nadie nacido [de estos] eones verá a esa [generación], y ningún ejército de ángeles de las estrellas reinará sobre esa generación, y ningún humano nacido mortal podrá vincularse con ella» (37).

Al día siguiente se produce el cuarto diálogo, tras una extraña visión de los discípulos. Según le comentan a Jesús, vieron un gran altar de sacrificios junto a doce sacerdotes que, al parecer, iban a presentar unas ofrendas ante una multitud de gente.

> Jesús dijo: «¿Qué tipo de gente son [...]?». Ellos dijeron: «Algunos ayunan dos semanas, otros sacrifican a sus propios hijos, otros a sus mujeres, honrándose y humillándose mutuamente. Otros se acuestan con varones, otros se dedican a asesinar, otros cometen una multitud de pecados e iniquidades. Y los hombres que están de pie ante el altar invocan tu nombre». [38].

Acto seguido, Jesús procede a explicarles qué era aquello:

> Vosotros (sois) los que aportáis las ofrendas al altar que habéis visto. Ese es el dios al que servís, y los doce hombres que habéis visto sois vosotros; y el rebaño que es llevado son las ofrendas sacrificiales que habéis visto —a saber, la multitud que vosotros extraviáis ante ese altar—. Estaré en pie [..., quizás el Arconte del mundo] y de este modo hará uso de mi nombre y las generaciones de los piadosos le serán asiduamente fieles. Después de este aparecerá otro hombre de los [fornicadores]. Y otro aparecerá, de entre los infanticidas, y otro de los que se

acuestan con varones, y de los que ayunan, y el resto de los que pertenecen a la impureza, a la iniquidad y al error, y los que dicen «Nosotros somos iguales a ángeles». Y ellos son las estrellas que llevan todo a su culminación. Pues se ha dicho a las generaciones humanas: «He aquí que dios ha recibido vuestro sacrificio de manos de un sacerdote», es decir, <u>el ministro del error</u>. Pero el Señor que está al mando es el Señor del universo. En el último día serán avergonzados. [39-41].

Es decir, los doce sacerdotes son los apóstoles. Y los animales sacrificados, sus seguidores, los cristianos que seguían sus equívocas enseñanzas y que, por su culpa, veneraban a un dios equivocado, el Dios de este mundo («el ministro del error»), representado por el altar sobre el que se realizan los sacrificios, por lo que caen en los más terribles pecados. Este fragmento, como pueden apreciar, es bastante confuso y difícil de entender. Por ejemplo, que se condene a los asesinos, los infanticidas o los homosexuales entra dentro de la moral normativa de la época. Sin embargo, llama la atención que también se ataque «a los que ayunan», siendo esta una práctica muy habitual entre los gnósticos, que tendían a llevar un modo de vida austero y contenido. De hecho, hay quien interpreta, quizás con razón, que esta crítica va dirigida, precisamente, a otros grupos cristianos gnósticos con los que el autor de este texto no estaba de acuerdo.

En cualquier caso, a lo que más importancia se le da es a los sacrificios de animales, algo que puede contener un doble significado: una crítica a las prácticas judías, pero también al ritual de la eucaristía y a la muerte salvífica de Jesús, a modo de sacrificio, en la que creían los cristianos paulinos.

De este modo, el autor de este Evangelio lanza un ataque brutal contra los apóstoles de Jesús, pre-

Primera imagen del Jesús de la Misericordia que mandó pintar Faustina Kowalska (1934).

cisamente en un momento de la historia, mediados del siglo II, en el que sus supuestos sucesores pretendían legitimar su autoridad en los cargos eclesiásticos a partir de algunos de ellos. Es decir, se trata de una dura diatriba contra la supuesta sucesión apostólica que siempre ha defendido la Iglesia católica y que se empezó a construir en aquella época. Y nada mejor que hacerlo usando a Judas, uno de los Doce, para fabricar esta contundente crítica.

Esto no es baladí. Usar al traidor como protagonista de este relato, como el receptor de la revelación secreta de Jesús y como muy superior al resto de los apóstoles, suponía bombardear sin pasión la fe de sus adversarios cristianos paulinos. Además, de camino, se atacaba el principal argumento que estos exponían para defender la legitimidad de los Evangelios canónicos: que fueron escritos por apóstoles o por discípulos suyos. Si estos no entendieron a Jesús y veneraban a un dios equivocado, como expone el Evangelio de Judas, sus libros tampoco debían ser muy de fiar. Todo lo contrario... De hecho, la cruzada por la unidad del cristianismo a la que se lanzó Ireneo de Lyon en el último tercio del siglo II, en busca de crear una ortodoxia y de que todos remaran juntos, fue provocada por el peligro que vio en la difusión de estas ideas, por eso construyó su propuesta de ortodoxia como respuesta a las heterodoxias de sus rivales, los locuelos cristianos gnósticos.

En ese contexto histórico, los piques entre distintos cristianismos que se dieron en el siglo II, y que continuaron en el siglo III, debemos ubicar esta obra que nos ocupa. Así que insisto: elegir a Judas para el ataque debió hacerse con toda la intención de conmocionar a todos los cristianos protoortodoxos.

El quinto diálogo es el epicentro de esta obra, pues se trata de una larga conversación entre Jesús y Judas en torno a varios asuntos esenciales de las doctrinas gnósticas: el futuro de los humanos, el mundo superior, la necesaria destrucción de los malvados y, lo más importante, el anuncio de su (¿necesaria?) traición.

Comienza con esta interesante idea:

Judas le dijo: «[Rab]í, ¿qué tipo de fruto produce esta generación?». Jesús dijo: «Las almas de toda generación humana morirán. En cuanto a estos, cuando hayan completado el tiempo de su reino y el espíritu se separe de ellos, sus cuerpos morirán, pero sus almas vivirán y serán elevadas». Judas dijo: «¿Y qué harán el resto de las generaciones humanas?». Jesús dijo: «Es imposible sembrar sobre una [roca] y cosechar su [fruto]. Del mismo modo [...] la raza [mancilladas] y la sabiduría corruptible [...] la mano que creó a los hombres mortales, y que sus almas suban a los eones superiores. En verdad os digo; ningún [arconte], ángel ni potencia santa [verá]». Cuando Jesús hubo dicho estas cosas, se fue. [43-44].

Se entiende, ¿no? Lo que quería expresar Jesús es que solo los que sigan el camino de la Gnosis verdadera conseguirán que sus almas sobrevivan al terrible mundo de la materia. Ellos, los dichosos que reciban y acaten la revelación verdadera, formarán aquellas «generaciones santas», pero porque ya de serie tenían la chispa divina. Pero los de las «generaciones humanas» tienen almas que morirán con sus cuerpos.[43] De ahí la metáfora aquella de que resulta imposible sembrar en una roca, algo que tiene varias e interesantes lecturas: por un lado, puede referirse veladamente a Pedro, la piedra sobre la que, según Mateo (16,18), se levantó la Iglesia; pero también parece aludir a un motivo presente en los sinópticos: la famosa parábola del sembrador (Marcos 4,3-20), en la que Jesús habla de un agricultor que esparce semillas en diferentes tipos de terreno (el camino, el suelo rocoso, entre espinos y en buena tierra); cada terreno representa una respuesta distinta a la palabra de Dios, y el suelo rocoso se describe como aquel donde la semilla brota rápidamente, pero al no tener profundidad ni raíz, se seca pronto cuando llega el sol; es decir, representa a las personas que reciben la enseñanza con entusiasmo, pero cuya fe es superficial, y, cuando se enfrentan a dificultades o persecuciones, la abandonan.

No debería de extrañarnos encontrar en esta obra algunas ideas procedentes de los Evangelios canónicos. Eran materiales conocidos y divulgados entre todas las comunidades cristianas. Parece que el autor de este texto tiró especialmente del Evangelio de Mateo.

A continuación, Judas pasa a revelarle una perturbadora visión que había tenido: se vio a sí mismo apedreado y perseguido por los doce discípulos, además de una enorme casa, tan grande que sus ojos no podían abarcarla, rodeada por unos hombres gigantes, a la

---

43 Como vimos, los setianos creían en tres niveles de humanidad en función de la presencia divina en su interior. En cambio, en esta obra solo hay dos tipos.

que quería entrar, pero no podía… Jesús, presto, tras reírse de nuevo, procede a explicarle qué significaba aquello:

> [Jesús] respondió y dijo: «Tu estrella te ha engañado, Judas». Y [continuó]: «Ninguna progenie de ser humano mortal es digna de entrar en la casa que has visto, porque ese lugar está reservado para los santos, el lugar en el que ni el sol ni la luna ni el día reinarán. Por el contrario, ellos estarán en pie siempre en el eón con los ángeles santos. He aquí que te he contado los misterios del reino y te he instruido [sobre el error] de las estrellas y [...] enviar [...] sobre los doce eones».
>
> Judas dijo: «¡Maestro, que mi semilla no esté sometida a los arcontes!». Jesús respondió y le dijo: «Ven, y [falta una línea], sino que te apenarás mucho al ver el reino y toda su generación». Cuando Judas oyó estas cosas, le dijo: «¿Cuál es la ventaja que he recibido en que me hayas separado de esa generación?». Jesús respondió y dijo: «Llegarás a ser el decimotercero, y llegarás a ser maldecido por las otras generaciones, y llegarás a reinar sobre ellas. En los últimos días, se te [...] y no ascenderás a la [generación] santa». [45-46].

Aquí hay bastante que comentar. Por un lado, que en la visión Judas vea cómo lo lapidan sus compañeros apóstoles resulta significativo. ¿Recoge esto alguna tradición perdida que defendía que Judas no se suicidó, sino que fue lapidado por sus colegas? Quién sabe…

Eso de «Tu estrella te ha engañado» es una curiosa referencia a la extendida creencia de que todos tenemos un astro que nos guía, algo en lo que también creían los seguidores de la filosofía platónica, como es el caso de los gnósticos. Pero también es una referencia al zodiaco, muy extendido en el Egipto de aquella época.

En cualquier caso, Jesús le aclara a Judas que no ascenderá a aquella casa que vio en su visión, fuera de este universo material —de ahí eso de «[...] en el lugar en el que ni el sol ni la luna ni el día reinarán» no podrá entrar ningún hombre nacido mortal, ya que está reservado para los santos—. ¿Cómo explicar esto? Bueno, todo parece indicar que en esta obra se muestra un proceso evolutivo en Judas: pasa de ser un apóstol más a un iniciado separado del resto que, al reconocer quién era Jesús realmente y de dónde venía, termina obteniendo, como en breve veremos, una relevación especial que sí que le permitirá ascender a la «generación santa»…, pero en este momento de la narración, aún no.

Por otro lado, ¿aquello de los «doce eones» es una referencia a los doce apóstoles? De ser así, ¿es que Judas no cuenta? Sí, pero no. Lo fue, y quizás aún lo era, pero pronto dejará de serlo. Ya saben, Matías… De hecho, unas líneas antes, cuando Judas le comenta que ha tenido una visión…: «Cuando Jesús oyó [esto], se río y le dijo: "¿Por qué te esfuerzas tanto, oh, decimotercer daimon?"» (44).

¿Qué significa esto? La palabra griega *daimon*, que aparece así en este texto escrito en copto, puede llevar a confusión. Hace referencia a un ser espiritual superior a los humanos, sin ningún matiz negativo. Platón, como sus discípulos posteriores (Plotino, Celso, Plutarco), usaba el término en ese sentido: una especie de guía espiritual o una fuerza protectora que inspira y orienta al individuo a lo largo de su vida. De hecho, en la *Apología de Sócrates*, Platón comentó que este, su maestro, tenía su propio *daimon*, una voz interna que lo guiaba y advertía sobre decisiones que podrían desviarlo de su misión filosófica. Sin embargo, en el Nuevo Testamento, donde aparece 63 veces la palabra *daimonios*, «demonios», se emplea con un significado totalmente distinto: eran espíritus malignos que se oponen a Dios y buscan perjudicar a los seres humanos. Y en ese mismo sentido aparece en otras obras gnósticas, designando a los secuaces del Demiurgo creador del mundo material. Así que también podría entenderse así. De hecho, podría tratarse de algo parecido a lo que narró Marcos en el episodio en el que Pedro lo reconoce como el Mesías, y Jesús, como respuesta, lanza un vaticinio de su muerte. Pedro, contrariado, «comenzó a recriminarlo. Pero él, tras volverse y mirar a sus discípulos, increpó a Pedro y le dijo: "Ponte detrás de mí, Satanás, porque no tienes tus pensamientos en las cosas de Dios, sino en las de los hombres"» (Mc 8,32-33).

Ah, lo de «¿Por qué te esfuerzas tanto?» se debe a que Jesús le increpa por seguir practicando su religión (judía) con tanto trabajo y esfuerzo, cuando no le servirá para nada sin el conocimiento adecuado que pronto recibirá.

Jesús, tras explicarle a Judas el significado de su visión, procede a describirle mediante un largo discurso, que ocupa la mayor parte del documento, casi un 40 %, la compleja cosmovisión gnóstica del grupo en el que escribió este texto, similar a la que les mostré de los setianos, aunque con algunas importantes diferencias. Sin entrar en mucho detalle, se resume de este modo: en primer lugar, antes de todo, existía un «gran Espíritu Invisible» (47), un ser divino inefable, invisible y más allá de cualquier tipo de conocimiento.

Esa entidad divina decidió manifestarse mediante «una nube luminosa» (47) y llamó a la existencia a «un ángel» (47) que ejerciese como su ayudante, el Autogenerado o Autógenes, «el dios de la luz» (47). Acto seguido, aparecen cuatro ángeles para servir a este, y el Autogenerado da comienzo a su propio proceso de creación, al crear cuatro eones mayores asociados con sendas luminarias y con un montón de ángeles a su servicio.

Luego, en la nube luminosa aparece Adamás, una suerte de equivalente ideal y divino del primer ser humano, Adán, que servirá de modelo para la posterior creación de la humanidad —recuerden la teoría de las ideas de Platón—. Pero también otros seres divinos, como «la incorruptible [generación] de Set» (49), otra forma de llamar a la generación santa. Además, se crean doce eones junto a seis luminarias para cada uno. Es decir, 72 luminarias, cada una asociada a su propio cielo. Por lo que habría 72 cielos, y cada uno de ellos, a su vez, cuenta con cinco «firmamentos». 72 x 5 = 360 firmamentos. Es obvio que todo esto es una nueva referencia a los doce signos del zodiaco y los 360 grados, que a su vez coinciden con los 360 días del año en los calendarios antiguos. Nótese como todas estas cifras se consiguen multiplicando 12 por 2, 3 y 5.

Estos serían los elementos que conforman el universo, el cosmos, que se define como corrupto («La multitud de esos inmortales es llamada «cosmos» —es decir, corrupción—»; 50) porque será ahí donde aparecerá nuestro mundo, acto que, a continuación, procede a explicar Jesús.

De ello se encargarán varios seres divinos: Nebro,[44] cuyo nombre significa «apóstata», un ser «cuyo rostro irradiaba fuego, y cuya apariencia estaba contaminada de sangre» (51), que, según este texto, también es conocido como Yaldabaot, nombre habitual en la literatura gnóstica setiana para referirse al Demiurgo —aunque no se

---

44 «"Nebro" es una forma abreviada del nombre Nembrod o Nebrodes, también conocido como Nemrod, que aparece en el Génesis como antiguo héroe y rey de Babel (Gn 10, 8-12; 1 Cr 1, 10). En Miq 5, 4ss —la única mención del nombre en el Tanaj (Biblia hebrea)— Nemrod aparece como protagonista de la guerra escatológica que precede a la llegada del mesías». (Bermejo Rubio, 2012, 140).

le suele identificar con Nebro—. Este cuenta con varios ángeles que le ayudan, entre los que está un tal Saclas («tonto» o «loco» en arameo), que en algunos textos gnósticos se identifica con Yaldabaot u ocupa su posición. Finalmente, Saclas ordena a sus ángeles crear «un ser humano según la semejanza y según la imagen» (52), a partir del Adamas divino, y así surgen Adán y Eva.

Por lo tanto, el tal Yaldabaot, mediante la acción de Saclas, sería el Dios del Antiguo Testamento, el Dios al que veneraban los discípulos de Jesús. Los desdichados no saben que forman parte de los humanos que solo vivirán esta vida, mientras que otros, los que poseen en su interior la chispa divina, trascenderán este mundo y tendrán una vida espiritual y eterna. Y Judas, claro está, al ser el único apóstol que ha entendido el verdadero papel y la identidad de Jesús, el único al que le han sido revelados los misterios, tendrá un lugar especial entre los que se salven.

Además, este estado de las cosas continuará hasta que «las estrellas han (hayan) completado su curso. Y cuando Saclas haya completado los tiempos que le han sido asignados» (54), cuando de una vez por todas terminará este mundo corrupto de la materia. Pero, antes, las generaciones humanas venerarán a Saclas como dios. Y en ese momento Jesús ríe por cuarta vez, en esta ocasión por todos aquellos que no entienden que desaparecerán para siempre.

> […] los eones que traen a sus generaciones y las presentan a Saclas. [Y] después [Israel] vendrá trayendo las doce tribus de [Israel] de […] y todas las [generaciones] servirán a Saclas, pecando [en] mi nombre y tu estrella [reinará] sobre el eón decimotercero». Y después Jesús se rio. [Judas dijo]: «Maestro, [¿por qué te ríes de nosotros?»]. [Jesús] respondió [y dijo]: «No me río [de vosotros], sino del error de las estrellas». [55].

A continuación, Judas le pregunta por el destino de aquellos bautizados en su nombre. Por desgracia, el texto está muy deteriorado en esta parte y no podemos saber qué decía. Pero podemos intuir su respuesta: no se salvarán, pues ofrecen sacrificios a Saclas, mientras que la «gran generación de Adán», los que sí tienen la chispa divina en su interior, sí que lo conseguirán. Como Judas, porque es más que todos ellos y, sobre todo, por los servicios prestados.

Judas dijo a Jesús: «¿Qué harán los que han sido bautizados en tu nombre?». Le dijo Jesús: «En verdad [te] digo, este bautismo [...] (administrado en) mi nombre [faltan ocho líneas] destruirá toda la generación del Adán terreno. Mañana, el que me porta será atormentado. En verdad os digo, ninguna mano de hombre mortal [pecará] contra mí. En verdad te digo, Judas, los que ofrecen sacrificios a Saclas [...] todos [...] [faltan tres líneas] todo lo que es malo. Pero tú los excederás a todos, pues sacrificarás al hombre que me porta. Ya tu cuerno se ha levantado, tu ira se ha calmado, tu estrella ha pasado, y tu corazón [...] En verdad [te digo], tus últimos [faltan tres líneas] sucede [...] del eón [...] y los reyes se han debilitado, y las generaciones de los ángeles se han apenado, y el mal que [...] el Arconte es destruido. Y entonces el [fruto] de la gran generación de Adán será exaltado, porque esa generación, procedente de los eones, existe antes que el cielo, la tierra y los ángeles. He aquí que todo te ha sido dicho. Levanta tus ojos y contempla la nube y la luz que hay en ella y las estrellas que la circundan. Y la estrella que indica el camino, esa es tu estrella». [55-57].

«Sacrificarás al hombre que me porta» (56). Esa es la labor de Judas. Entregar a Jesús para que su cuerpo mortal muera y él pueda escapar. De este modo, Judas, el traidor para unos, es mostrado aquí como un héroe que, tras conocer la realidad del universo y del ser humano, libera al Salvador de su ropaje carnal para que pueda ascender al Pleroma.

La creación de Adán (Miguel Ángel, 1511).

Como ya vimos, la mayoría de los gnósticos consideraban que Jesús no se había encarnado, pero algunos, como la comunidad en la que nació este libro, sí defendían una suerte de docetismo.

> Judas <u>levantó sus ojos, contempló la nube luminosa</u>. Y entró en ella. Los que estaban en pie sobre el suelo oyeron una voz proveniente de la nube, que decía: «[…] la gran generación […] imagen [faltan seis líneas] y Judas ya no vio [a] Jesús. Y enseguida hubo un alboroto entre [los] judíos, mayor que […].
> Y sus sumos sacerdotes murmuraron porque él había entrado en la estancia para su plegaria. Pero algunos de los escribas estaban allí acechando para prenderlo durante la plegaria. Pues ellos temían al pueblo, porque todos lo consideraban como a un profeta. Y se acercaron a Judas y le dijeron: «¿Qué haces en este lugar? Tú eres el discípulo de Jesús». Y él les respondió según ellos deseaban. Y <u>Judas recibió dinero y se lo entregó</u>.
> El Evangelio de Judas [57-58].

Y así termina este fascinante texto, y el que sería el sexto diálogo, en este caso entre los sacerdotes judíos y Judas, una escena que guarda cierto parecido con las narraciones canónicas, sobre todo con Mateo, por lo de las monedas, pero también importantes diferencias.

Ni se relata la crucifixión, ni el entierro, ni la resurrección. Nada. Al autor, al contrario de lo que sucede con Pablo de Tarso y los evangelistas canónicos, no le importaba un pimiento la muerte de Jesús porque su cuerpo carecía de importancia. Ahora bien, Judas tenía que entregarle porque este necesitaba escapar de este mundo y volver a su morada celestial. Esa es la interpretación que se ofreció en un primer momento. Y parece lógica. Pero hay un problema: en otras partes del texto Jesús abandona sin problema alguno su envoltorio humano y accede a la «generación santa», ubicada en el mundo superior (EvJud 36). Por lo tanto, ¿por qué era necesario que Judas lo entregase? Quizás el sentido de todo esto sea otro: Jesús no necesita morir en la cruz para liberarse de su cuerpo. Lo podía hacer en cualquier momento. Pero necesitaba mostrar a sus seguidores lo absurdo que era darle importancia a lo material de este mundo, y quería mostrarles que el camino hacia la salvación verdadera pasaba por repudiar lo físico, lo que incluía el cuerpo, tomando conciencia de que lo que verdaderamente somos está en nuestro interior; quizás quiso representar que es al morir cuando nuestra chispa divina puede por fin escapar y regresar a su lugar en el Pleroma.

Por cierto, la obra termina con el título. Curioso, ¿verdad? Además, no es «el Evangelio según Judas», como se denominan los textos canónicos del Nuevo Testamento, sino «de Judas». Su autor quería expresar con esto que no pretendía ser un texto escrito por Judas, sino sobre él, el verdadero héroe de este complicado Evangelio.

Jesús se ríe y cambia de forma

Me van a permitir que me detenga en dos detalles que lo mismo pueden pasar desapercibidos pero que resultan interesantísimos si se analizan con atención.

En primer lugar, merece la pena destacar que Jesús es mostrado en este Evangelio riéndose hasta en cuatro ocasiones. La primera (EvJud 34), cuando ve a sus discípulos celebrando su comida sagrada y su acción de gracias en honor a un dios que no es el Dios de Jesús. Eso es lo que le produce risa, que el creador de este mundo material, el Demiurgo gnóstico/platónico, sea venerado por los apóstoles, tan confundidos como altaneros e ignorantes.

Jesús se ríe por segunda vez (EvJud 36) cuando, tras visitar el lugar donde mora «la grande y santa generación», sus discípulos le preguntan por ella. De nuevo, es el desconocimiento de aquellos lo que provoca su risa.

La tercera ocasión (EvJud 44) es cuando Judas le pregunta por el significado de una extraña visión que había tenido. Una vez más, se ríe ante la ignorancia, en este caso, de Judas, que aún no ha entendido la movida, y por eso, acto seguido, se dispone a explicarle la compleja cosmogonía gnóstica.

Por último, Jesús se ríe por cuarta vez (EvJud 55) cuando termina de explicarle a Judas su cosmogonía, tras comentarle que muchos humanos perecerán por completo, al no tener en su interior una chispa divina, mientras que los que sí la tengan se salvarán. De nuevo, es la ignorancia el motivo, no solo la de sus discípulos, sino la de todos aquellos que no entienden su terrible futuro como mortales.

Esto de que Jesús se ría no sucede en ninguno de los Evangelios canónicos. Sin embargo, en la literatura gnóstica era algo bastante habitual, lo que viene a atestiguar que estamos ante un texto claramente gnóstico. De hecho, en un primer momento, Marvin Meyer, el primero que tradujo el texto al inglés (junto con Rodolphe Kasser y Gregor Wurst), ya planteó que se trataba de una obra compuesta por gnósticos setianos. Y no estamos hablando de un cualquiera, sino de uno de los mayores expertos en gnosticismo. Y razón, al menos en parte, no le falta, no solo por los parecidos que hay entre este texto y la cosmogonía de los setianos, presente en obras como El Libro Secreto de Juan o

El Cristo que ríe
(Willis Wheatley, 1973).

el Evangelio de los Egipcios, sino porque incluso se usa la expresión «generación de Set» para referirse a aquellos humanos que cuentan con la chispa divina. Así se llamaban a sí mismos estos gnósticos.

Sin embargo, también guarda ciertos parecidos con otros textos no setianos. No debería extrañarnos. En aquella época, el convulso siglo II, para los cristianos, existía una enorme variedad de propuestas sobre quién fue Jesús, qué hizo y qué dijo, y las ideas se movían entre las distintas comunidades. No existía aún una ortodoxia católica —fue Ireneo, precisamente, el que tomó la decisión de «crearla»— ni una ortodoxia gnóstica. Solo muchos cristianismos distintos, con puntos en común y notables divergencias, que se influían unos a otros, aunque también hubiese algunos movimientos más estandarizados que formaban verdaderas escuelas, como sucedía con los setianos.

Uno de los aspectos en los que podemos encontrar parecidos con otras obras gnósticas no setianas es algo que, como recordarán, aparecía al principio del Evangelio de Judas, cuando se comenta que Jesús se mostraba a menudo ante sus discípulos «como un niño» (33). Sí, la palabra *copta*, según los expertos, es complicada de traducir y también podría significar «fantasma». Pero ¿por qué se aparecía Jesús con aspecto de niño? Difícil saberlo. Quizás sea porque los niños son puros e inocentes y no están contaminados por la corrupción y la maldad del mundo. De hecho, en el Evangelio de Mateo podemos leer algo íntimamente relacionado con esto:

> En aquella coyuntura se acercaron los discípulos a Jesús y le dijeron: «Así pues, ¿quién es el mayor en el reino de los cielos?». Él llamó a un niño, lo puso en medio de ellos y dijo: «Os aseguro que <u>si no rectificáis y no os hacéis como niños, no entraréis en el reino de los cielos</u>. Así pues, el que se hace humilde como este niño, este es el mayor en el reino de los cielos. Y el que da acogida a un niño como este en mi nombre, a mí me acoge». [Mt 18,1-5].

Sea como fuere, el autor de este texto creía que Jesús podía alterar su forma a placer, y esto lo podemos encontrar en otras obras cristianas antiguas, como en los Hechos de Juan, un texto apócrifo cristiano de finales del siglo II, que relata las aventuras y enseñanzas del apóstol Juan y que tenía claras influencias gnósticas y dualistas. En esta obra se dice que Jesús, como no era un hombre normal de carne y hueso, podía adoptar la apariencia que desease, incluso la de un muchacho:

> Cuando hubo elegido, pues, a los hermanos Pedro y Andrés, vino hacia mí y a mi hermano Jacobo y nos dijo: «Os necesito, venid conmigo». Al oírlo, mi hermano dijo: «Juan, ¿qué desea <u>ese muchacho que nos llama desde la orilla</u>». Yo respondí: «¿Qué muchacho?». Él, a su vez, dijo: «Ese que me hace señales». Respondí: «Por las muchas horas que hemos padecido en el mar estás viendo una visión, hermano mío, Jacobo: ¿no ves un varón de buena presencia, de pie, hermoso y de rostro alegre?». Volvió a decir: «No lo veo, hermano. Pero desembarquemos y vemos qué quiere». Así, tras haber conducido la nave a tierra observamos cómo él nos ayudaba a aferrar el barco a las amarras. Cuando nos alejamos de aquel lugar con la intención de seguirle, <u>se me apareció de nuevo casi calvo, pero con una barba amplia y espesa, mas a Jacobo se mostró como un joven barbilampiño</u>. Nos preguntábamos ambos, perplejos, qué querría decir esa visión. Luego, al seguirle los dos, poco a poco aumentaba nuestra perplejidad, mientras reflexionábamos lo ocurrido. Sin embargo, lo que más extraño me parecía era lo siguiente: intentaba yo observarle más en privado, y <u>nunca pude ver sus ojos cerrados</u>, sino siempre abiertos. Muchas veces <u>se me apareció como un hombre pequeño y feo</u>, totalmente como uno que mira siempre al cielo con su rostro. [88, 2-3; 89 1-2].

En realidad, todo esto responde a una corriente que surgió dentro del cristianismo primitivo, según la cual Jesús no fue un humano de verdad, sino que parecía serlo. Es lo que se conoce como «docetismo», y en ello creían todos los gnósticos, aunque en distintos grados, pues algunos pensaban que Jesús sí ocupó temporalmente un cuerpo, que abandonó antes de su muerte. Como vimos, esto es lo que parece sugerir el Evangelio de Judas, aunque también se le muestra viajando al lugar en el que habita la «sagrada generación», y eso solo se podía hacer dejando atrás lo material, algo que correspondería a un docetismo más estricto.

El caso es que esto mismo se puede apreciar en el Segundo Tratado del Gran Set, otro texto que formaba parte de la biblioteca gnóstica de Nag Hammadi y que, pese al título, no tiene nada que ver con los setianos. Así se muestra a Jesús en esta obra: «Visité un habitáculo corporal. Desalojé al que residía anteriormente y yo he entrado en él» (51). Pero también así: «No he sido muerto realmente, sino en apariencia» (55). De hecho, en este texto, al narrar la crucifixión, se decía lo siguiente:

> Por un lado me han visto y <u>me han castigado, pero fue otro</u>, su padre, el que bebió la hiel y el vinagre, no fui yo. Me flagelaban con la caña; <u>otro era el que llevaba la cruz</u> sobre su hombre; este era Simón. <u>Otro fue al que pusieron la corona de espinas.</u> Yo, sin embargo, <u>me regocijaba en las alturas</u> sobre el dominio total de los arcontes y la semilla de su error, de su gloria vana, <u>y me burlaba de su ignorancia.</u> [56].

De nuevo vemos aquí a Jesús cambiando de forma, multiplicándose y, lo que es casi más importante, ¡riéndose de la ignorancia de los humanos!

Es más, Basílides, unos de los principales maestros gnósticos, que vivió en Alejandría, Egipto, en el siglo II, también enseñaba que Jesús cambiaba su apariencia cuando quería, y que lo hizo, precisamente, antes de la crucifixión: tomó el aspecto de Simón de Cirene e hizo que este asumiese el suyo, siendo crucificado en su lugar… Y mientras esto sucedía, Jesús, una vez más, se reía.

Un motivo similar podemos encontrar en otro Evangelio gnóstico, el Apocalipsis (copto) de Pedro, otro de los libros encontrados en Nag Hammadi, de principios del siglo III. Si bien no hay cambio de forma aquí, sí vemos que el que fue crucificado no fue Jesús, sino un sustituto. En la obra se muestra al apóstol Pedro recibiendo una serie de visiones durante la semana de la Pasión de Jesús. Una de ellas fue sobre la crucifixión:

> Cuando dijo estas cosas, vi cómo ellos lo agarraban de aquel modo. Y Dije: «¿Qué veo, oh Señor? ¿Eres tú a quien agarran y eres tú el que te aferras a mí? O ¿quién es ese que sonríe alegre sobre el árbol? Y ¿hay otro a quién golpean en pies y manos?». El Salvador me dijo: «Aquel <u>al que viste sobre el árbol alegre y sonriente, este es Jesús</u>, el viviente. Pero este otro, en cuyas manos y pies introducen los clavos, <u>es el carnal, el sustituto</u>, expuesto a la vergüenza, el que existió según la semejanza». [81].

Y poco después, Jesús le revela esto:

> Sé fuerte, pues tú eres aquel a quien han sido dados estos misterios, para conocerlos por una revelación, (a saber) que aquel a quien crucificaron es el primogénito, y la casa de los demonios y el recipiente de piedra en el que habitan (los demonios), el (hombre) de Elohim, el de la cruz que está bajo la Ley. Pero aquel que está cerca de él es el Salvador viviente, el que primero estaba en él, al que apresaron y soltaron, que está de pie, alegre, mirando a aquellos que usaron con él violencia, mientras están divididos entre ellos. <u>Por este motivo, se ríe de su falta de visión, sabiendo que son ciegos de nacimiento</u>. [81-82].

En todos estos casos, Jesús se ríe de aquellos que creían conocerlo en realidad, pero que solo lo conocen «en la carne» y no saben que se trata de un ser divino que puede materializarse y transformar su apariencia a placer porque en el fondo es incorpóreo; por lo tanto, no puede padecer ningún dolor ni puede morir en la cruz. Así, lo que en realidad hacen estos textos es atacar con contundencia la teología de Pablo de Tarso, que centró su mensaje en la muerte vicaria y salvífica de Jesús en el madero y en su resurrección. A partir de estas ideas, presentes también en los cuatro Evangelios canónicos, se construyó la protoortodoxia cristiana que terminaría desembocando en la gran Iglesia de Roma. De esto, según los gnósticos, según el autor del Evangelio de Judas, se reía Jesús.

Por cierto, hay quien ha relacionado esta supuesta capacidad para cambiar de forma con algo que podemos encontrar en los Evangelios canónicos, donde se muestran varias escenas de Jesús resucitado en las que sus discípulos no son capaces de reconocerlo: cuando se presenta ante los dos discípulos anónimos que iban camino de Emaús, «cuyos ojos estaban retenidos para que no pudieran reconocerlo» (Lc 24,16); en la aparición a María Magdalena narrada en el cuarto Evangelio, en la que ella lo confunde en un primer momento con un hortelano o un jardinero (Jn 20), o en la escena posterior de este texto, cuando Jesús se manifiesta ante los discípulos en el mar de Galilea, pero estos, al verlo, «no sabían que era Jesús» (Jn 21,4) y no se dan cuenta hasta que realiza un milagro. La tradición católica ha explicado esto argumentando que su cuerpo había cambiado tras la resurrección: había sido glorificado, siguiendo lo planteado por el bueno de Pablo de Tarso en su Primera Carta a los Corintios:

Os digo un misterio: no moriremos todos, pero todos seremos transformados. En un instante, en un pestañeo de ojos, con la trompeta final, pues sonará la trompeta, <u>los muertos serán resucitados incorruptibles y nosotros seremos transformados</u>. Pues es necesario que esto corruptible se revista de incorruptibilidad; y esto mortal se revista de inmortalidad. [1Cor 15,51-53].

¿Una explicación para el beso?

Me queda comentar un último apócrifo en el que de nuevo se muestra a un Jesús polimorfo; lo interesante es que, además, se relaciona esto con el inquietante y misterioso beso de Judas, cuyo sentido nunca ha estado del todo claro.

Se trata de un texto tardío, de comienzos del siglo IX, escrito en copto, que fue publicado por primera vez a comienzos de 2013 en el libro *Pseudo-Cirilo de Jerusalén sobre la vida y Pasión de Cristo*, de Roelof van der Broek (1931), un profesor de Historia del Cristianismo de la Universidad de Utrecht (Países Bajos). La obra, titulada *Homilía sobre la Resurrección y la Pasión*, fue atribuida falsamente al obispo Cirilo de Jerusalén (315-386), santo para los católicos y ortodoxos y autor de una colección muy popular de opúsculos catequéticos.

Existen dos manuscritos distintos: uno, prácticamente ilegible, se conserva en el museo de la Universidad de Pensilvania; otro, el que usó Roelof van der Broek, fue adquirido en 1911 por el magnate de la banca J. P. Morgan, y se custodia en el Morgan Museum de Nueva York. Estuvo en el monasterio de San Miguel, en la parte occidental de Fayum, en Egipto, hasta que en el siglo X aproximadamente fue escondido en una tinaja de piedra. En 1910 fue descubierto durante unas excavaciones arqueológicas realizadas en las ruinas de aquel monasterio por lord Amherst de Hackney.

La obra contenía varias novedades sorprendentes. Para empezar, la secuencia de acontecimientos de la semana de la Pasión es distinta: la última cena, en la que Jesús anuncia la traición de Judas, y el arresto en el monte de los Olivos no se celebraron el jueves por la noche, sino el martes. Así, tras la entrega de Jesús —en la que los discípulos también son detenidos, aunque luego los liberan por petición de Jesús—, que se produjo ese mismo día, este es llevado ante Caifás y Herodes, y, al día siguiente, ante Pilato.

Lo curioso es que, según este texto, el jueves tuvo lugar una cena entre Jesús y… ¡Pilato!, al que se describe como «creyente en Dios» (Van der Broek, 2013, p. 165). Y no solo se muestra a Jesús bendiciendo la mesa, sino que Pilato llega a proponer algo increíble para salvar al Nazareno:

> Y comieron juntos, mientras les servía un esclavo de unos diez años. Entonces Pilato dijo a Jesús: «En verdad, estoy triste por ti. Si me escuchas, te levantarás y te retirarás, y cuando me pidan cuentas por ti, <u>les daré a mi hijo único para que lo crucifiquen en tu lugar</u>». Pero Jesús dijo a Pilato: «Si quisiera, no vendría a este momento. <u>Ven, siéntate y verás que puedo escapar</u>». Pilato miró a Jesús y vio que <u>se había vuelto incorpóreo</u>; no lo vio durante mucho tiempo. Después de esto, Jesús se acercó de nuevo a él. Pilato se desmayó, pero Jesús le impuso la mano, y se levantó y recobró el sentido. Jesús le dijo: «<u>¿Has comprendido que si quiero puedo escapar?</u>». Pilato dijo: «Sí, Señor». [*Ibid.*, p. 172-173].

¿Se había vuelto incorpóreo?

Esa misma noche, Pilato y Procla, su mujer, tuvieron un sueño en el que Jesús aparecía en la forma de un águila rodeada de luz que bajaba desde el cielo a un mundo oscuro, a la que terminan matando los pérfidos judíos; pero el águila recupera la vida y regresa al cielo. No es de extrañar que finalmente ambos decidan bautizarse.

Pero la parte más interesante es esta:

> Era el décimo día del mes, el segundo día de la semana. Judas fue a los judíos y les dijo: «Preparaos mañana a esta hora y os lo entregaré». Entonces los judíos le dijeron a Judas: «<u>¿Cómo lo arrestaremos, si no</u>

tiene una sola forma, sino que su apariencia cambia? A veces es rubi-
cundo, a veces es blanco, a veces es rojo, a veces es de color trigo, a veces
es pálido como los ascetas, a veces es un joven, a veces es un anciano, a
veces su cabello es liso y negro, a veces es rizado, a veces es alto, a veces
es bajo. En una palabra, nunca lo hemos visto con una sola y misma
apariencia». [*Ibid.*, p. 150-151].

Así, la única forma de identificarlo la propuso Judas:

Esta es la señal que daré a los que me sigan: aquel a quien yo bese en
la boca y abrace y a quien diga: «¡Salve, Maestro!», ese es vuestro. Después de haber dicho esto a los judíos, tomó el resto del dinero, se fue a
su casa y se lo dio a su malvada esposa. Le dijo: «¡Mira el total del precio
de mi amo!». [*Ibid.*, p. 151].

Por lo demás, la historia, según este texto, continúa como en los
Evangelios, aunque se introducen algunas novedades; por ejemplo,
a Jesús maldiciendo a Judas tras el beso y anticipando su terrible
muerte:

¿Con un beso entregarás al Hijo del hombre? Más te valdría no
haber nacido que hacer esto. No sé lo que hay en tu corazón desde que
me seguiste, ¿eres un traidor? Pero te he soportado hasta que te sobre-
venga tu fin de mala manera. No sé la hora en que fuiste a los sumos
sacerdotes y acordaste con ellos entregarme a la muerte por treinta
monedas de plata ¡Ay de ti con un doble ay, Judas, traidor y sinver-
güenza!, tu fin te ha sobrevenido de mala manera. Judas, morirás sin
enfermedad, tu cuerpo no será digno de sepultura, tu alma no cami-
nará en la luz, sino en la oscuridad. Tu nombre no será dado a nadie por
la eternidad. Cuando las personas den tu nombre a sus hijos, no vivirán, sino que serán malditos ante mí por tres generaciones. He aquí, me
pondrán sobre la leña a la hora sexta del Gran Día de la Preparación de
la Gran Semana de la Pascua. Pero tú te estrangularás con una trampa
y te colgarás de un árbol, es decir, de un tamarisco. Y no habrá misericordia para ti a causa de lo que has hecho, sino que tu castigo será
doble: tu fuego no se apagará ni tu gusano morirá cuando seas torturado. Oh, Judas, grande es tu caída. [...] ¡Oh, Judas, ay de ti! Es un beso
engañoso el que me diste hoy en la boca, para quitar el beso de la paz
a los que llevan mi nombre. ¡Oh este beso de paz que me diste engaño-
samente! ¡Has hecho que la paz del mundo sea quitada desde estos días
cada año! [*Ibid.*, p. 158-159].

Como pretende ser una homilía que lanzó el salto el Domingo de Pascua, incluye una curiosa mención a algo muy antiguo que también estaba presente en la literatura apócrifa: el descenso de Jesús a los infiernos. De hecho, en el texto se dice que Satanás instó a Judas a que se suicidase antes de la crucifixión por este motivo: «Si estás en el inframundo antes que él, tendrá compasión y te hará subir con él» (*Ibid.*, 85). Como verán a continuación, esto es algo sobre lo que se reflexionó en la Edad Media. ¿Fue Judas perdonado tras arrepentirse y suicidarse?

TERCERA PARTE

Las reinterpretaciones literarias

LAS LEYENDAS MEDIEVALES

La navegación de san Brendan, siglo XII

La isla de Irlanda no formó parte del Imperio romano —aunque estaba en contacto por su cercanía con la Britania—, pero eso no impidió que el cristianismo acabase llegando hasta allí a comienzos del siglo V, gracias a Palladius, un galo que fue enviado por el papa Celestino I en el año 431 para evangelizar a aquellas gentes, aunque la tradición local considera que el primer misionero fue san Patricio, un supuesto britano que por aquella misma época llegó a la isla —algunos historiadores lo identifican con el tal Palladius—.

Lo sorprendente es que, en poco más de un siglo, Irlanda se convirtió en uno de los principales y más florecientes centros del cristianismo occidental —aunque con influencias celtas—, gracias sobre todo a la creación de una amplia red de grupos monásticos y abadías, que contaron con el apoyo de los nobles locales, y a su empeño proselitista.

En este contexto hay que situar la fascinante historia que pretendo desarrollar a continuación, la historia de Brendan el Navegante (*ca.* 484-*ca.* 578) —también conocido como Brandán, Brendano o Borondón—, abad del monasterio de Clonfert, que él mismo fundó a mediados del siglo VI —entre otros tantos—, y santo para la

Iglesia católica por su ardua labor misionera tanto en Irlanda como en Escocia e Inglaterra, aunque se sabe que llegó hasta las islas Shetland, al norte, y las islas Hébridas, y se cree que pudo llegar a Islandia y las islas Feroe.

Lo guapo es que, alrededor del año 800, o quizás antes, se escribió una obra titulada *Navigatio Sancti Brendani* que pretendía recoger una crónica de sus viajes, aunque se trata de una composición ficticia cuyo autor es desconocido. Fue todo un éxito, tanto que se convirtió en uno de los textos más copiados y difundidos, con importantes variaciones, de la Edad Media. La prueba está en que se conservan como cien manuscritos solo del siglo X, cuando alcanzó su máxima popularidad, clara evidencia de que tuvo que ser todo un pelotazo literario.

¿Qué tiene esto que ver con Judas? Pues resulta que, en la epopeya, ¡el monje irlandés terminó encontrándose con él!

La historia es la siguiente: Brendan se lanzó hacia el oeste, a mar abierto, junto con catorce monjes, en busca de la *Terra Repromissionis* (la «Tierra de Promisión» o «Tierra Prometida»), recorriendo gran parte del Atlántico a lo largo de los siete años que duraría la supuesta travesía, que concluye con la llegada a aquel mítico enclave. Pero ¿dónde estaba aquella tierra? No se sabe, y mira que le han dado vueltas los estudiosos. Se han propuesto varios candidatos, como las Canarias o Madeira, aunque a partir del siglo XIX se extendió la idea de que igual se refería a América, más concretamente a alguna isla del Caribe, como Cuba, principal candidata propuesta.

Todo comenzó con una conversación que Brendan mantuvo con Barinthus, un monje de su comunidad. Este le contó que un tiempo atrás había viajado junto a su hijo Mermoc a un lugar situado en el oeste, la *Terra Repromissionis*. Se trataba en realidad de una enorme isla, cuyos límites no pudieron encontrar, pese a que anduvieron por allí durante un año. Lo alucinante es que allí se encontraron a un señor. Al preguntarle quién era, les dijo lo siguiente:

¿Por qué me preguntas **de donde sea** o cómo me llame? ¿Por qué no me preguntas sobre esta isla? Tal y como la ves, permanece desde el principio del mundo. ¿Estás necesitado de alimento, bebida o vestido? Has estado aquí durante un año y no has necesitado ni comida ni bebida. Nunca sentiste sueño ni te cubrió la noche. Siempre es día claro y esta es la luz del mismo Jesucristo». [Anónimo, 2007, p. 4].

¡Aquello era el Paraíso! Y claro, como era de esperar, Brendan tomó la decisión de ir para allá, para lo que congregó a catorce de sus monjes. Tras ayunar durante cuarenta días, construyeron un barco y emprendieron el viaje hacia el oeste, junto con tres monjes más que se unieron en el último momento. A partir de aquí, la *Navigatio Sancti Brendani* narra la singular y fascinante epopeya que protagonizaron, que se escapa, claro está, del objeto de este libro.

Sin embargo, en un momento de la aventura, tras toparse con una «columna de fuego» (un volcán), que identificaron como una entrada al infierno, y en donde falleció uno de los monjes, tomaron rumbo sur y se encontraron con un pequeño islote. Lo asombroso es que allí hallaron a un «hombre sentado, barbudo y deforme al que las olas azotaban desde todas direcciones, cubriéndolo hasta la cabeza» (*Ibid.*, 66), junto a una tela enorme suspendida entre dos horquillas de hierro. Brendan, interesado, le preguntó quién era. Esta es la respuesta:

> Soy el infeliz Judas, pésimo negociante; no estoy aquí por méritos propios, sino por la misericordia del inefable Jesucristo. No se cuenta el tiempo que aquí paso en mi pena, sino que es gracias a la indulgencia del redentor, por ser domingo de resurrección. Estar aquí sentado es como estar en el paraíso de las delicias, tal es el temor a los tormentos que me aguardan esta tarde. Pues ardo como plomo derretido día y noche en el interior del monte que habéis visto. Allí se encuentra Leviatán con sus ministros. Allí estaba cuando engulló a vuestro hermano y ciertamente alegre estaba el infierno que emitía enormes llamas, como siempre que devora las almas de los impíos. Este es mi descanso de los domingos, de puesta a puesta de sol, y también en la fecha del nacimiento del Señor hasta Teofanía y desde Pascua hasta Pentecostés y desde la purificación de la Virgen hasta la Asunción. Antes y después sufro los tormentos del profundo infierno, junto a Herodes y Pilatos y Anás y Caifás. Yo os suplico por el redentor que os dignéis interceder por mí ante Jesucristo para que pueda quedarme hasta mañana y no sea en el ocaso arrebatado por los demonios y conducido al solar que compré tan caro. [*Ibid.*, p. 66-67].

Brendan, maravillado, le prometió a Judas que aquella noche no sería arrebatado por los demonios, además de preguntarle por aquella tela:

Una vez, cuando acompañaba a Cristo, le di este paño a un leproso, pero no era mío, sino del Señor y sus hermanos. Por eso cuelga delante, más bien como molestia, pues impide en cierto grado que me refresquen las olas. Las horquillas de hierro que lo sostienen las di una vez a los sacerdotes del templo, para que sostuviesen las marmitas. De igual modo, la piedra sobre la que me siento es la que una vez eché sobre un hoyo, bajo los pies de los transeúntes, antes de ser discípulo de Cristo. [*Ibid.*, p. 68].

Un rato después, al caer la tarde, una miríada de demonios apareció por allí, pidiendo a Brendan que les dejase llevarse a «su amigo», pero este se negó, diciendo que era Jesús quién le había permitido estar allí. Así concluye la historia:

How St Brendan found Judas Iscariot (Henry Justice Ford, 1912).

Pasó aquella noche y a la mañana siguiente empezaban a navegar de nuevo cuando innumerable multitud de demonios cubrió el mar gritando execraciones y diciendo: «¡Oh varón de Dios! Maldita tu llegada y maldita tu partida, porque esta noche hemos sido azotados por nuestro príncipe, ya que nos presentamos ante él sin su cautivo». Les respondió San Brendan: «Ninguna culpa tenemos de vuestra maldición, sino que es de vosotros mismos. <u>Bendito aquel a quien maldecís, maldito al que bendecís</u>». Respondieron los demonios: «Doble tormento sufrirá Judas durante los próximos seis días, ya que esta noche lo habéis defendido». Dijo el venerable padre: «No tenéis potestad para eso, ni siquiera vuestro príncipe la tiene. Es potestad de Dios». Y añadió: «Os advierto, a vosotros y a vuestro príncipe, en el nombre de nuestro Señor Jesucristo: <u>no traeréis sobre este mayores tormentos que los que antes padecía</u>». Respondieron los demonios: «¿Eres acaso señor de todos nosotros para que tengamos que obedecerte?». «No —respondió San Brendan— pero soy siervo del Señor y hablo en su nombre». Siguieron los demonios a la nave del Santo hasta que perdieron a Judas de vista y entonces volvieron y arrebataron al infeliz con gran griterío. [*Ibid.*, p. 68-69].

Como habrán imaginado, tras otras aventuras, al final llegaron a la Tierra Prometida, y, agraciados, tras estar un tiempo allí, regresaron a Irlanda.

El viaje de san Brendan (Edward Reginald Frampton, 1908).

Ojo, hay quien plantea que el islote en el que estaba el bueno de Judas es la llamada isla de Rockall, un peñón de unos 23 metros de alto y 27 de ancho, perteneciente a Escocia y situado a unos 300 kilómetros al oeste de la costa escocesa occidental.

Curiosamente, en una versión anglonormanda posterior, escrita por un monje llamado Benedeit, se narran con detalle las torturas a las que era sometido Judas, al que se le presenta desnudo, con el cuerpo lacerado y desgarrado, con la voz ronca y cansada. Los lunes es subido a una rueda horizontal que gira para provocarle mareos; los martes es encadenado en una parrilla, donde lo aplastan los demonios con piedras y plomos; los miércoles es hervido en brea y luego quemado en un fuego tan intenso que derrite el mármol; el jueves es congelado con tanta intensidad que hasta añora el calor del día anterior; los viernes es desollado hasta quedarse sin piel y luego es empujado a una mezcla de sal y hollín, pero la piel vuelve a crecer, y se repite la tortura, además de hacerle beber plomo y cobre fundidos. Los sábados se le encarcela en un calabozo inmundo que le produce vómitos, pero no puede vomitar por el metal fundido que ingiere el día anterior. Y el domingo, finalmente, sale a la superficie, donde sufre el castigo de las olas.

Además, se introduce un diálogo en el que el traidor expone el porqué de sus pesares, haciendo referencia a todos los elementos citados en los Evangelios: que era el tesorero del grupo y, además de robar de la bolsa común, despilfarraba el dinero, y que vendió a su salvador por treinta monedas. Aunque también se le muestra abatido por ello y, en cierto modo, arrepentido. Además, indica que el motivo de su condena eterna, más que la traición, fue el suicidio, que se muestra como un rechazo a la misericordia de Jesús ante los pecadores.

Llama la atención que en esta leyenda de san Brendan se trate a Judas con cierta simpatía. Jesús, como hemos visto, le concede salir del infierno los domingos, las Navidades, desde Pascua hasta Pentecostés y desde la purificación de la Virgen hasta la Asunción; unos 106 días al año, bastante, ¿no? ¿Cómo explicar esto? Pues se trata, sin más, de una muestra más de la gloria divina y del poder redentor de Jesús. Ya saben, según Lucas, Jesús, en la cruz, dijo aquello de «Padre, perdónalos, porque no saben lo que hacen» (23,34). Ese perdón incluía a todos los implicados en su muerte. ¿También a Judas?

Es más, esto parece guardar relación con un concepto muy antiguo, defendido con vehemencia por el ínclito de Orígenes de Alejandría. Se trata de lo que se conoce como *apocatástasis* (algo así como «restauración» en griego), la idea de que al final de los tiempos todos los humanos, incluidos los pecadores, además de Satanás y sus ángeles malditos, serán rehabilitados y restaurados a su lugar de origen, junto a Dios en el cielo. Lo veía como algo lógico: para él, la redención operada por Jesús tenía esta finalidad.

Esta doctrina entra en clara contradicción con las ideas defendidas por Pablo de Tarso: que solo los que acepten la muerte redentora de Jesús como triunfo contra el Pecado y su resurrección como triunfo sobre la Muerte obtendrán la salvación y resucitarán con un cuerpo glorioso al fin de los tiempos. Por este motivo, en el Quinto Concilio de Constantinopla, celebrado en el año 553, se condenó esta idea como anatema. Sin embargo, Lutero y otros protestantes lo recuperaron, aunque sin aplicarlo al Maligno y sus esbirros.

Así pues, es posible que el autor de este texto creyese en una suerte de apocatástasis relativa, aplicada, al menos, a algunos pecadores, como bien podría ser Judas. Es indudable que esta escena, una de las más populares de la *Navigatio*, viene a representar un mensaje de esperanza y misericordia divina.

Grabado anónimo de la misa de Resurrección sobre la ballena, en aguas de las islas Canarias, donde se muestra la supuesta isla de San Borondón.

Por cierto, esto guarda relación con la mítica isla de San Borondón, un mito, o no, de las islas Canarias, donde se habla de una misteriosa isla situada al oeste del archipiélago que aparece y desaparece y que, según se dice, ha sido vista por muchos testigos. El origen de esto está en la *Navigatio Sancti Brendani*, donde se habla de que Brendan desembarcó en lo que creía que era una isla, donde celebraron una misa de Resurrección, pero resultó ser una ballena. De hecho, durante mucho tiempo se dio por real, y durante la Edad Moderna se realizaron varias expediciones para tratar de encontrarla…

Hablado de expediciones, me van a permitir una última curiosidad: Tim Severin (1940-2020), un reconocido historiador, escritor y documentalista británico, se hizo famoso a finales del siglo pasado por realizar varias recreaciones de algunas legendarias travesías marítimas y terrestres, que luego relató en sus libros —como el de Jason en busca del vellocino de oro, desde Grecia hasta Georgia, en 1984; o uno de los viajes de Simbad, entre Omán y China, en 1981; o la ruta de Marco Polo, en 1961, en moto—. Pues bien, junto a una tripulación compuesta por cuatro hombres, replicó el supuesto viaje de Brendan y sus monjes en un bote similar al que se describía en la *Navigatio* —con dos mástiles y un armazón de madera cubierto con cuero de buey e impermeabilizado con grasa de oveja—, llamado Brendan, viajando desde Irlanda —desde donde partieron el 17 de mayo de 1976— hasta Terranova, pasando por las Hébridas, las Feroe e Islandia. Como era de esperar, no fue un viaje fácil. Además del desgaste natural del barco, padecieron un frío extremo y tuvieron que enfrentarse a varias tormentas. Pero lo consiguieron y el 26 de junio de 1977, tras más de un año de navegación, llegaron a Terranova. Un año después, Severin publicó *The Brendan Voyage*, un libro que fue todo un éxito, en el que relató pormenorizadamente la aventura. El objetivo declarado del viaje era demostrar que se podía llegar a América con la tecnología de los monjes irlandeses, y lo consiguió.

JUDAS EN LA LEYENDA DORADA

Si la *Navigatio Sancti Brendani* fue todo un éxito de ventas a partir del siglo IX, unos siglos después vio la luz una obra que lo petó aún más y que, de nuevo, incluía una referencia a Judas el Iscariote.

Se trata de la *Legenda Aurea* (*La leyenda dorada*), una extraordinaria recopilación de vidas de santos, que en un primer momento se tituló *Legendi di sancti vulgari storiado*, y que fue construyendo a lo largo de casi treinta años, desde 1260 hasta su muerte, el monje dominico italiano Jacopo di Varazze (1230-1298), conocido en España como Jacobo de la Vorágine.

Fue todo un pelotazo en su época y durante los siglos siguientes, como evidencia el hecho de que se han conservado como mil manuscritos de aquellos tiempos, por no hablar de su influencia en el mundo del arte, más que nada por sus detalles novelísticos y su gusto por lo sobrenatural. Tanto es así que durante el Concilio de Trento, celebrado a mediados del siglo XVI, se dio la orden de vigilar las obras artísticas inspiradas en esta recopilación de hagiografías y otras similares porque se apartaban de la ortodoxia.

Este señor, que llegó a ser obispo de Génova y que es considerado beato por la Iglesia católica, redactó las minibiografías —*abreviatio*, dicen los cultos— de unos 150 santos y santas —que ordenó según el año litúrgico—, y, claro está, le dedicó unas páginas a Judas —aunque, como no es un santo, metió su historia dentro de la de su sustituto, Matías, del que no dijo demasiado, en el capítulo XLV de esta colosal obra—. Por desgracia, no sabemos cuáles fueron sus fuentes, y es una pena porque estaría muy bien saber de dónde sacó lo que escribió para este caso concreto, pues, como verán, narró algo realmente alucinante.

Según Jacobo de la Vorágine, Judas fue hijo de un tal Rubén (también llamado Simón), «oriundo, según unos, de la tribu de Dan y, en opinión de San Jerónimo, de la de Isacar» (De la Vorágine, 1999, 180), y de Ciboria, su esposa.

Una noche, después de hacer el amor, la señora tuvo un sueño terrible en el que vio que tendría un hijo, «como resultado del coito habido entre aquellos aquella noche» (*Ibid.*, p. 180), que provocaría la perdición de toda su raza, los judíos.

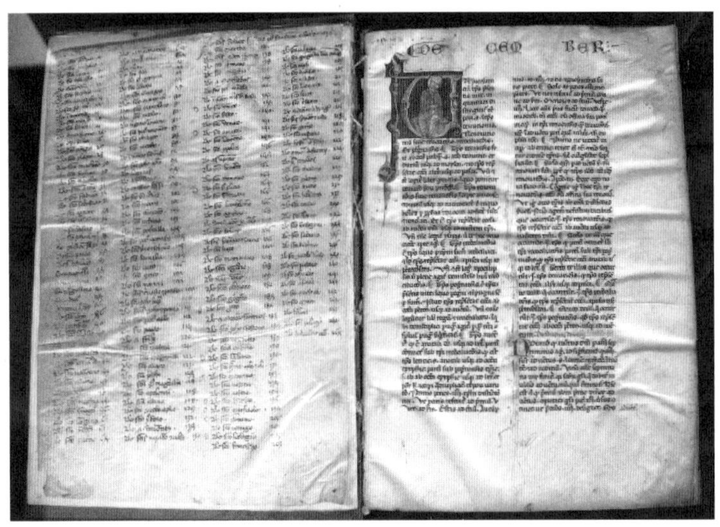

Copia de *La leyenda dorada* de 1290,
Biblioteca Medicea Laurenziana, Florencia.

Unos meses más tarde, Ciboria parió, y tanto ella como su marido, tras echar cuentas, llegaron a la conclusión de que el neonato había sido engendrado durante aquella fatídica noche. No sabían qué hacer. Pensaron en matar a la criatura, pero rechazaron aquella odiosa y terrible idea. Así que decidieron optar por la solución que le pareció menos mala: «Metieron al recién nacido en un capacho, lo llevaron a la vera del mar, y lo dejaron abandonado sobre la superficie de las aguas» (*Ibid.*, p. 180).

Pero el azar quiso que llegase a una isla llamada Iscarioth, donde fue rescatado por la reina de aquel lugar, que, como no podía tener hijos, decidió quedarse con el bebé. Para ello elaboró un plan: fingiría que estaba embarazada, haciendo que, mientras tanto, una nodriza lo criara, y un tiempo después diría que había dado a luz y que había tenido un niño varón. Dicho y hecho. Hasta el rey, su esposo, se lo creyó.

Poco después, la reina se quedó preñada de verdad, y terminó dando a luz a un niño. Los dos chavales fueron creciendo juntos, aunque pronto el niño Judas comenzó a mostrar su maldad de serie. «Parecía complacerse en mortificar, injuriar y hacer llorar a su *hermanito*» (*Ibid.*, 181), y su madre, para más inri, movida por sus instintos maternales, salía en defensa de su auténtico hijo y castigaba a

Judas «con cierta insensibilidad» (*Ibid.*, 181). Pero de nada servía. El joven seguía con su mala actitud. Así que la reina tomó una decisión: les contó a su marido y a su corte el secreto.

Cuando Judas supo cuál era su verdadero origen se llenó de vergüenza y de rabia, y años más tarde mató ocultamente al verdadero hijo de los reyes; mas, temiendo que se descubriera que él había sido el asesino, y que lo condenaran a muerte, aprovechando la oportunidad de que regresaban a Jerusalén los recaudadores que habían venido a la isla a cobrar los tributos del Imperio, se escondió en el navío en que hacían la travesía y huyó del palacio en que se había criado. Al llegar a Jerusalén consiguió que el gobernador romano, Pilatos, lo tomara a su servicio. [*Ibid.*, p. 181].

Pilato vio en él un carácter parecido al suyo y le dio un cálido afecto —Dios los cría, y ellos se juntan—. Y además, lo nombró administrador general de Judea y le dio unos poderes enormes, convirtiéndose casi en el segundo de a bordo.

Un buen día, Pilato estaba mirando un campo de manzanos cercano a su palacio, cuando le entraron unas ganas tremendas de comerse una manzana. Judas se quiso enrollar y fue a cumplir el deseo del prefecto romano. Pero resulta que aquel campo pertenecía a Rubén, su padre. Claro, Judas no lo reconoció porque nunca lo había visto, ni tampoco su padre a él. Así que, cuando este lo pilló robando manzanas, comenzaron a discutir. La disputa terminó en tragedia: Judas pegó con una piedra a Rubén en la nuca, y este falleció al instante. «Después, dejando abandonado al que acababa de matar, y tomando consigo la fruta que había robado, tornó al palacio y refirió a Pilatos lo sucedido» (*Ibid.*, 181). Pero no piensen que Pilato, al enterarse, se enfadó. Todo lo contrario: le donó a Judas las posesiones del fallecido e hizo que se casase con la viuda de este, que no era otra que su madre, Ciboria.

Pero, un tiempo después, Judas se enteró de la terrible verdad. Así se lo contó su madre/esposa:

¡Ay de mí! Soy la más desdichada de las mujeres. Hace años me deshice de mi único hijo metiéndole en una cesta y dejándolo abandonado sobre las aguas del mar. Después ya sabes cómo murió mi marido, repentinamente, solo y sin ayuda de nadie, en el huerto de mi casa. Para colmo de todo esto, ese Pilatos, el gobernador, añadió dolores a mis dolores confiscando los bienes de mi esposo y obligándome, sin respetar mis penas, a casarme contigo contra mi voluntad… [*Ibid.*, p. 182].

Claro, Judas pronto ató cabos. Había matado a su padre y se había casado con su madre. Conmovido y apesadumbrado, le contó a Ciboria lo que había hecho: «Y, de acuerdo con ella, decidió hacer penitencia. A raíz de esto, Judas fue a ver a Jesucristo, le confesó sus delitos y le rogó que le alcanzase el perdón de sus pecados» (*Ibid.*, p. 182).

Pero nada se pudo hacer, el lado oscuro había germinado en el corazón de Judas… Un bonito melodrama.

Jacobo de la Vorágine, reflexionando sobre el motivo de la traición, expuso que la causa fue el dichoso perfume de nardos de la unción en Betania, valorado en 300 denarios, dado que, como tesorero que era, solía quedarse con parte del dinero que supuestamente se gastaba. Pero, además, ofreció una interesante perspectiva:

Habida cuenta de la concatenación que entre ambas cosas existió, opinan que Judas solía hurtar la décima parte de cuanto daban a Cristo, y que, al no poder apoderarse de los treinta denarios que constituían el décimo del valor del ungüento, se resarció vendiéndolo a él en la cantidad que no le fue posible robar por no haber llegado a ingresar en la bolsa. [*Ibid.*, p. 182].

Y para terminar, escribió una desgarradora descripción de su muerte:

Posteriormente le pesó la traición que había cometido contra su Maestro, devolvió los treinta denarios a quien se los había dado, se alejó de la vista de la gente y se ahorcó, y, en cuanto se ahorcó, reventó saliéndosele las entrañas, que quedaron esparcidas por el suelo. Nótese que al morir no arrojó nada por la boca; no convenía que aquellos labios que momentos antes se habían dignificado besando el rostro de Cristo se envilecieran y mancharan con las inmundicias procedentes del interior de su cuerpo. Fue más conforme a justicia que aquellas entrañas en las que se había concebido el plan de traicionar al Señor, salieran al exterior por la abertura que se produjo en el vientre con el reventón, y que la garganta de la que brotaron las palabras con que concertó la traición quedase estrangulada por la soga con que se ahorcó.

Nótese igualmente que murió, no sobre la tierra, morada de los hombres, ni en las alturas, por donde pasean los ángeles; quien tan gravemente ofendió al género humano y a los espíritus celestiales debería fenecer fuera de las zonas en que los ángeles y los hombres moran, y por eso pereció suspendido de un árbol, en las bajas capas del aire por donde merodean los demonios a los cuales se incorporó en el mismo instante en que murió. [*Ibid.*, p. 182].

Por supuesto, no hay nada que indique que esta truculenta historia que contó Jacobo de la Vorágine tenga algo de real. Son obvios los parecidos con la historia de Moisés, cuya madre también lo abandonó en el Nilo para evitar que lo matasen, ya que el faraón egipcio había ordenado que se diese muerte a todos los recién nacidos judíos; del mismo modo que aquí, en la leyenda bíblica, el niño fue descubierto por una mujer noble, por una princesa egipcia. Por no hablar de que la historia es clavada al mito de Edipo —inmortalizado por Sófocles en *Edipo Rey* y *Edipo en Colono*—, un rey de Tebas que, tras ser abandonado por sus padres —por culpa de la predicción de un oráculo—, y tras ser criado por los reyes de Corinto, acabó matando sin saberlo a su padre, Layo, y casándose con su madre, Yocasta, con la que llegó a tener cuatro hijos. Menuda tragedia griega...

Asimismo, De la Vorágine se inspiró en algunas leyendas anteriores sobre Judas que pululaban por el Occidente europeo desde el siglo XII. La primera, de mediados de dicha centuria, escrita en latín, se conserva en la Biblioteca Nacional de París, aunque se trata sin duda de una copia de un documento perdido anterior. Después llegaron muchas más y se extendieron por todo el Mediterráneo, Inglaterra e Irlanda. A finales del siglo XIII estaba presente en la lengua vernácula de países como Gales, Cataluña y Bohemia. En el siglo XV se había extendido a las lejanas Escandinavia, Finlandia y Rusia. De esa época son las dos obras en castellano que la incluyen: la *Leyenda de los santos* (1490) y *Flos Sanctorum Renacentista* (1516); ambas, inspiradas en la obra de De la Vorágine.[45]

En todas ellas se repite el patrón edípico mostrado en *La leyenda dorada*, así como su predestinación trágica e ineludible, algo que resulta sumamente curioso, pues la teología católica considera que

---

45   El estudioso P. F. Baum, cuyo campo de estudio gira precisamente en torno a las leyendas medievales de Judas, ha encontrado hasta 42 versiones en latín, así como otras tantas en lenguas vernáculas, sobre todo en Francia.

el libre albedrío en conjunción con la gloria divina hacía imposible la inevitabilidad del mal. Por citar un ejemplo, en el Concilio de Orange, celebrado en el año 529, se aprobó explícitamente lo siguiente: «El poder divino no puede predestinar al mal; todos los bautizados pueden salvarse, si quieren cumplir los mandamientos». Sin embargo, en el caso de Judas no es así. Tanto en esta como en todas las leyendas medievales sobre su figura, en mayor o menor grado, Judas está maldito desde su nacimiento: es el hijo de la perdición. Y así racionalizaron en la Edad Media la traición.

Por eso, en todas estas leyendas se le suele considerar descendiente de la tribu de Dan, el quinto hijo de Jacob, hijo de Bilha, la criada de la mujer de aquel, Raquel. ¿Por qué? Porque esta tribu, además de no poder conquistar tras el éxodo el territorio que le pertenecía en Canaán —asignado por Josué—, se caracterizaba por su falta de fe. En Jueces (18, 1-31) se cuenta que sus miembros cayeron en la idolatría y, descontentos con el lugar asignado, invadieron una región ubicada más al norte, cerca de las fuentes del Jordán, donde fundaron la ciudad de Dan. Por eso en el Apocalipsis no se incluye a esta tribu entre las que serán selladas al final de los tiempos (7, 4-8); por eso la tradición afirma que otro gran malo de los relatos neotestamentarios, Simón el Mago, era de la tribu de Dan; por eso algunos padres de la Iglesia, como Hipólito de Roma, pensaban que el Anticristo sería, precisamente, de esta tribu.

A la vez, pese a este marcado rollo fatalista, pese a esta tendencia a la predestinación y a la tragedia, tan propia de la Edad Media, en estas leyendas de Judas también tienen peso la voluntad divina, siempre atenta, y el libre albedrío. Así, Dios permitió que aquel niño viviera, a sabiendas del terrible crimen que terminaría cometiendo, para que pudiera elegir libremente su destino, como todos nosotros, pecadores. De ahí que en muchas de las leyendas medievales se muestre a Jesús diciendo, después de haber confesado a Judas, que podrá ganarse la salvación si se arrepiente de verdad. El mensaje es diáfano: por pecador que uno sea, si vuelve al redil, se arrepiente y toma su cruz, podrá ser salvado por la gracia redentora de Jesús y su padre. Esta idea se simbolizó de forma casi arquetípica con el personaje de María Magdalena, recreado durante el Medievo y la Edad Moderna como la prostituida poseída por el mal que, pese a todo, fue perdonada por el Nazareno y se terminó convirtiendo en uno de los principales miembros de su grupo.

Sin embargo, esto no pasó con Judas, aunque en estas leyendas se le atribuya un rol similar. ¿Por qué? Porque, aunque se arrepintió, en vez de pedir perdón y aceptar una penitencia, se quitó la vida, lo que en realidad suponía otro ataque a la fe, pues la vida es sagrada.

Llama mucho la atención que en todas las versiones de la leyenda medieval de Judas este termine currando con Pilato; es más, el detonante del drama final de Judas, el asesinato de su padre, es provocado por el deseo de Pilato de zamparse una manzana del huerto de aquel. De hecho, se establece una suerte de paralelismo entre las historias legendarias de ambos. Jacobo de la Vorágine narró que Pilato era el hijo ilegítimo de un rey galo llamado Tiro y la hija de un molinero, Pila —de ahí lo de Pilato—. Esta, cuando el chaval tiene tres años, se lo entrega a su padre. Ya en la corte, comienza a sentir celos de su hermano, el príncipe, hijo legítimo del monarca, al que termina asesinando. El monarca lo manda a Roma como tributo al César, y allí, movido de nuevo por la envidia, se carga al rey de los francos, que también estaba allí preso. Por ese motivo es enviado como *iudex* a la isla de Pontos, especialmente hostil, de donde tomará el nombre de Pontius.

Por otro lado, el parricidio, un crimen especialmente impío y horrible, viene a funcionar como un anticipo del posterior deicidio provocado por su traición. Y a esto hay que sumarle el incesto, ya que se casa, aunque sin saberlo, con su propia madre. Ambos elementos le llevaron a refugiarse en Jesús en busca de redención, y este no solo le aceptó y le perdonó, sino que lo incluyó en su grupo de elegidos, e incluso le concedió la bolsa del dinero común, según Juan.

Parricida, incestuoso, deicida y, finalmente, suicida…; eso sí, por remordimiento. Lo tenía todo.

Judas junto a Satanás, en una ilustración alemana de los años 30.

Concluyendo: tanto la versión narrada por Jacobo de la Vorágine como todas las leyendas medievales similares se construyeron con la clara intención de evidenciar que la maldad de Judas venía de atrás, de su terrible historia. De este modo se intentó explicar el enigma que una y otra vez resurge en las páginas de este libro: ¿por qué Judas traicionó a Jesús? La respuesta aquí es obvia: porque era malo, y, aunque Jesús intentó reconducirlo, al final acabó saliendo su verdadera personalidad.

Por cierto, ya que hablamos sobre los padres de Judas, ¿saben ustedes qué es la «cuna de Judas»? Se trata de un terrible instrumento de tortura que se usaba en la Edad Media y en la Edad Moderna para conseguir que los acusados por la Inquisición cantasen. Consistía en una pirámide de madera muy puntiaguda sobre la que se elevaba con unas cuerdas al pobre reo, de tal modo que, cuando este era liberado, o cuando no podía soportar más la fuerza de sostener su peso, la punta se le hincaba en la zona genital o en el ano… Imaginen. Se cree que la cuna de Judas fue inventada por el italiano Ippolito Marsilli, y aunque hay quien considera que fue ampliamente usada por la Inquisición española, hasta el punto de que se pueden ver reproducciones en algunos museos —por ejemplo, en el Museo de la tortura medieval del Castell de Guadalest (Alicante)—, no parece que fuese usada aquí, aunque sí en Alemania, Italia o Inglaterra.

Imagen de la cuna de Judas, del Museo de Tortura de Toledo.

Las baladas inglesas

¿A que no sabían que, según una antigua tradición medieval inglesa, Judas tuvo una hermana? Pues sí, y además, esta historia que les voy a contar a continuación ofrece una nueva e interesante explicación para el vil acto que Judas realizó.

Se trata de una de las baladas infantiles inglesas más antiguas que existen, ya que está datada en el siglo XIII. La conocemos gracias a una extraordinaria obra publicada en 1860 con el título *The English and Scottish Popular Ballads*, una antología de cancioncillas realizada por el folclorista estadounidense Francis James Child (1825-1896), durante los veinticinco años que fue profesor de retórica en Harvard. Fue ampliada entre 1882 y 1898, llegando a tener cinco volúmenes, y terminó siendo conocida popularmente como *Child Ballads*, un juego de palabras entre el apellido del editor y el término *child*, que significa «niño». Pues bien, además de un montón de baladas dedicadas al rey Arturo o a Robin Hood, incluía una titulada *Judas*, precisamente una de las más antiguas, si no la que más.

Según indicó Child, la transcribió de un manuscrito del siglo XIII que se conservaba en la librería del Trinity College de Cambridge. El texto, redactado en inglés antiguo, resulta bastante difícil de traducir —lo he hecho como he podido, queridos—. Pero ahí va la balada completa, que es muy cortita:

Sucedió en un Jueves Santo que nuestro Señor se levantó;
muy suaves y llenas de dulzuras fueron las palabras que le dirigió
a Judas:
«Judas, tú, el más digno de ser amonestado;
treinta monedas de plata llevarás en tu espalda.
Vas por la calle ancha, por la calle ancha;
Algunos de tus compañeros podrás encontrar allí».

[Falta un fragmento; aunque, por el contexto, se da por hecho
que lo mandó a comprar comida a Jerusalén]

Se encontró con su hermana, la mujer engañosa.
«Judas, me pusiste de pie frente a la piedra ancha
por el falso profeta en el que crees».
«Calla, querida hermana, que tu corazón se rompa.
Si mi Señor Cristo lo supiera, bien se vengaría».
«Judas, ve a la roca, alto, sobre la piedra;

pon tu cabeza en mi regazo, duerme ahora hasta mañana».
Tan pronto como Judas despertó de su sueño,
treinta monedas de plata le habían sido tomadas.
Se agarró de su cabello, que se empapó de sangre;
Los judíos de Jerusalén pensaron que estaba loco.
Se le acercó un rico judío llamado Pilato:
«¿Quieres vender a tu Señor, ese hermoso Jesús?».
«No venderé a mi Señor y amante por ninguna cantidad de riqueza,
a menos que sea por las treinta monedas que me confió».
«¿Quieres vender a tu Señor Cristo por cualquier cantidad de oro?».
«No, a menos que sea por las monedas que él deseaba».
Entonces nuestro Señor Cristo llegó, cuando sus apóstoles estaban
sentados para comer:
«¿Por qué estáis sentados, apóstoles, y por qué no coméis?
Hoy he sido comprado y vendido por nuestra comida».
Se levantó Judas: «Señor, ¿soy yo aquel que…?».
«Nunca estuve en el lugar donde se hablara mal de ti».
Se levantó Pedro, y habló con toda su fuerza,
[Falta un fragmento]
«Aunque Pilato venga con mil caballeros,
aun así, Señor, por tu amor pelearía».
«Quédate quieto, Pedro, bien te conozco;
Me negarás tres veces antes de que el gallo cante».

[Child, 1882, pp. 243-244]

Es decir, Judas, siguiendo órdenes de Jesús, se dirige a Jerusalén a comprar comida con treinta monedas de plata. Pero en el camino se encuentra con su hermana, que se burla de él por creer en un falso profeta, le incita a dormirse y le roba. Desesperado, se topa con un judío rico llamado Pilato —sí— y cierra con él un trato: entregar a Jesús a cambio de las treinta monedas de plata robadas. A continuación, ya durante la cena, Jesús anuncia la traición, y Pedro y Judas niegan su implicación.

Aunque no la incluyó en su obra (porque el manuscrito original se había perdido, pero la conocía gracias a una transcripción), Francis James Child habla en la introducción de la balada *Judas* de otra versión, la «versión Wendish», en la que se cuenta que el mismísimo Jesús, mientras vagaba por el ancho mundo, llegó a la casa de una viuda pobre en busca de refugio. Esta se quejó de que no tenía pan en casa, pero Dios se ofreció a comprarle algo por treinta piezas de plata y le preguntó quién podía hacerlo. Judas, que estaba por allí, se ofreció. Algunos de sus compatriotas, que estaban jugando debajo de una tina, lo invitaron a unirse a ellos. Judas respondió: «Juegue o no, lo perderé todo». Ganó las dos primeras apuestas, pero en la tercera jugada lo perdió todo. Entonces los judíos le preguntaron por qué estaba tan triste y le aconsejaron que vendiera a su maestro por las treinta monedas de plata.

A continuación, ya cenando, Jesús pregunta quién lo ha vendido. Juan, Pedro y Judas dicen: «¿Soy yo?». El Maestro responde a Judas: «Falso Judas, tú lo sabes mejor que nadie». Judas se arrepintió y corrió a ahorcarse. Jesús exclamó tras él: «Vuélvete, tu pecado te es perdonado». Pero Judas siguió corriendo, hasta que llegó a un abeto y dijo: «Madera blanda, ¿me sujetarás?». Siguió corriendo, llegó a un álamo temblón y dijo: «Madera dura, ¿me sujetarás?». Así que se ahorcó en el álamo. «Todavía el álamo se estremece y tiembla por miedo al día del juicio final» (*Ibid.*, p. 243).

Aunque las historias difieren, existe un núcleo similar: Judas sale a comprar comida con treinta monedas, que roba o pierde jugando, lo que lo lleva a traicionar a Jesús.

Por cierto, de una supuesta hermana de Judas habla la brillante novela *El libro de los anhelos* (*The Book of Longings*), de Sue Monk Kidd, publicada en 2020. Y no solo eso: la obra está protagonizada por Ana, hija del escriba mayor del rey Herodes, hermana de Judas y, atención, esposa de Jesús de Nazaret. La trama, narrada en primera persona y desde una perspectiva feminista, se centra en su historia. Ana, gracias a que vive en una familia acomodada de Séforis (ciudad galilea muy cercana a Nazaret), siente desde pequeña un pro-

Judas ahorcado
(Carlo Filippo Chiaffarino, 1875).

fundo interés por escribir las historias silenciadas de las mujeres de la tradición bíblica. Además, enfrentándose a su familia, decide casarse por amor con un joven artesano de la madera, Jesús, pero, claro, todo se termina complicando... En este caso, como en otras muchas obras de ficción que en breve veremos, Judas traiciona a Jesús porque consideraba que su deriva espiritual estaba traicionando el movimiento que él esperaba: una acción directa contra la opresión romana. Claro, el drama es aún mayor, ya que Judas era el hermano (adoptivo, eso sí) de Ana, por lo que la traición, en realidad, es doble...

LAS FICCIONES MODERNAS

Hay algo que me sorprendió bastante cuando me lancé, hace ya algunos años, a estudiar la enigmática figura de Judas: además de la gran cantidad de textos apócrifos que se hicieron eco del personaje, y de las numerosas y populares leyendas medievales que se redactaron sobre él, existe una enorme cantidad de obras de ficción en las que Judas es el protagonista o tiene un papel mucho más amplio e importante que en los Evangelios. Y no solo en los últimos años, como la novela citada al final del capítulo anterior.

Les podría poner decenas de ejemplos. Solo en España se han publicado unas cuantas obras de teatro centradas en él, como *La vida y muerte de Judas* (1610), del murciano Damián Salucio del Poyo, totalmente ortodoxa; *El mal apóstol y el buen ladrón* (1864), del también español Juan Eugenio Hartzenbusch, o *Judas de Keriot* (1889), de Frederic Soler, una tragedia en verso que se centra en el conflicto interno del personaje. Y hay muchas más.

Mariano José de Larra publicó una comedia satírica titulada *El beso de Judas* (1855), que nada tiene que ver con la historia evangélica, pero que se hizo del símbolo del beso para el título de una ficción sobre las traiciones, como sucede con la exitosísima obra homónima de Victoria Holt, publicada en 1977.

Además, existen algunas novelas que, anticipándose a *El Código da Vinci* (2004), de Dan Brown, están construidas alrededor de algún secreto oculto que puede hacer tambalear a la Iglesia católica;

por ejemplo, *El testamento de Judas* (1995), una obra de suspense de Daniel Easterman, que gira en torno al hallazgo de un manuscrito redactado por el traidor que podría ser peligroso para la cristiandad porque, atención, no hubo realmente traición, sino que la entrega de Jesús fue un acto planificado por los dos.

Esto último, como veremos en breve, es muy interesante, ya que varias obras literarias se anticiparon a las ideas propuestas en el Evangelio de Judas muchos años antes de que este saliera a la luz. Por ejemplo, un libro titulado *Évangile selon Judas* (1977), una preciosa obra escrita por el poeta suizo Maurice Chappaz, donde el propio personaje narra en primera persona su versión de los hechos, y donde se deja claro que la traición formaba parte de un plan divino para redimir a la humanidad, que, con todo su dolor, Judas tuvo que aceptar.

¿A qué puede deberse este interés por el personaje? A que, sin duda, se trata de alguien muy atractivo por diversos motivos. Los traidores siempre han sido un arquetipo maravilloso para las tramas de ficción. Pero, en este caso concreto, hay algo más: el enigma sin resolver que recorre transversalmente esta obra, el motivo real que llevó a Judas a traicionar a Jesús. Como verán en breve, todos los libros que procederé a comentar están construidos en torno a este misterio.

El arrepentimiento de Judas (Edward Ermitage, 1866).

La Mesíada

A lo largo de los 25 años que separan 1748 de 1773, el poeta alemán Friedrich Gottlieb Klopstock (1724-1803) —venerado por el mismísimo Goethe—[46] escribió un monumental poema titulado *Der Messiah* (*El Mesías*), compuesto por la friolera cifra de 19.458 versos, novedoso tanto por la temática tratada, totalmente ortodoxa desde una perspectiva teológica, como por el uso de versos hexámetros yámbicos no rimados, lo que ofrecía una enorme libertad al poeta. De hecho, lo hizo así porque así se escribieron los poemas épicos de Homero, la *Odisea* y la *Ilíada*, y su intención era, precisamente, narrar la historia de Jesús con ese mismo tono épico. Por eso en algunas ediciones en castellano se publicó como *La Mesíada*, que también se construyó bajo la influencia de otro poema épico: *El Paraíso perdido* de John Milton (1667).

Con tan solo dieciséis años, Klopstock publicó los tres primeros cantos. Aunque aquello lo convirtió en uno de los poetas más destacados de su época, viviría gran parte de su vida miserablemente, hasta que en 1750 fue apadrinado por Federico V de Dinamarca, un príncipe ilustrado que no dudó en ofrecerle un generoso sueldo y una habitación en palacio para que pudiese continuar con los siguientes cantos de su poema y otras tantas obras.

El canto tercero de *La Mesíada* es el que nos interesa, pues en él describió un extraño sueño que el mismísimo Satanás construyó en la mente de Judas un día antes de la detención de Jesús, mientras este y sus discípulos estaban acampados en el monte de los Olivos. Me van a permitir que lo transcriba casi entero, no solo para que podamos apreciar la belleza del texto, sino por su interesante contenido, un nuevo intento de entender el motivo de la traición.

> Iscariote se ha dormido no lejos de Lebbeo, de quien es pariente y amigo, y su sueño es fatigoso y agitado. Satanás, que mientras conversaban los serafines se había ocultado en una caverna inmediata, se lanza a los aires, se detiene por encima de Judas y lo cubre con su sombra. <u>Bajo esta influencia infernal, el corazón del discípulo late con más celeridad,</u>

---

46   De él llegó a decir: «Yo le veneraba con toda la piedad que hay en mí: le consideraba como un antepasado».

se amolda al crimen, y su cabeza se inflama con el fuego terrible de las pasiones rencorosas. [...] Engañado por el sueño infernal, Judas cree ver a su padre y oír que le dice estas pérfidas palabras: «¡Duermes, hijo mío, duermes con sueño tranquilo, como si nada tuvieras que temer al porvenir! Aprende, pues, a conocerlo, voy a descubrirlo a tus ojos. Ven, sígueme, yo te sostendré... Henos en la cima del monte... Mira cómo se despliega a tu vista el gran imperio que el Mesías va a fundar para sí y sus amados. ¿Ves a tus pies esa cadena de montañas, cubiertas de bosque, cuya sombra refresca un risueño valle? ¡La fertilidad de ese suelo encantado te admira! Aun te admirarías más, si pudieras distinguir el oro encerrado en el seno de esas montañas verdeantes. Esa fuente inagotable de riquezas es la parte destinada a Juan, el predilecto del Mesías.[47] Y aquellas colinas cargadas de dorados racimos, y aquellos campos cubiertos de mies, que el más ligero soplo hace ondear como las olas del Océano, es la parte de Simón Pedro. Fija la vista en aquella vasta extensión de país. ¡Qué población tan numerosa se agita en sus brillantes ciudades, dignas hermanas de Jerusalén! Los cien brazos de un nuevo Jordán bañan sus muros, y sus serenas ondas les llevan sin esfuerzos ni peligros los inmensos tesoros que el universo les tributa. Allí elegirá el Mesías los reinos que destina a los demás discípulos.

»Mira ahora aquella lejana comarca, inculta, estéril, desierta. Largas noches, vientos helados envuelven constantemente su suelo pedregoso, que apenas permite una vegetación lánguida y triste; nieves eternas duermen en sus barrancos, y aves noctívagas graznan pavorosamente en las quiebras de sus riscos ennegrecidos por el rayo. Esa es tu parte, Judas.

»¡Te estremeces de cólera y de rabia! Pues bien, atrévete a ser el creador de su fortuna y grandeza. Los jefes de los Israel odian al nuevo rey, que se obstina demasiado en permanecer pobre y despreciado, y han proyectado su muerte... Finge secundar sus designios y entrégales el Mesías. No temas que lo inmolen. ¿No ha dicho él mismo que es hijo del Eterno? Oblígalo a mostrarse en todo su poder; que aniquile a sus enemigos y funde en fin ese floreciente imperio del que sin cesar habla. Entonces serás el secuaz de un señor temible, que te dará la parte que te destina. Por miserable que sea, tú la harás brillante; porque el oro de los jefes de Israel te habrá enriquecido anticipadamente, y tarde o temprano tu reino superará en esplendor y poder al de todos tus rivales.

---

47 Las partes subrayadas en esta cita, como en todas las de este capítulo, salvo que indique lo contrario, son mías.

»No desoigas, ¡oh, Judas!, este paternal consejo; no me reduzcas a volver entre los muertos con el corazón lleno de dolor; no me condenes a llorar eternamente la vergüenza y el oprobio de mi hijo».

La visión desaparece, Satanás se irgue orgullosamente, y Judas se despierta y levanta con precipitación.

«¡Es mi padre el que acaba de hablarme!», exclama, «¡mi padre, sepultado hace tanto tiempo! Sí, era su voz misma, su mismo semblante. ¡Lo he visto y oído!… <u>Es verdad, sí; Jesús me odia: hasta los muertos lo saben</u>… ¡Oh!, yo haré lo que los muertos me aconsejan, pues solo ellos se interesan por mí. ¡Entregar a Jesús!, ¡a mi maestro!, ¡y bajo la fe de un sueño! Ese fantasma que acaba de aconsejarme un crimen, ¿era en efecto mi padre? Hace tiempo que me persiguen, a pesar mío, envidiosos, culpables, malos pensamientos… ¿Serán seducciones del Príncipe de las tinieblas, envidioso de la gloria destinada a los discípulos del Mesías? [Klopstock, 1873, pp. 63-67].

Ilustración incluida en *La Mesíada* de Klopstock (1873, p. 88).

Es decir, Judas decide traicionar a Jesús, el nuevo rey, y entregarlo a los mandamases judíos por un sueño inducido por Satanás, un sueño en el que su padre la insta a hacerlo con el fin de provocar que el Nazareno se vea obligado a mostrar todo su poder y a cesar en su empeño de ser un mesías manso. Además, tira de ego y provoca que envidie a los demás apóstoles, que recibirán, cuando llegue el Reino, una parte mucho mejor que la suya porque, en el fondo, a él lo odia. Interesante argumentación, ¿no creen?

Acto seguido, Judas, aún lleno de dudas, pero convencido de hacer lo que ha recomendado su padre en el sueño, contempla cómo Jesús anuncia que morirá ese mismo día, lo que deja perplejo a nuestro protagonista. La historia continúa como todos conocemos —aunque Klopstock introdujo alguna delirante y maravillosa escena con extraterrestres de por medio—,[48] con la entrega de Jesús en Getsemaní, y termina con su muerte y con su alma enviada a las profundidades del infierno.

Al margen de lo curiosa que resulta esta versión de la historia, es muy significativo que este autor del siglo XVIII se adelantase a algunas de las ideas que los posteriores exégetas del siglo XX plantearon, como que Judas traicionó a Jesús porque no lo veía capaz de expulsar a los romanos, o que fue un intento desesperado de un fanático que quiso así obligar a Jesús a revelarse de una vez por todas, poniéndolo en un brete, como planteó, por ejemplo, el teólogo Charles S. Mann en su obra *Mark: A New Translation with Introduction and Commentary* (1986), donde comentó en detalle el Evangelio de Marcos.

---

48 «Jehová acaba de llegar al océano de estrellas que nosotros llamamos Vía-Láctea, y los Cielos designan con el nombre de Campo del Reposo; porque aquí fue donde el Eterno se detuvo cuando dio a la creación su primer Sábado. En su rápido vuelo hacia la Tierra, toca ligeramente una de esas miríadas de estrellas apacibles, que habitan seres revestido de un cuerpo semejante al de los hijos de la Tierra, pero inmortal como el alma que encierra, porque este alma permaneció digna de su origen divino.» (119-120). La historia continúa con una charla entre Dios y el líder de aquellos extraterrestres, en la que le explica que viaja hacia la Tierra en «su carro de fuego» para salvar a sus habitantes, «seres cuya forma exterior es semejante a la nuestra, pero han perdido su inocencia innata, y con ella el sello de la Divinidad. La vida de estos seres apenas tiene la duración de uno de nuestros rápidos pensamientos, y todos ellos van a aniquilarse luego en el seno de la destrucción» (Klopstock, 1873, p. 121).

Judas cumplía órdenes

Es curioso, pero otros literatos aportaron algunas ideas que posteriormente fueron secundadas por los exégetas, algo que me parece de lo más significativo. Por ejemplo, que Judas no traicionó a Jesús, sino que lo entregó cumpliendo sus órdenes, como plantearon, por citar algunos, Martin Dibelius (en los años treinta) o William Klassen (a finales de los noventa).

Pues bien, el extravagante y atormentado poeta romántico francés Gérard de Nerval (1808-1855), coleguita de Alejandro Dumas (junto con el que escribió varias obras teatrales), Théophile Gautier y Víctor Hugo, y traductor de algunas obras de Goethe y, precisamente, de *La Mesíada*, publicó en marzo de 1844 un poema en la revista *L'Artiste*, titulado *Le Christ aux Oliviers*, en el que se narra el drama de Jesús en el monte de los Olivos y en el que, entre otras cosas, se comenta esta idea de que no hubo traición, sino que Judas obedeció un mandato del Nazareno, lo que le produjo una enorme desazón.

IV

¡Nadie escuchó gemir a la eterna víctima,
entregando en vano todo su corazón derramado al mundo;
Pero dispuesto a desmayarse e inclinarse impotente,
llamó al único que estaba despierto en Solyme:[49]

«¡Judas!», le gritó, «ya sabes lo que me valora la gente,
date prisa y véndeme, y termina este trato:
¡Estoy mal, amigo! En la tierra tendido…
¡Ven! ¡Oh, vosotros, que al menos tenéis fuerza para el crimen!».

Pero Judas se fue, infeliz y pensativo,
encontrándose mal pagado, lleno de remordimientos tan agudos
que leyó su oscuridad escrita en todas las paredes…

Finalmente, solo Pilato, que estaba esperando a César,
sintiendo un poco de lástima, se volvió por casualidad:
«¡Ve a buscar a este loco!», dijo a los satélites.

---

49   Nombre romano de Jerusalén.

V

En efecto, era él, este loco, este loco sublime…
¡Este Ícaro olvidado que ascendió a los cielos,
este Faetón perdido bajo el rayo de los dioses,
esta hermosa Atis magullada que Cibeles resucita!

El augurio interrogó el costado de la víctima,
la tierra estaba ebria con esta sangre preciosa…
El universo atónito se apoyó sobre sus ejes,
y el Olimpo por un momento se tambaleó hacia el abismo.

«¡Respuesta!», gritó César a Júpiter Amón:
«¿Qué es este nuevo dios que se está imponiendo en la tierra?
Y si no es un dios, al menos es un demonio…».

Pero el oráculo invocado para siempre debía permanecer en silencio;
solo uno en el mundo podría explicar este misterio:
El que dio el alma a los hijos del limo.[50]

Nerval, cuyo nombre real era Gérard Labrunie, comenzó a escribir este poema en marzo de 1841, mientras estaba en un manicomio, durante una crisis psicológica. Sus problemas mentales se agudizaron en sus últimos años de vida, durante los que, además, contrariado por la ausencia de Dios, comenzó a interesarse por el ocultismo y el esoterismo, la cábala, la alquimia y la masonería. Pero fue entonces cuando creó sus obras más importantes (como *Las hijas del fuego*, de 1854).

Así se entiende mejor que Gérard Nerval, en este precioso poema, expusiese su angustia ante la terrible convicción de que Dios había muerto, como deja claro desde el principio, al mencionar una cita del poeta alemán Jean Paul Richter: «¡Dios está muerto! ¡El cielo está vacío! ¡Llora! ¡Hijitos, ya no tenéis padre!». O quizás pensaba que Dios se había convertido en una suerte de padre ausente de su propia creación que desoía la llamada de su hijo, Jesús, que entregó «en vano todo su corazón derramado al mundo» para salvarnos a nosotros, a los «hijos del limo». Pero nadie le hizo caso, ni el padre ni los discípulos dormidos, solo Judas, «el único que estaba despierto», y

---

50 Pueden leer el problema completo, y en francés (la traducción es mía), en la siguiente entrada de la web *Poetica*: https://www.poetica.fr/poeme-153/gerard-de-nerval-christ-aux-oliviers/.

gracias a él Jesús ascendió a los cielos junto a otras grandes figuras de la cosmología pagana: «¡Este Ícaro olvidado que ascendió a los cielos, este Faetón perdido bajo el rayo de los dioses, esta hermosa Atis magullada que Cibeles resucita!»…

No me negarán las fascinantes conexiones que podemos encontrar aquí con el Evangelio de Judas.

Nerval, paradójicamente, se ahorcó el 26 de enero de 1855 en los barrotes de la reja de una alcantarilla de la rue de la Vieille-Lanterne de París, hoy desaparecida.[51] El gran Gustavo Doré inmortalizó esta trágica escena en uno de sus mejores grabados.

La Rue de la Vieille-Lanterne (Gustavo Doré, 1855).

---

51 Algunos de sus amigos afirmaron que había sido en realidad un asesinato. Unos plantearon que fue mala suerte, consecuencia de su costumbre por merodear por el inframundo de París; otros, que se trató de un crimen orquestado por los masones, ya que en su obra *Voyage en Orient* (1851) reveló algunos secretos de aquellos…

Y otro de sus amigos, el torturado poeta Charles Baudelaire, en su biografía introductoria a las obras completas de Edgar Allan Poe que él mismo tradujo (publicadas en 1856, un año después), dijo lo siguiente sobre su muerte, comparándola con el trágico final del bostoniano:

> ¿Cómo olvidar las declamaciones parisinas a la muerte de Balzac, y eso que murió correctamente? Y más recientemente aún —hoy, 26 de enero, hace precisamente un año—, cuando un escritor de una honestidad admirable, de una elevada inteligencia, y que *siempre conservó la lucidez*, se fue discretamente, sin molestar a nadie —tan discretamente que su discreción se parecía al desprecio—, a liberar su alma en la más oscura calle que pudo encontrar. [Baudelaire, 1879, p. 93].

La última tentación de Judas

Años después, el escritor cretense Níkos Kazantzákis (1883-1957) insistió en esta idea en su maravillosa y polémica novela *La última tentación*, publicada en 1954, una obra en la que Judas tiene un papel protagonista y esencial, y que parte de una idea controvertida, al menos por los cristianos más apegados al dogma: la doble naturaleza humana/divina de Jesús, al que presenta como el hijo de Dios con una misión que cumplir, por un lado, pero también como un humano con dudas, miedos y deseos. Esa dualidad le produce un conflicto interno que se manifiesta desde su más tierna niñez en una serie de sueños y visiones que se producen durante unas terribles crisis nerviosas. No entiende que es Dios quien le habla, o sí, pero en un principio reniega de ello y se esfuerza por atacarlo; por ejemplo, fabricando cruces para los romanos.

Con sus diferencias, como en los Evangelios, Jesús es bautizado en el Jordán por Juan el Bautista —que lo convence de que debe llevar a cabo el plan divino—, y acto seguido sufre las famosas tentaciones del desierto. A partir de ese momento comienza a predicar su mensaje por Galilea, realiza varios milagros y reúne a sus discípulos, que no siempre lo entienden. Finalmente, se presenta en Jerusalén para mostrarse ante todos como el Mesías y el hijo de Dios, pero termina siendo condenado a muerte... Ya saben.

A la vez, se muestra su faceta más humana, especialmente explícita en su complicada relación con María Magdalena, que en la novela es su prima: enamorados desde niños, llega un momento en el que Jesús la rechaza, tras una visión/epifanía, para centrarse en su destino divino. Ella, contrariada, se entrega a la prostitución, lo que hace que él sienta un terrible sentimiento de culpa. Pero un tiempo después, cuando Jesús comienza su vida pública, la Magdalena, redimida, termina convirtiéndose en su principal seguidora y en su paño de lágrimas.

El punto culminante, como era de esperar, se produce en la cruz, cuando a Jesús, en su agonía, tras el lanzazo en el costado, se le presenta un ser que dice ser su ángel de la guarda y le anuncia que Dios había cambiado de planes en el último momento: solo sería crucificado en sueños, aunque con «el mismo espanto y el mismo dolor» (Kazantzákis, 1988, p. 499). Así, convencido de aquello, tras enterarse de que todos sus discípulos habían huido vilmente, Jesús aparece junto al ángel en Nazaret, donde se está celebrando una boda, ¡su boda! ¡Con María Magdalena! Y claro, terminan teniendo sexo.

> No sabía, mujer amada, que el mundo era tan hermoso y la carne tan santa; no sabía que la carne era también hija de Dios y hermana llena de gracia del alma. Ni que la alegría de nuestro cuerpo no era un pecado. [*Ibid.*, p. 499].

Pero pronto llegaría la tragedia: la Magdalena, embarazada, es asesinada por los secuaces armados de Caifás, que andaban buscando a Jesús y estaban liderados nada más y nada menos que por Saulo, el futuro Pablo, el de Tarso. El Nazareno, contrariado, es llevado por el ángel, convertido en un afable sirviente «negrito», a casa de sus amigos de Betania: Lázaro, recientemente asesinado por Barrabás, y sus hermanas, Marta y María. Pronto le explica su plan:

> En el mundo no existe más que una sola mujer, que tiene innumerables rostros. Cuando desaparece uno, emerge otro. Ha muerto María Magdalena, pero vive María, la hermana de Lázaro y nos espera, te espera. Es la misma Magdalena con otro rostro. Escucha: ha suspirado mucho y es hora de que vayamos a consolarla. Ella guarda en su seno, esperándote, Jesús de Nazaret, la mayor alegría: un hijo. Tu hijo. ¡Vamos! [*Ibid.*, p. 513].

Dicho y hecho. Pero no solamente toma a María de Betania, sino también a su hermana Marta, y además cambia de nombre y asume el de su amigo fallecido, Lázaro: «Transcurrían los días, los meses y los años, y los hijos y las hijas se multiplicaban en la casa del maestro Lázaro, pues Marta y María rivalizaban en fecundidad» (*Ibid.*, p. 525).

Hasta que un buen día un desconocido se presenta en su casa: ¡Pablo! Convertido ahora en un misionero que va predicando entre los gentiles la buena nueva de que un tal Jesús de Nazaret, nacido de una virgen, había entregado voluntariamente su cuerpo en la cruz para salvar a los hombres del pecado, y que había resucitado al tercer día para vencer a la muerte. Jesús, como es normal, flipa al escuchar esto. Pero, pese a que le explica que él era el tal Jesús y que no había muerto realmente en el madero, Pablo insiste:

> No me callaré. Me burlo de las verdades y de las mentiras, de haberte visto o de no haberte visto, de que hayas sido crucificado o no lo hayas sido. A fuerza de obstinación, pasión y fe forjo la verdad. No me esfuerzo por encontrarla; la fabrico. Y la fabrico más alta que la estatura del hombre, con lo cual elevo al hombre. Es necesario, ¿entiendes?, <u>es absolutamente necesario que tú seas crucificado para que el mundo se salve, y yo te crucificaré, lo quieras o no; es necesario que resucites, y yo te resucitaré, lo quieras o no.</u> [...] <u>Ni siquiera te necesito ya.</u> La rueda que has puesto en movimiento corre rápidamente y nadie puede detenerla. [*Ibid.*, pp. 536-537].

Muchos años después, siendo ya un anciano con nietos, se presentaron ante él sus antiguos apóstoles, ya envejecidos. Y también Judas, que lo acusa de traidor por dejarlos desamparados, por renunciar a la cruz y por haber dejado en agua de borrajas su mensaje, que con tanto ímpetu habían predicado. Y gracias a él, Jesús se da cuenta de que todo había sido un engaño de Satanás, una visión, la última tentación, y acepta su misión: morir en la cruz por la salvación de la humanidad.

Así, en la novela de Kazantzákis, Judas, al que Jesús denomina «el Pelirrojo», es mostrado no solo como uno de sus discípulos más cercanos y leales, sino como su amigo más fiel, en quien Jesús confía plenamente. Por eso le asigna la misión de entregarlo, ya que sabe que su muerte es necesaria para cumplir su misión divina, salvar a la humanidad; por eso, y porque Jesús considera que es el único que había logrado entender realmente quién era y cuál era su papel, y el único que podría soportar esa terrible responsabilidad. De hecho,

Kazantzákis lo presenta luchando consigo mismo, consciente de que su nombre será vilipendiado por los siglos de los siglos, pero acepta, contrariado y dolido, porque sabe que su sacrificio, como el de Jesús, es por un bien mayor. Y así se lo dice al final de la visión:

> Yo te amaba tanto, yo tenía tal confianza en ti que asentí y acudí a traicionarte… Y tú… Y tú… […] ¿Qué haces aquí? ¿Por qué no has sido crucificado? ¡Cobarde, desertor, traidor! ¿Esto es todo lo que has hecho? [*Ibid.*, p. 553].

Judas, que en la novela es un zelote —al que le llegan a ordenar que acabe con Jesús por colaborador de los romanos—, aporta una dimensión política al movimiento. Desde el principio se muestra dubitativo por esto. Cree que Jesús es el mesías esperado, pero no entiende su modo de proceder, y le insta una y otra a vez a que alce la bandera de la insurrección contra el invasor romano. Sin embargo, Jesús parece más interesado en salvar a la humanidad del pecado que en esos asuntos terrenales y mundanos. Pero Judas termina comprendiendo su papel: debía propiciar que Jesús, como en la profecía de Isaías, fuese sacrificado como un cordero que es llevado al matadero, como un chivo expiatorio. «Ese es el camino, Judas, no protestes. Para que el mundo se salve, es preciso que yo muera» (*Ibid.*, p. 434), le dice. Y poco después le ordena directamente que le entregue a Caifás. Judas acepta, contrariado, pero ya convencido de que ese es su rol.

No debería de extrañarnos que esta novela, tras su publicación, fuese objeto de una agria polémica. La ortodoxia católica reaccionó con indignación hacia su propuesta de un Jesús con una doble naturaleza humana/divina, algo que se condenó como herejía en el año 431, durante el Concilio de Éfeso —donde se atacaron con contundencia las ideas de Nestorio (381-451), un patriarca de Constantinopla que defendía esto mismo[52]—. La Iglesia católica incluyó la obra en su lista de obras prohibidas (el *Index Librorum Prohibitorum*) en 1954, mientras que la Iglesia ortodoxa griega estuvo a punto de excomulgar al autor e intentó prohibir su distribución en Grecia, el país de nacimiento de Kazantzákis, en virtud de una ley vigente sobre la

---

52 Sus seguidores, los nestorianos, se extendieron con bastante fuerza a partir del siglo IX, curiosamente, en el Extremo Oriente.

blasfemia, pero no lo consiguió. Eso sí, se publicó antes en Francia o Suecia que en el país heleno. Además, miles de cristianos mostraron su enojo, y eso que por aquel entonces no existía internet.

Kazantzákis, cuya obra más conocida fue *Alexis Zorba* (1946), había abandonado el cristianismo en favor del budismo y el marxismo-leninismo. Influido además por la filosofía de Nietzsche, siempre sintió un especial interés por la historia humana del Jesús de la historia. Así, en 1921 escribió una obra de teatro llamada *Christos*, donde la resurrección es narrada por los apóstoles y María Magdalena, y en 1948, una novela titulada *Cristo Crucificado*, que no gira sobre él, pero incluye numerosas e interesantes ideas.

Como sabrán, la novela de Kazantzákis fue adaptada al cine de forma magistral por Martin Scorsese en 1988 con el título *La última tentación de Cristo*. Willem Dafoe se encargó de interpretar soberbiamente a Jesús, mientras que Harvey Keitel hizo lo propio con Judas el Pelirrojo, y una espléndida Barbara Hershey recreó a María Magdalena. La película, rodada en Marruecos a finales de 1987, llevaba unos cuantos años en la agenda de Scorsese, que había intentado rodarla en 1983 con la Paramount, pero la productora se negó por las presiones que recibió de determinados contubernios evangélicos de Estados Unidos. Finalmente, en 1986 la Universal se quedó con el proyecto.

Níkos Kazantzákis.

Pero los problemas no terminaron ahí. Scorsese consiguió, gracias al productor francés Humbert Balsan, que el ministro de Cultura galo Jack Lang, del Gobierno socialista de François Mitterrand y relacionado con la masonería y el ateísmo activista —y, posteriormente, con la red de pederastia de Jeffrey Epstein—, concediese tres millones de francos para la película. Cuando la noticia se hizo pública, varias comunidades evangélicas francesas se dedicaron a llamar al ministerio para colapsar la centralita, y el arzobispo de París se quejó personalmente a Mitterrand, que finalmente ordenó a su ministro que retirase aquella subvención.

La cinta se estrenó en Estados Unidos, tras muchas tribulaciones, el 12 de agosto de 1988, y, como era de esperar, se produjeron numerosas protestas por todo el país. Scorsese llegó a recibir varias amenazas de muerte, lo que provocó que durante varios años fuese con guardaespaldas. Un famoso líder evangélico, Bill Bright, consiguió recaudar dos millones de dólares con la intención de comprar el negativo original de la cinta y destruirlo; no lo consiguió. Numerosas salas del país se negaron a proyectarla. El Vaticano publicó una nota de prensa, firmada por el papa Juan Pablo II, calificándola de «blasfema».

Pero lo peor sucedió un mes y medio después, cuando se estrenó en Francia. Además de suscitar un intenso debate público, se produjeron varios incidentes graves en algunas de las pocas salas que decidieron proyectarla. El 3 de octubre, el cine Le Building de Besançon sufrió un atentado por parte de un fundamentalista católico, miembro del Frente Nacional de Le Pen, que lanzó una bomba incendiaria al edificio, lo que provocó que muchos cines decidiesen retirarla. En París, solo dos salas le echaron el valor suficiente, y las dos lo pagaron: la Ópera Gaumont también fue incendiada, el 19 de octubre, y cuatro días después sucedió lo mismo con el Espace Saint-Michel, cuando un grupo extremista católico colocó otro artefacto incendiario. El atentado dejó catorce personas heridas, cuatro de ellas muy graves. Cinco activistas, relacionados también con la extrema derecha, fueron condenados a prisión unos años después por el terrible suceso.

En muchos países (Grecia, Turquía, México, Chile, Argentina o Sudáfrica, por citar solo algunos) fue prohibida durante años. La por aquel entonces cadena de videoclubes Blockbuster Video se negó a ofrecerla en alquiler. En una fecha tan reciente como febrero de 2020, Netflix la retiró de su catálogo en Singapur a petición del Gobierno local.

Al margen de todo esto, sin ser una de las mejores películas de Scorsese, es una correcta e impresionante adaptación de la novela de Kazantzákis, y hoy es considerada como una cinta de culto. Lo curioso es que el cineasta italoamericano es un católico no practicante declarado. De hecho, en su juventud llegó a plantearse convertirse en sacerdote. En alguna declaración expresó que su intención era mostrar a un Jesús humano, además de exaltar valores como el amor, la fraternidad o la humildad. En una entrevista que le hicieron en 1988 expresó lo siguiente:

> La belleza del concepto de Kazantzákis es que Jesús tiene que soportar todo lo que nosotros pasamos, todas las dudas, miedos y enojo. Me hizo sentir que está pecando, pero no está pecando, solo es humano. Y también divino. Y tiene que lidiar con toda esta culpa doble, triple en la cruz. Así es como lo dirigí y eso es lo que quería, porque mis propios sentimientos religiosos son los mismos. Pienso mucho sobre ello, cuestiono mucho, dudo mucho, y luego siento algo bueno. Mucho sentimiento bueno. Y luego muchas más preguntas, pensamientos, ¡dudas![53]

Regresando a nuestros asuntos, y concluyendo, en *La última tentación de Cristo*, como en el Evangelio de Judas, y como en el poema de Gérard de Nerval, Judas es representado como su principal discípulo, el único que entendía quién era y cuál era su papel, y el responsable de acatar la orden de entregarlo, aunque en este caso es para que se produzca su muerte como un sacrificio redentor que salve a los humanos.

No sé a ustedes, pero a mí me fascina que esta idea estuviese tan extendida antes de la aparición del texto gnóstico. Está claro que muchos, al reflexionar sobre el misterio de la traición, terminaron concluyendo que solo eso, el cumplimiento de una orden de Jesús, podría explicar el enigma. De hecho, hay más…

---

53 Jacobson, H.: «Interview: Martin Scorsese». *Film Comment*, septiembre-octubre de 1988. Disponible en línea.

El salvador secreto

El gran escritor argentino Jorge Luis Borges (1899-1986) también se interesó por la enigmática figura de Judas. Y de qué manera.

En 1944 publicó *Ficciones*, una de sus dos obras más reconocidas e importantes, junto a *El Aleph* (1949) —ambas son recopilaciones de cuentos—, que incluía un pequeño e inquietante relato titulado *Tres versiones de Judas*, que, siguiendo la estela de su admirado Edgar Allan Poe, construyó como si se tratase de una historia real, tomando en este caso la forma de un supuesto artículo académico.

El tema en cuestión es la obra literaria de un teólogo creyente ficticio, Nils Runeberg, que vive y trabaja en la ciudad universitaria de Lund, en Alemania, compuesta por dos libros también inventados: *Kristus och Judas* (*Cristo y Judas*), publicado en 1904, y *Dem hemlige Frälsaren* (*El salvador secreto*), su obra maestra, de 1909.

En la primera, Runeberg plantea que la supuesta traición de Judas parecía un acto superfluo e innecesario: no era necesario que nadie lo delatase, ya que se mostraba abiertamente y no dudaba en lanzar sermones en el Templo o realizar milagros ante cientos de personas. Pero ocurrió, y no fue por casualidad:

> Fue un hecho prefijado que tiene su lugar misterioso en la economía de la redención. Prosigue Runeberg: El Verbo, cuando fue hecho carne, pasó de la ubicuidad al espacio, de la eternidad a la historia, de la dicha sin límites a la mutación y a la carne; para corresponder a tal sacrificio, era necesario que un hombre, en representación de todos los hombres, hiciera un sacrificio condigno. Judas Iscariote fue ese hombre. Judas, único entre los apóstoles, intuyó la secreta divinidad y el terrible propósito de Jesús. El Verbo se había rebajado a mortal; Judas, discípulo del Verbo, podía rebajarse a delator (el peor delito que la infamia soporta) y ser huésped del fuego que no se apaga. [Borges, 2011, pp. 201-202].

Es decir, Judas fue el único que entendió quién era Jesús, por eso tuvo que asumir el terrible rol de entregarlo: para que pudiese dejar el mundo de la carne atrás y regresar al cielo. ¿Les suena?

Claro, semejante afirmación provocó un escándalo en Lund, y Runeberg fue acusado de hereje, incluso se vio obligado a reescribir el libro y ofrecer una segunda versión de Judas:

Fue uno de los apóstoles, uno de los elegidos para anunciar el reino de los cielos, para sanar enfermos, para limpiar leprosos, para resucitar muertos y para echar fuera demonios (Mateo 10,7-8; Lucas 9,1). Un varón a quien ha distinguido así el Redentor merece de nosotros la mejor interpretación de sus actos. Imputar su crimen a la codicia (como lo han hecho algunos, alegando a Juan 12,6) es resignarse al móvil más torpe. Nils Runeberg propone el móvil contrario: un hiperbólico y hasta ilimitado ascetismo. <u>El asceta, para mayor gloria de Dios, envilece y mortifica la carne; Judas hizo lo propio con el espíritu. Renunció al honor, al bien, a la paz, al reino de los cielos, como otros, menos heroicamente, al placer. Premeditó con lucidez terrible sus culpas.</u> En el adulterio suelen participar la ternura y la abnegación; en el homicidio, el coraje; en las profanaciones y la blasfemia, cierto fulgor satánico. Judas eligió aquellas culpas no visitadas por ninguna virtud: el abuso de confianza (Juan 12,6) y la delación. Obró con gigantesca humildad, se creyó indigno de ser bueno. Pablo ha escrito: El que se gloria, gloríese en el Señor (1 Corintios 1,31); Judas buscó el infierno, porque la dicha del Señor le bastaba. Pensó que la felicidad, como el bien, es un atributo divino y que no deben usurparlo los hombres. [*Ibid.*, pp. 203-204].

O sea, Judas hizo una suerte de ejercicio extremo de ascetismo, mortificando su espíritu en vez de su cuerpo, como acto de entrega absoluta por la divinidad y el Reino de Dios.

Y finalmente, continúa el cuento de Borges, en *Dem hemlige Frälsaren*, Runeberg ofreció una tercera versión más sorprendente, si cabe.

El famoso texto «Brotará como raíz de tierra sedienta; no hay buen parecer en él, ni hermosura; despreciado y el último de los hombres; varón de dolores, experimentado en quebrantos» (Isaías 53,2-3), es para muchos una previsión del crucificado, en la hora de su muerte; para algunos (verbigracia, Hans Lassen Martensen), una refutación de la hermosura que el consenso vulgar atribuye a Cristo; para Runeberg, la puntual profecía no de un momento sino de todo el atroz porvenir, en el tiempo y en la eternidad, del Verbo hecho carne. Dios totalmente se hizo hombre hasta la infamia, hombre hasta la reprobación y el abismo. Para salvarnos, pudo elegir cualquiera de los destinos que traman la perpleja red de la historia; pudo ser Alejandro o Pitágoras o Rurik o Jesús; eligió un ínfimo destino: fue Judas. [*Ibid.*, pp. 203-204].

Judas, según esta tercera versión que planteó Borges, sería el personaje central de la historia del cristianismo, el verdadero salvador de la humanidad, ¡desplazando al mismísimo Jesús!

Así pues, en este intento de Borges de reimaginar las razones de la traición y de rehabilitar a Judas, vemos de nuevo un claro anticipo de las ideas presentes en el Evangelio de Judas, que no salió a la luz hasta sesenta años después de este cuento. Y, si no, ¿cómo explicar esto?: «Judas, único entre los apóstoles, intuyó la secreta divinidad y el terrible propósito de Jesús». Eso, precisamente eso, es lo que se comentaba en el texto gnóstico, en el que Jesús llegó a decirle: «Los superarás a todos».

Es más, en el relato aparecen algunos guiños al gnosticismo: se dice que el nombre de Runeberg «aumentaría los catálogos de heresiarcas menores, entre Satornilo y Carpócrates». Ambos fueron herejes gnósticos del siglo II, y el bueno de Ireneo también habló de ellos en *Contra las herejías*, la obra en la que citó al Evangelio de Judas. El primero, incluso, apareció en otro cuento de Borges, *Una vindicación del falso Basílides* (1931), otro importante líder gnóstico, y aquí también citó a Ireneo.

De hecho, este es el motivo de estos sorprendentes parecidos: Borges conocía perfectamente la obra del obispo del siglo II.

Jorge Luis Borges.

Voluntarios solo hubo dos

Para más inri, Borges escribió unos años después un relato titulado *La secta de los treinta*, incluido en su antología *El libro de Arena* (1975), en el que expuso una sugerente idea: la existencia de una supuesta secta cuyos miembros veneraban por igual a Jesús y a Judas.

El cuento pretende ser la transcripción de un manuscrito anónimo del siglo IV que se conserva en la Universidad de Leiden y que supuestamente, pero no, incluyó el historiador inglés Edward Gibbon (que existió en realidad) en su obra *Decadencia y caída del Imperio romano*. El autor expone lo que conoce sobre este grupo religioso, la Secta de los Treinta. He aquí algunas de sus características:

> La Secta nunca fue numerosa y ahora son parcos sus prosélitos. Diezmados por el hierro y por el fuego duermen a la vera de los caminos o en las ruinas que ha perdonado la guerra, ya que les está vedado construir viviendas. Suelen andar desnudos. [...] El consejo de vender lo que se posee y de darlo a los pobres es acatado rigurosamente por todos; los primeros beneficiados lo dan a otros y estos a otros. Esta es explicación suficiente de su indigencia y desnudez, que los avecina asimismo al estado paradisíaco. [...] La Secta elude las iglesias; sus doctores predican al aire libre, desde un cerro o un muro o a veces desde un bote en la orilla. [*Ibid.*, pp. 465-466].

A continuación, el falso manuscrito inventado por Borges continúa narrando el epicentro de las creencias de la supuesta secta:

> El Verbo se hizo carne para ser hombre entre los hombres, que lo darían a la cruz y serían redimidos por Él. Nació del vientre de una mujer del pueblo elegido no solo para predicar el Amor, sino para sufrir el martirio.
>
> Era preciso que las cosas fueran inolvidables. No bastaba la muerte de un ser humano por el hierro o por la cicuta para herir la imaginación de los hombres hasta el fin de los días. El Señor dispuso los hechos de manera patética. [*Ibid.*, p. 466].

Y por fin llegamos al meollo del asunto:

> La divina misericordia, a la que debo tantas mercedes, me ha permitido descubrir la auténtica y secreta razón del nombre de la Secta.

En Kerioth, donde verosímilmente nació, perdura un conventículo que se apoda de los Treinta Dineros. Ese nombre fue el primitivo y nos da la clave. En la tragedia de la Cruz —lo escribo con debida reverencia— hubo actores voluntarios e involuntarios, todos imprescindibles, todos fatales. Involuntarios fueron los sacerdotes que entregaron los dineros de plata, involuntaria fue la plebe que eligió a Barrabás, involuntario fue el procurador de Judea, involuntarios fueron los romanos que erigieron la Cruz de Su martirio y clavaron los clavos y echaron suertes. Voluntarios solo hubo dos: El Redentor y Judas. Este arrojó las treinta piezas que eran el precio de la salvación de las almas e inmediatamente se ahorcó. A la sazón contaba treinta y tres años, como el Hijo del Hombre. La Secta los venera por igual y absuelve a los otros. [*Ibid.*, pp. 467-468].

Alucinante. «Voluntarios solo hubo dos»…

De Quincey

Pero hay algo más: en *Tres versiones de Judas*, Borges escribió que la primera obra de su teólogo ficticio, *Kristus och Judas*, incluía la siguiente cita del escritor británico Thomas de Quincey (1785-1859), autor del clásico autobiográfico *Confesiones de un inglés comedor de opio* (1821): «No una cosa, todas las cosas que la tradición atribuye a Judas Iscariote son falsas» (De Quincey, 1857).

Resulta que este erudito, autor de numerosos ensayos sobre muy diversos temas, escribió en 1853 uno titulado *Judas Iscariot*, que revisó y volvió a publicar en 1857, y que comenzaba con esa contundente frase.[54]

Su planteamiento principal es que la motivación de Judas fue política: no comprendió que el Reino de Dios del que hablaba Jesús era puramente espiritual, no físico, no mundano, que es lo que Judas quería, pues ansiaba que el pueblo judío se liberase del yugo romano.

---

54 En castellano está incluido en la antología *Judas y otros ensayos sobre lo divino y lo humano* (Jus Ediciones, 2017), pero yo he usado una edición australiana, editada por un tal B. R. Whyte, titulada *Judas Iscariot by Thomas de Quincey: annotated critical edition of the original and revised essays of 1853 and 1857* (Harper Nathan, 2020).

Confundió el mensaje de Jesús quizás porque él, como muchos otros judíos, y quizás como algunos otros apóstoles, estaba convencido de que el Mesías esperado se encargaría de devolver la gloria al Pueblo Elegido en la Tierra Prometida y restaurar el largamente ansiado trono de David. Era el momento adecuado, pensaba De Quincey: las profecías del Bautista, el ardor revolucionario en Judea desde varias décadas antes y, finalmente, la aparición de Jesús. Solo hacía falta una pequeña chispa, que debía ser encendida por un líder que guiase al pueblo. Sin embargo, pese a que Jesús parecía ser aquel líder, el asunto se retrasaba.

Así, expone De Quincey, Judas tomó cartas en el asunto, traicionando a Jesús ante los romanos —no ante los judíos, algo muy interesante— para obligarlo a manifestar sus poderes divinos, en los que, como es lógico, creía:

Por lo tanto, <u>llegó a ser importante, según las opiniones adoptadas por Judas, que su maestro fuera precipitado a la acción por una fuerza externa y arrojado al centro de algún movimiento popular</u> que, una vez que comenzara a girar, no pudiera ser derribado más adelante, suspendido o controlado. <u>Cristo debía ser comprometido antes de que las dudas pudieran tener tiempo de formarse.</u> No es en modo alguno improbable que esta haya sido la idea de Judas. [De Quincey, 2020, p. 24].

Thomas de Quincey.

Sí, quizás tenía una clara ceguera espiritual, al no comprender verdaderamente las motivaciones de Jesús, pero, desde esta perspectiva, quizás pensaba que era el único que lo había hecho, y que su vigor e ímpetu servirían para romper con la debilidad de su maestro, que no terminaba de lanzarse a la acción. Además, continúa el inglés, el populacho de Jerusalén estaba con él y, sin duda, se unirían a la revuelta cuando la chispa se encendiese, enfrentándose incluso a la casta sacerdotal y a los colaboracionistas con el Imperio. En otras palabras, Judas, como el pueblo judío, se encontraba desesperanzado ante la pasividad del supuesto Mesías y su empeño en hablar de un Reino de Dios exclusivamente espiritual, y por eso lo entregó, para provocar su reacción.

Pero fracasó, y se suicidó cuando tomó conciencia de las consecuencias de su acto…, por desgracia, antes de la resurrección…

Claro, Judas no pudo ni plantearse que Jesús, al que consideraba como el Mesías largamente esperado por los judíos, aquel que reviviría el trono de David y le daría a su pueblo la libertad perdida, se sometería voluntariamente a los suplicios y las torturas, y a una muerte vergonzosa, cuando estaba en su poder movilizar a las legiones de ángeles para que viniesen en su ayuda. Por eso lo entregó, porque pensaba que se vería obligado a actuar de una vez por todas e iniciar la revuelta que acabase con la dominación romana. Pensaría, desde esta perspectiva, que Jesús le perdonaría su relativa traición y que incluso la recompensaría. Pero no…

¿Les suena esto? Claro, algo parecido planteó Klopstock en *La Mesiada*, un poema que De Quincey conocía y al que le dedicó un artículo en 1827. De hecho, al principio de su ensayo comentó que esa teoría ya había sido propuesta en Alemania, cuna de la búsqueda del Jesús histórico. Pero ¿cuáles fueron sus fuentes? Además de Klopstock, usó como fuentes la obra *Jesus und Judas*, de Carl Ullmann y Gustav Schollmeyer, publicada en 1836, y las vidas de Jesús de los teólogos David Strauss (1808-1874) y August Neander (1789-1850). El primero, con un enfoque marcadamente racionalista y descreído, en *La vida de Jesús críticamente examinada* (1836), planteó que su personaje fue moldeado por las necesidades teológicas y, sobre todo, narrativas de los primeros cristianos: la supuesta traición fue mitificada para que fuese coherente con la idea cristiana de la muerte de Jesús como acto sacrificial y redentor, y Judas vendría a ser un instrumento necesario para el pretendido plan divino. Esto lo llevó a proponer que quizás su motivación era política y estaba relacionada con las ansias de liberación e independencia del pueblo judío; al fin y al cabo, era el único de los Doce que procedía de Judea. El segundo, Neander, tenía un enfoque devoto y espiritual, y publicó una suerte de réplica de Strauss que seguía una línea cien por cien ortodoxa, aunque también insinuó que al dinero y a la maldad intrínseca de Judas habría que sumar sus ideas sobre el Mesías esperado por los judíos, su pueblo, un libertador guerrero y mundano. Al comprobar que Jesús no era aquel, decidió apartarse del grupo y traicionarlo.

Pero fue De Quincey quien popularizó esta idea, que, como recordarán, se parece bastante a la hipótesis que les expuse páginas atrás sobre la posible motivación de Judas.

Judas según Lisias

En 1870, el escritor y escultor estadounidense William Wetmore Story (1819-1895), nacido en la ciudad de Salem, escribió un poema titulado *A Roman lawyer in Jerusalem*, una carta ficticia escrita desde Jerusalén por un experto en leyes romano, Marco, a un amigo que está en Roma, Cayo, unos años después de la muerte de Jesús. En ella le cuenta la verdadera historia de Judas, tal y como se la contó a él Lisias, el líder de los soldados que arrestaron al Nazareno.

Desde su perspectiva de un hombre de ley, Marco se propone revisar el caso de Judas, considerado por «toda la secta» un traidor que fue comprado por treinta monedas de plata, a partir de lo que le contó el tal Lisias, que conoció en profundidad a todos los apóstoles también —«un grupo extraño y loco lleno de fantasías salvajes»— y a Judas, «el mejor de todos», ya que, cuando Jesús fue arrestado, todos huyeron, menos él:

Ni uno —dijo—, todos lo abandonaron a su suerte.
Ninguno se atrevió a admitir que era un seguidor.
Ninguno de todos dio testimonio de él.
¡Alto! Cuando digo ninguno de ellos, me refiero a
nadie más que a Judas, a Judas a quien llaman
el traidor, quien lo traicionó hasta la muerte.
Se precipitó a la sala del consejo y gritó:
«¡Soy yo el que ha pecado! ¡Cristo es inocente!».

[…]
Algunos dicen que Judas era un hombre vil y ruin
que vendió a su amo por el soborno más miserable;
otros insisten en que tenía toda la razón,
al dar a la justicia a alguien que solo buscaba
derrocar a la Iglesia, subvertir la ley
y sobre sus ruinas construirse un trono.
[…]
Judas, digo, fue el único de todos los hombres
que siguieron a Cristo que pensó que era Dios.
Algunos le temían por su poder de hacer milagros;
algunos se sentían atraídos por una especie de hechizo;
algunos lo seguían para escuchar su voz dulce y clara
y su forma de hablar suave, oyendo con sus oídos
y sin entender el sentido de lo que decía;
pero <u>solo uno creyó que era el Señor,
el verdadero Mesías de los judíos</u>. Ese
era Judas, él solo de toda la multitud.[55]

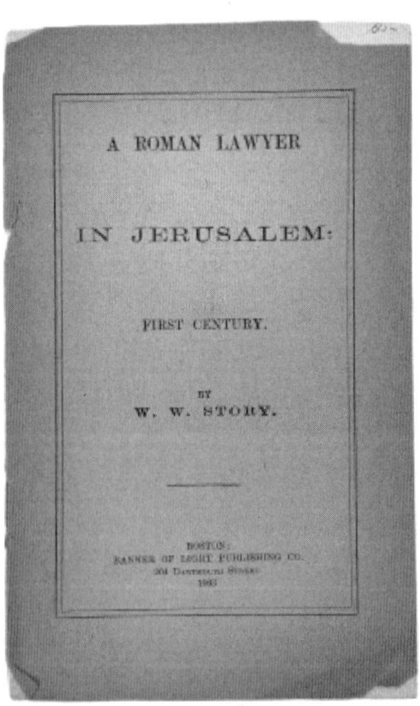

Portada de *A Roman
lawyer in Jerusalem.*

---

55 Todas las citas proceden de una versión *on line* del texto elaborada por el Proyecto
Guttemberg.

De nuevo, como en los casos anteriores, Judas es descrito como el único que sabía quién era realmente Jesús, con una fe «seria, sincera, real», que no dudó en ningún momento, ni lo negó, honesto, hasta el punto de que «lo eligieron entre todos para llevar la bolsa común, recibir y pagar».

Pero, entonces, ¿por qué traicionó a Jesús? Lisias lo tenía bien claro:

«Ya no soportaré
esta ignominia acumulada sobre mi Señor.
Ningún hombre tiene poder para dañar al Todopoderoso.
¡Sí, que se levanten las manos de los hombres, entonces de inmediato,
resplandeciente como el sol, rápido como la espada,
el relámpago dentado destellará desde la nube,
se manifestará él, el Dios viviente,
y todos los que se postrarán en la tierra lo adorarán!».

Tal era su pensamiento cuando en la Pascua
el Señor se reunió con sus discípulos y cenó:
Y Cristo vio la angustia en su mente,
Y dijo: «He aquí, entre vosotros está uno
que me ha de entregar, aquel a quien yo dé
este bocado». Y le dio el bocado a Judas;
y añadió: «Lo que haces, hazlo pronto».
Y Judas lo dejó, oyendo estas últimas palabras:
«Ahora será glorificado el Hijo del Hombre».

¡Ah, sí! Su amo había adivinado su pensamiento:
su amo debía ser glorificado a través de él.

Esta es la clave. Judas, según este precioso poema, creyó que debía entregarlo para propiciar que se mostrase por fin como lo que realmente era: el Mesías esperado por el pueblo de Israel y el salvador enviado por Dios para liberar al hombre del pecado.

Lisias, tras narrar el terrible episodio de la entrega en el monte de los Olivos, procede a relatar lo que sucedió después con Judas:

¿Era este el hombre cuyo rostro una hora antes
brillaba con una alegría tan extraña? ¿Qué significa todo esto?
¿Es esto una locura repentina? «¡Habla!», grité.
«¿Qué significa esto, Judas? ¿Sé un hombre y habla?».

Sin embargo, allí estaba, y no se movía ni hablaba.
Pensé que se había desmayado, hasta que por fin, de
repente, se volvió, agarró mi brazo y gritó:
«Dime, Lisias, ¿es cierto esto o estoy loco?».
¿Qué es verdad?», dije. «¡Es cierto que habéis apresado al Señor!
No habéis podido apresarlo, ¡él es Dios, el Señor!
Me ha parecido ver que lo apresabais, pero sé
que eso era imposible, ¡porque él es Dios!
Y, sin embargo, vivís, vivís. Entonces, él os perdonó.
¿Dónde estoy? ¿Qué ha sucedido? Una nube negra
me cubrió cuando le pusisteis las manos encima.
¿Dónde están todos? ¿Dónde está él? Lisias, habla».

«Judas —dije—, ¿qué locura es toda esta?
¡Mis hombres han atado y llevado a Cristo!
Los demás han huido. ¡Levántate y ven conmigo!
Mis hombres me esperan. ¡Levántate y ven!».

Levantó los brazos y cayó de un ataque,
con un grito fuerte que atravesó la noche silenciosa.

Finalmente, Lisias narra la negación de Pedro y el arrepentimiento de Judas, que se presentó ante el Sanedrín para devolver las monedas. Esa misma noche, fue a buscar a Judas para consolarlo, pero se lo encontró ahorcado…

En resumidas cuentas, en este bello poema se ahonda en estas ideas que estamos viendo: por un lado, que Judas quiso, con su traición, provocar que Jesús se revelase como quien realmente era; por otro, que de algún modo cumplió con un mandato del propio Jesús. Así, como tantos otros, William Wetmore Story también se anticipó al Evangelio de Judas.

Por cierto, el tal Lisias, aunque no lo explicó el autor, es posible que se trate de Claudio Lisias, un tribuno y quiliarca de la guarnición romana de Jerusalén que fue mencionado en el capítulo 22 de los Hechos de los Apóstoles: durante la supuesta última visita de Pablo de Tarso a Jerusalén, tras lanzar un exaltado discurso que provocó una airada respuesta entre el populacho, este señor ordenó que fuese detenido y azotado. Pero, tras enterarse de que se trataba de un ciudadano romano, lo liberó y consiguió además que no lo juzgase el Sanedrín (Hch 23,23-30).

Yo, Judas

Más de un siglo después, en 1977, se publicó una interesante novela, titulada *I, Judas* (*Yo, Judas*), escrita al alimón por Janet Taylor Caldwell y Jess Stearn, en la que se ahondaba en esta misma idea: Judas traicionó a Jesús para obligarlo a demostrar sus superpoderes —después de haber renunciado a la corona de David públicamente y de resucitar a Lázaro— y asumir el rol de líder mesiánico que liberará a Israel de la opresión romana; es decir, para que actuase de acuerdo con las expectativas mesiánicas tradicionales, que incluían la liberación de los judíos mediante el uso de la fuerza y el establecimiento de un reino terrenal. Y solo después de su detención, tras ser duramente vilipendiado por los demás apóstoles, y especialmente por la Magdalena, comprende que Jesús no tenía la intención de liderar una revuelta contra Roma ni de establecer un reino mundano, sino que su misión era espiritual y mucho más profunda, lo que lo lleva a acabar con su vida.

Una lástima, porque en un epílogo final, construido a partir del testimonio de María Magdalena sobre las apariciones de Jesús resucitado, entendemos que en realidad aquello formaba parte de un plan divino trazado previamente, del que la traición de Judas era un elemento imprescindible; un plan por terminar, pues solo lo hará cuando se produzca la segunda venida. Así concluye esta coda:

> Ella, que ya estuvo dispuesta a ungirle en esta tierra, piensa ilusionada en ese día, por muy distante que pueda parecer. <u>Ella sabe, demasiado tarde, que juzgó mal a aquel que le besó a él en el huerto. Pues aquel tuvo más fe que los demás, ya que creyó en él hasta la muerte. Ojalá hubiese esperado solo unos pocos días más</u>. [Caldwell y Stearn, 1979, p. 440].

Lo curioso es que la novela, escrita en primera persona, pretende ser la transcripción de un manuscrito del siglo I, escrito en griego, que un monje egipcio llamado Iberias encontró entre los restos chamuscados de la biblioteca de Alejandría y que contenía el diario de Judas Iscariote, que aquí es descrito como un miembro de una importante y rica familia farisea de Jerusalén que decide abandonar las riquezas y la buena vida para lanzarse a predicar por los campos de Galilea con Jesús. El texto, supuestamente, fue conservado a lo largo de los siglos en secreto, hasta que reapareció en la Alemania nazi, cuando las SS lo confiscaron a una familia judía alemana que lo guardaba desde décadas atrás…

Giuda

El caso es que un siglo antes, en 1867, se publicó *Memorias de Judas*, una de las principales obras del controvertido autor italiano Ferdinando Petruccelli della Gattina (1815-1890). No sé si los autores de *Yo, Judas* conocían la existencia de esta obra. De ser así, queda claro que se marcaron un plagio bastante evidente. De lo contrario, los parecidos resultan sorprendentes, pues la novela, también escrita en primera persona, pretende ser la transcripción de un manuscrito que contenía las memorias de Judas, encontrado, según se dice en la introducción, «entre los papiros de Herculano» (Petruccelli, 1989, p. 15).

Ahora bien, el motivo de la traición aquí es distinto: Judas se une al grupo de Jesús pensando que era el Mesías que, según las Escrituras judías, vendría a liberar al pueblo judío de la opresión romana. Sin embargo, termina constatando que aquello no iba a suceder, al ver que Jesús se alejaba de sus objetivos políticos —sí presentes en un primer momento— y se enfocaba más en una misión espiritual y mística, que para Judas poco serviría de ayuda en lo que a él le importaba: la liberación nacional. Así, lo entrega a las autoridades judías colaboracionistas de los romanos para que su muerte sirviese de acicate para un levantamiento masivo de la población. No es Judas quien traiciona realmente a Jesús, sino este el que traiciona la revolución. Por eso, aunque la traición se describe como algo trágico para Judas, lo hace por un bien mayor: liberar a su pueblo.

Pero el plan falla: Jesús es arrestado y juzgado, y no solo no se inicia la rebelión, sino que hasta los más fieles lo abandonan. Así, Judas, contrariado y abatido por su acción, que al final no ha servido para nada, termina, como era de esperar, quitándose la vida.

Lo guapo es que Petruccelli levantó esta trama con la clara finalidad de ofrecer una suerte de paralelismo entre la situación de la Judea del siglo I, ocupada por el Imperio romano, y la Italia del siglo XIX, envuelta en un largo proceso de unificación y liberación de las monarquías extranjeras (los Borbones y los Habsburgo) que se habían repartido la península italiana. Es lo que se conoce como el *risorgimento* italiano, que concluyó, tras varias intentonas y varios conflictos armados, con la proclamación del Reino de Italia unificado e independiente en 1861, con el rey Víctor Manuel II a la cabeza. Petruccelli, profundamente anticlerical y nacionalista, había sido un ferviente defensor de la unificación italiana; de hecho, pagó con el exilio su apoyo a la revolución de 1848 contra los Borbones. Tras la victoria, llegó a ser elegido en el primer congreso de la Italia unificada.

Así, en *Memorias de Judas*, que se publicó solo seis años después de que el *risorgimento* triunfase, los romanos vienen a ser una proyección retrospectiva de los monarcas extranjeros, mientras que los saduceos —que se consideraban los buenos de la trama; de hecho, se describe a Judas como saduceo— serían los luchadores italianos por la libertad, y Jesús, una suerte de Garibaldi utópico fracasado.

Judas *Superstar*

De esta forma tan sencilla como brillante explica el personaje de Judas, al comienzo del musical *Jesus Christ Superstar* (*Jesucristo Superstar*), de Andrew Lloyd Webber (autor de la música) y Tim Rice (letrista), estrenado en Broadway el 12 de octubre de 1971, el planteamiento central de la ópera *rock* y el motivo de la posterior traición:

> Has empezado a importar más que las cosas que dices. Escucha, Jesús, no me gusta lo que veo. Lo único que te pido es que me escuches y no olvides que yo he sido tu mano derecha desde el principio. [Extracto de la canción *Heaven on Their Minds*].

Y es que, estimado lector, la obra bien pudo llamarse *Judas Superstar*, pues todo gira en torno a él. Además, hay que tener en cuenta que Webber tomó la brillante decisión de que el personaje fuese interpretado por un actor y cantante afroamericano, Carl Anderson (1945-2004), que volvió a hacerlo en la versión cinematográfica dirigida por Norman Jewison, estrenada solo dos años después, en 1973. No podemos olvidar que, a principios de los setenta, Estados Unidos ardía en llamas tanto por las protestas contra la guerra de

Vietnam como por la lucha de los afroamericanos por los derechos civiles; Woodstock se había celebrado solo dos años antes y millones de jóvenes norteamericanos, a la vez que abrazaban el *rock*, el LSD y la libertad sexual, andaban en busca de nuevas vías de espiritualidad en una época en la que el cristianismo estaba en crisis, al menos entre la muchachada estadounidense. Que un negro interpretase a Judas, que a la vez era mostrado como un rebelde enfrentado al imperialismo, la banca, la religión institucionalizada y el poder político, a eso que llaman los listos *establishment*, cobra una especial dimensión en ese contexto.

Visto así, es lógico que los sectores más conservadores de la sociedad estadounidense, en gran parte compuesta por evangelistas blancos, entrasen en cólera y anatemizasen tanto el musical como la película. Billy Graham (1918-2018), uno de los predicadores evangélicos más influyentes de su época, dijo públicamente que «rayaba en la blasfemia».

No fueron los únicos, ya que el Comité Judío Americano y la Liga Antidifamación se manifestaron en contra porque consideraban que en la obra se repetían determinados clichés antisemitas relacionados con la muerte de Jesús. Hasta el colectivo gay de San Francisco protestó por la escena en la que se muestra el rey Herodes Antipas rodeado de *drag queens* y cantando y bailando a ritmo de *ragtime*, argumentando que aquello era claramente homofóbico, ya que se quiso representar así que era un degenerado.

Lo cierto es que, desde una perspectiva puramente teológica, el musical, como la película, es bastante ortodoxo y no tiene nada de blasfemo ni herético, y desde luego no pretende ser un ataque a las creencias cristianas. Esto lo podrían haber comprobado todos los indignados si se hubiesen molestado en ver la obra.

El musical retrata de un modo muy peculiar los últimos días de vida de Jesús (interpretado por Jeff Fenholt en las primeras representaciones teatrales y por Ted Neeley en el *film*), desde poco antes de la traición de Judas hasta la crucifixión. Y esto ya es un indicativo de lo arriesgado de la propuesta, ya que no se incluye ninguna escena de Jesús resucitado. Los autores fueron duramente criticados por esto, y su respuesta fue contundente: «Eso no era parte de nuestra historia porque, para entonces, Judas ya había muerto. Y su historia había terminado», comentó Tim Rice en 1973.[56] Y es que, como ya adelanté, el gran protagonista de la obra es Judas, que ejerce, más o menos, de narrador. De hecho, Rice afirmó desde un primer momento que la inspiración le vino del tema de Bob Dylan *With God on Our Side*, del que les hablé páginas atrás.

El objetivo era mostrar a un Judas humano, creíble, con sus fortalezas y debilidades, enamorado de Jesús y de su lucha, pero decepcionado por la senda que estaba cogiendo su movimiento, al centrarse más en sí mismo que en lo que Judas pensaba que debía ser: la liberación del pueblo de Israel del yugo romano y la exaltación de las clases menos favorecidas, para las que, como el propio Jesús auguraba, estaba destinado el Reino de Dios. ¿Por qué lo entregó entonces? Pues, como hemos visto en otras de estas obras literarias, para que retomase el control, que creía que había perdido, y su papel como Mesías guerrero, y para que demostrase sus poderes sobrenaturales, lo que, pensaba, llevaría a un levantamiento generalizado del pueblo.

Así, Judas, apasionado, fogoso, impaciente, es el personaje central de la obra, el único que cambia, que emprende un viaje, que evoluciona, que se atreve a regañar a Jesús y a enfrentarse a él cara a cara porque cree que se ha dejado llevar por los adulos y que se ha convertido en una *superstar*... De ahí el título claramente satírico de la obra y de la canción interpretada por Judas..., tras su muerte, en una onírica escena en la que se manifiesta ante Jesús bajando del cielo y portando la cruz.

> Jesucristo, Jesucristo, ¿quién eres tú? ¿Qué has sacrificado? Jesucristo *Superstar*, ¿crees que eres lo que dicen que eres? Dime lo que piensas de tus amigos de arriba. ¿Quién crees que, aparte de ti, es el mejor? Buda, ¿está donde está? ¿Está él donde estás tú? ¿Mahoma podía mover una montaña, o solo eran relaciones públicas? ¿Querías morir así? ¿Fue un error, o sabías que tu desordenada muerte batiría todos los récords? No me malinterpretes, solo quiero saber.

---

56 Bahr, S.: «"Jesus Christ Superstar" at 50: What Was the Buzz?». *The New York Times*, 12 de octubre de 2021. Disponible en línea.

De hecho, exceptuando quizás a Pedro y Juan, los apóstoles son mostrados como meros díscolos adoradores que no entienden de verdad ni quién es Jesús ni qué está pasando.

Por otro lado, a Jesús se le representa como un humano abrumado por su ministerio, algo saturado por las continuas alabanzas de sus seguidores, que pierde los estribos a la mínima y que no termina de entender, ni parece saber explicar, su destino. En la mítica canción *Getsemaní*, que interpretó como nadie el simpar Camilo Sesto en la versión española que se estrenó en 1975, Jesús llega a decir:

> Yo tenía fe cuando comencé. Ahora estoy triste y cansado. Mi camino de tres años me parece que son treinta. ¿Y qué más puede un hombre hacer? Si he de morir, que se cumpla todo lo que tú quieres de mí. Deja que me odien, que me claven en su cruz. Yo quiero ver, yo quiero ver, mi Dios […] ¿Por qué he de morir? ¿Por qué? Dime por qué quieres que me claven en su cruz. Muéstrame el motivo, dame un poco de tu luz. Di que no es inútil tu deseo y moriré. Me enseñaste el cómo, el cuándo, pero no el porqué.

En línea con esto, se muestra un contacto muy cercano con María Magdalena (interpretada tanto en el musical como en la peli por la actriz hawaiana Yvonne Elliman), hasta el punto que muchos dieron por hecho que se mostraba de forma subliminal una relación amorosa. No es del todo cierto, aunque sí se explicitan los sentimientos que ella siente por él, y de una forma preciosa, especialmente en la bellísima canción *I Don't Know How to Love Him* (*No sé cómo amarlo*):

> No sé cómo amarlo, qué hacer, cómo moverlo. He cambiado, sí, he cambiado de verdad. En estos últimos días, cuando me he visto, parezco otra persona. No sé cómo tomarme esto. No veo por qué me conmueve. Es un hombre, es solo un hombre, y he tenido tantos hombres antes, de muchas maneras. Es solo uno más. ¿Debería derribarlo? ¿Debería gritar y chillar? ¿Debería hablar de amor? ¿Dejo salir mis sentimientos? Nunca pensé que llegaría a esto.

De hecho, la cercanía con la Magdalena, a la que se retrata desde la perspectiva tradicional que ha defendido la Iglesia católica hasta hace unas décadas —es decir, como una prostituta redimida por Jesús—, es uno de los motivos que se exponen para explicar los

porqués de la traición de Judas: este no lo ve adecuado de cara a
la galería, pues esa relación podría ser objeto de duras críticas, al
tratarse de una pecadora. Pero también parece estar celoso de ella
porque, aparte de él, es la única persona con la que Jesús se muestra tan cercano.

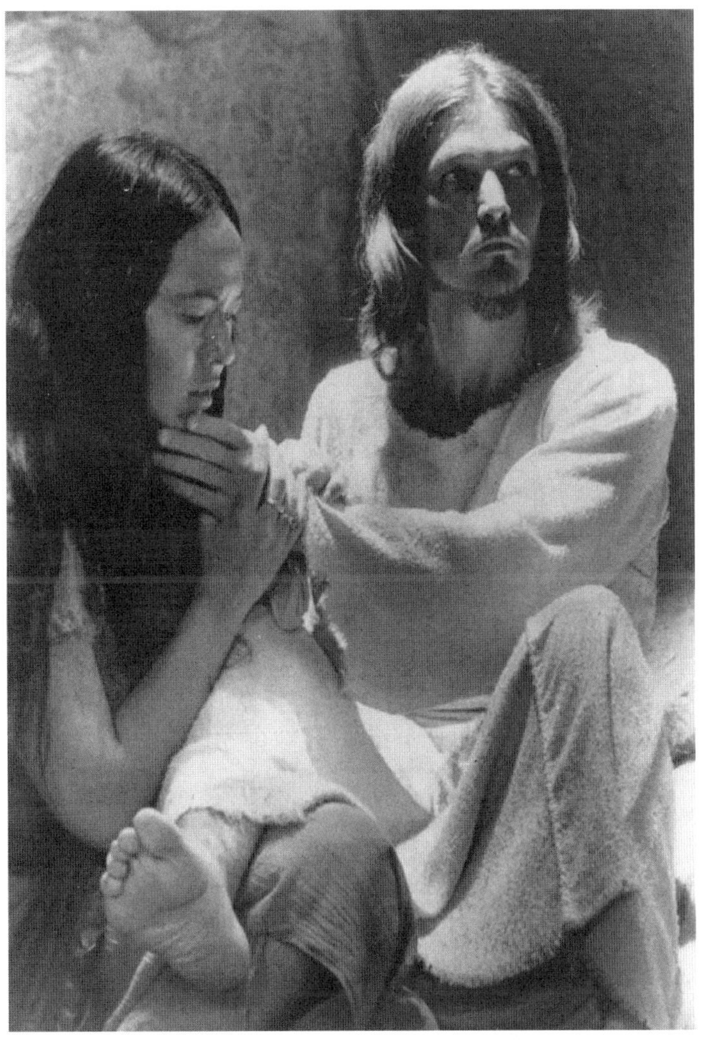

Los actores Yvonne Elliman y Ted Neeley en sus respectivos roles de
María Magdalena y Jesús en la película de 1973 *Jesus Christ Superstar*. (Imagen promocional de NBC Television Network para la *pre-
mière* televisiva del film en Estados Unidos el 11 de octubre de 1976).

Sea como fuere, la película se terminó convirtiendo en una cinta de culto y el musical se ha representado en Broadway y en infinidad de países a lo largo de las cinco décadas que han pasado desde su estreno.[57] Además, su tremendo éxito, pese a las críticas, y su brillante fusión entre el *rock* y el teatro musical abrieron las puertas a un género, la ópera *rock*, que se convertiría en tremendamente popular en los años posteriores —cierto es que ya antes se había estrenado *Tommy*, de The Who, otra maravilla, pero sin tanto éxito ni influencia—.

En fin, estimado lector, si no ha tenido la suerte de ver alguna representación de la obra, o no ha visto la película, está tardando.

Por cierto, las representaciones de Judas en el cine son muy abundantes. Claro, aparece en todas las películas protagonizadas por Jesús, pero hay algunas centradas en su figura. Por ejemplo, *El beso de Judas*, una costosa producción española dirigida por Rafael Gil en 1954, con Rafael Rivelles, excelente, asumiendo el papel protagonista. Rodada en Tierra Santa, toda una proeza para la época, los años duros del franquismo, en la cinta, como en *Jesucristo Superstar*, se muestra a Judas como un defensor de la lucha armada y de la revuelta contra Roma que, al comprobar que Jesús va por otro camino, decide entregarlo. Entre otras cosas, la obra destaca por mostrar una descripción muy trabajada y llena de matices de su mundo interior.

Sobra decir que hablar de Judas en el cine se escapa por completo a mis objetivos con este libro, pero no me puedo resistir a comentar una película en concreto: en *Drácula 2000* (Patrick Lussier, 2000), un bodrio protagonizado por Gerald Butler, se cuenta que Drácula en realidad es Judas Iscariote. Y claro, como vendió a Jesús por treinta monedas de plata, este sería el motivo del rechazo de los vampiros a este elemento químico.

---

57 El caso es que, en un primer momento, dada la negativa de varios productores a poner en escena el libreto, se lanzó solo un álbum musical con las canciones que fue todo un pelotazo: un año después de su lanzamiento (en octubre de 1970), había vendido dos millones y medio de copias solo en Estados Unidos; como también fue exitosa la gira de conciertos que realizaron por medio país los principales protagonistas, Carl Anderson, Yvonne Elliman y Jeff Fenholt. Gracias a este éxito terminó representándose en Broadway.

Poe y Judas

Me van a permitir que termine este extenso capítulo, centrado en la reinterpretación literaria de la figura de Judas, con una obra que me fascinó cuando la leí, hace unos años, pues se trata de un curiosísimo *crossover* entre dos de mis personajes favoritos: Jesús de Nazaret, al que he dedicado varios libros, directa o indirectamente, y Edgar Allan Poe, uno de mis escritores preferidos, un personaje tan brillante como maltratado por el público en general, sobre el que hablé en mi *A propósito de Poe* (Guante Blanco, 2023) y que ya ha aparecido en varias ocasiones en estas páginas.

La novela en cuestión se titula *L'Opera del tradimento* (*La ceremonia de la traición*) y fue escrita en 1975 por el autor italiano Mario Brelich (1910-1982), aunque, siendo estrictos, se trata más bien de un ensayo novelado. Lo curioso es que la confeccionó tomando como punto de partida al famoso Auguste Dupin, un personaje creado por Poe, presente en tres de sus relatos —*Los asesinatos de la calle Morgue* (1841), *El misterio de Marie Rogêt* (1842) y *La carta robada* (1845)— y principal inspiración para Conan Doyle a la hora de crear a su Sherlock Holmes.

En la novela, Dupin, ya jubilado y viviendo una vejez tranquila en su casa de París, recibe la visita de su antiguo y gran amigo que lo acompañó en sus aventuras detectivescas, un doctor anónimo que en los relatos de Poe ejercía de narrador —del mismo modo que Watson lo hacía en las obras de Sherlock—. Andaban conversando tranquilamente cuando descubren un viejo dosier, amarillento y envejecido, con una extraña inscripción: «Evadenda». Para su sorpresa, se trata de la información que había recopilado décadas atrás sobre el único caso que Dupin no había conseguido resolver: el caso Judas.

Esta excusa argumental le sirve a Mario Brelich para exponer sus propias pesquisas sobre el gran misterio que nos ocupa: los motivos de la traición. Así, usando el peculiar modelo analítico de Dupin, que en realidad era el de Poe, los dos amigos se lanzan a un largo diálogo en el que afrontan el enigma desde diferentes puntos de vista, analizando crítica y pormenorizadamente los Evangelios.

Me van a perdonar el *spoiler*, pero acaban concluyendo que la motivación de Judas era más espiritual que mundana, al contrario de lo que sucedía en todas las obras anteriores que hemos comentado: la infame traición responde a un plan divino, un acto necesario para que Jesús muera y resucite. Judas, según concluye Dupin, es el único que entendió que ese era su terrible y, a la vez, imprescindible papel. Como vemos, una vez más, la ficción literaria se adelantó a las propuestas del Evangelio de Judas.

Lo curioso es que aquí se plantea que todo esto formaba parte de una especie de rebelión de Jesús contra su padre: su obra de redención va mucho más allá del plan inicial de Dios, que consistía simplemente en mandar a un enviado para cerrar un nuevo pacto con el ser humano. Al encarnarse, Jesús decide concedernos algo que desde la más remota Antigüedad hemos buscado: la inmortalidad. Y lo hace sacrificándose por la humanidad, aunque para ello tenga que aliarse en cierto modo con el mal, parte integrante de esta intrincada propuesta de redención. Y ahí es donde entra en acción la fechoría de Judas, que, como comenta Dupin, fue identificado por Jesús, según el Evangelio de Juan, como Satanás. ¿Me siguen? Lo explico de otro modo: Jesús debe morir a manos del mal, de sus oscuras fuerzas desintegradoras. Así, expone Dupin, podrá obtener la dignidad de Dios verdadero y asegurar, por la gracia divina, la inmortalidad tanto para él como para todos nosotros. ¿Por qué? Porque así lo marcaban los antiguos mitos mediterráneos sobre dioses que morían a manos del mal y resucitaban para vencerlo. Jesús, convertido en hombre, encuentra en Judas a su necesario antagonista para que se cumpla ese viaje paradigma mítico y pueda morir y resucitar, estableciendo así una nueva y eterna alianza con el hombre.

Y Judas es el elegido porque, a diferencia de los demás, es el único capaz de comprender las intenciones de Jesús, ya que tiene una naturaleza luciferina, en el sentido estricto de Lucifer como el portador de la luz y del conocimiento que la humanidad necesita. Así, de algún modo, es Jesús el que traiciona a Judas, convirtiéndolo en una herramienta para su plan salvífico.

—¡Entonces también hay salvación para mí en tu nombre, oh Señor! —exclamó.

Pero Jesús inclinó la cabeza, casi presa de remordimientos.

—Para ti, Judas, no hay salvación —dijo a duras penas, e inmediatamente se calló.

—No te entiendo, Señor —balbuceó el apóstol, temblando con todas las partes de su cuerpo—. Sabes perfectamente que no es mi culpa lo que estoy a punto de cometer…

—Sí, lo sé —replicó Jesús—. Pero solo lo sé yo, solo yo en la tierra y en los cielos. Y también esto es inútil. Porque tú perteneces a la ley del Padre, y de acuerdo con la ley del Padre es culpable el que traiciona a su Maestro y mil veces más culpable es el que traiciona al Hijo de Dios. De acuerdo con la ley del Padre, tú eres el mayor pecador del mundo… Y yo soy impotente frente a esta ley hasta que no haya alcanzado el poder de bendecir; pero sin tu culpa, esto no se producirá… [Brelich, 1982, p. 248].

Pero también Dios traiciona a Jesús, abandonándolo y dejándolo morir de aquella manera tan terrible: lo hace porque, a su vez, el hijo lo ha traicionado montándose su propio plan. Por otro lado, esto debía suceder. Un hijo solo llega a adulto cuando se separa de su padre; si la antigua ley de Dios debe ser reemplazada por la nueva de Jesús, el hijo debe ser traicionado y abandonado por el padre. Así, en cierto modo, es Jesús quien abandona a Dios entregándose a morir en la cruz y creando un nuevo orden cósmico en el que los humanos, ahora sí, podrán ser inmortales. Y la pieza clave, una vez más, fue el pobre Judas.

Edgar Allan Poe.

Príode

No quiero terminar este capítulo sin hablarles brevemente de una extraordinaria novela que vio la luz unas semanas antes de que este libro fuese publicado, pero que tuve el honor de leer en exclusiva —ya que ha sido lanzada por la editorial en la que trabajo, Guante Blanco—, y con especial interés, pues también tiene a Judas como uno de sus protagonistas. Se trata de *Príode*, una obra escrita por Pedro P. Canto. Por supuesto, no es mi intención desvelar en exceso nada de su trama, sobre todo porque se trata de un lanzamiento reciente, pero sí me gustaría comentar algunas ideas interesantes sobre el tema que nos convoca, con la esperanza de que con esto contribuya a que se hagan con un ejemplar.

Cuenta la historia de Cástor de Aguirre, un fotógrafo y aventurero español que se ve envuelto en un complicado lío íntimamente relacionado con Judas: por un lado, por una misteriosa sociedad secreta llamada Príode, cuyos miembros llevan buscando desde tiempos inmemoriales las dichosas treinta monedas y algo más…, con el fin de hacer cumplir una suerte de penitencia relacionada con la historia real de aquel, que, como podrán haber imaginado, es muy distinta a la que aparece en los Evangelios; una historia que terminamos conociendo gracias a que Cástor, junto con su *partenaire* Amelia Hume, se hacen con un manuscrito perdido que Isaac Newton escribió sobre el traidor, que en realidad no lo era. Su contenido, por supuesto, también yo lo voy a mantener en secreto, pero sí les digo que no solo ofrece una versión bien distinta sobre quién fue en realidad Judas, qué relación tuvo con Jesús y por qué lo entregó, sino una idea muy novedosa sobre su muerte.

Hasta aquí puedo leer…

Apéndices

LA QUEMA DE JUDAS

No quiero terminar este libro sin hacer referencia a algo sumamente interesante que guarda relación con Judas y con cómo ha sido tratada su figura a nivel popular.

Sirva este ejemplo a modo de ilustración: el gran Juan García Atienza (1930-2011), uno de los mayores investigadores y divulgadores de la España mágica —con permiso de don Jesús Callejo—, publicó en 1997 una obra titulada *Fiestas populares e insólitas*, en la que ofreció un amplio estudio sobre ritos y costumbres curiosas de nuestro país. En ella se hizo eco de una curiosa festividad que se celebra en Cabezuela del Valle, un precioso pueblo de la provincia de Cáceres, durante la medianoche del Sábado Santo: la Quema del Judas, una tradición que consiste en quemar un pelele de paja relleno de explosivos tras pasearlo por todo el pueblo, con una bolsa con treinta monedas en una de sus manos y un cartel con una leyenda condenatoria.

Según comentó Atienza, la muchachada del pueblo, al paso del ignominioso traidor, cantaba esta bella tonadilla: «Judas Iscariote mató a su padre con un garrote, y a su madre con una espada. Calle usted, padre. Calle usted, madre, que no ha sido nada» (Atienza, 1997, p. 307).

Ahora bien, como vimos, en *La leyenda dorada* lo mató con una piedra, no con un palo. ¿De dónde viene esto? Pues de una obra anónima titulada *Vida de Judas Iscariote*, del siglo XIII, en la que narran los mismos hechos, pero variando el objeto que usó el asesino.

Lo curioso es que en muchísimos lugares de España y Sudamérica se realiza una celebración parecida el Sábado Santo por la noche o el Domingo de Resurrección por la mañana. La tradición es similar, aunque en cada lugar se incorporan algunos detalles propios: consiste, básicamente, en colgar y quemar un pelele, el Judas, elaborado con madera, trapos y/o paja, y recubierto con ropas viejas o andrajos, generalmente con la bolsa de dinero y algún símbolo que indique que era también un ladrón, o con la rama de algún árbol, en relación con su trágica muerte. De hecho, es común también que el ritual vaya acompañado de la tala de algún árbol de los bosques cercanos sobre el que amarran o ahorcan al Judas.[58]

En algunos lugares, como en Villanueva de Córdoba o Alfaro (La Rioja), se organizan concursos para elegir al mejor Judas. Y en otros tantos tiene una *partenaire* femenina: la Judesa. En Badajoz son los gitanos los que se encargan de pasear al Judas durante el Domingo de Resurrección, que luego es lanzado al río Guadiana desde el Puente Viejo. En Aguilar de la Frontera (Córdoba), durante el Jueves Santo, es tradicional que varios lugareños enmascarados, haciendo de Judas, vayan pidiendo dinero por las calles y los bares. Y al salir la procesión del Silencio, ya en viernes, la encabezan, con una lámpara en la mano y una bolsa, y siguen pidiendo dinero. No muy lejos de allí, en Villaralto (Córdoba), el Domingo de Resurrección se celebraba el Correr de los Curas: el cura local corre por la calle principal del pueblo mientras los vecinos le arrojaban paja. Acto seguido se procedía al apedreamiento del Judas.

En Menasalvas (Toledo), es tradicional pasear un Judas en burro por las calles y hacerlo parar ante algunas casas o tabernas para que reciba «relaciones», pequeñas coplillas o improperios, justo antes de prenderle fuego en la mañana del Domingo de Resurrección. Algo parecido se realiza en Berninches (Guadalajara), donde los niños se encargaban de insultar, apedrear y varear al pelele, también montado en un borrico, justo antes de quemarlo. En La Alberca (Salamanca), se saca en procesión una talla de Judas, vestido como un soldado romano, que luego es llevada a la iglesia. Una vez allí, los niños se dedican a tirarle de la nariz e insultarlo para obtener buena suerte. Además, en numerosos pueblos de Castilla-La Mancha se realiza el Manteo de Judas, una práctica similar, con la diferencia de que el pelele es manteado durante una procesión por las calles.

En Cabanillas (Navarra) no se quema ningún Judas, pero simbólicamente se ajusticia a un joven de la localidad que representa al traidor. Este, antes del juicio, roba jamones, chorizos y cuantas viandas se encuentra; también intenta secuestrar a los niños y entra en las casas

---

58 En otros sitios, por cierto, aunque la práctica es similar, se conocía como Mahoma.

que ve abiertas. Al final del paseo, los soldados romanos y los niños lo capturan y lo llevan ante el ayuntamiento, donde es juzgado.

Cerca de allí, en Los Arcos (Navarra), se saca un pelele que termina siendo quemado, pero antes los niños le cantan: «Judas Iscariote, no comerás calbotes [judías pintas]; Judas traidor, irás al paredón». Curiosamente, hasta hace unas cinco décadas, en su interior metían gatos, ratones o conejos, que también eran pasto de las llamas. Ahora ponen cohetes.

En Sabero (León), cada Sábado Santo se celebra El Judas, una tradición que comienza el día anterior, cuando la muchachada del lugar se reúne para realizar un pelele que al día siguiente ubican en una de las calles del pueblo, que se mantiene en secreto hasta la medianoche del sábado y que eligen los participantes. El monigote se decora con un collar hecho con cáscaras de huevo y suele asociarse con algún personaje de la actualidad especialmente nefasto. Por cierto, es tradición también que los mocicos y mocicas del pueblo hagan una gran chocolatada mientras preparan al Judas con leche que durante los días anteriores ordeñan de las vacas de los vecinos, sin que estos se enteren —sería leche robada—. Finalmente, el sábado los críos del pueblo lo lapidan, al grito de «Judas Iscariote, metido en un bote, *tapao* con harina, palos encima».

La quema de Judas (Marco Bontá, 1952).

En cambio, en Albudeite (Murcia), un pueblo famoso por sus gachas-migas, se celebra el Domingo de Resurrección. En la plaza mayor, al lado de la iglesia, se prepara una pira de ramas junto a las que se coloca al Judas, relleno también de matas secas y pólvora, al que se le ponen encima cárteles alusivos de por qué está allí. Desde el alba y durante varias horas, todo el que quiera entrar a la plaza debe abonar una pequeña cantidad de dinero que la muchachada participante emplea para marcarse una buena comilona. Al mediodía, tras las procesiones del Jesús Resucitado, los mozos se lo llevan al río y le meten fuego junto a toda la broza. Para ellos, y quizás para todos, esto simboliza el final de las prohibiciones cuaresmales. Se cree que en este caso concreto puede guardar relación con que en aquella localidad hubo muchos moriscos, y que, cuando estos fueron perseguidos, quisieron demostrar así que eran los más cristianos.

No puedo resistirme a comentar que también en Albudeite (y en otras localidades de esa zona de Murcia, como Cieza o Villanueva del Segura), el día de la Anunciación (el 25 de marzo), se celebraba un ritual alucinante: ese día, las mujeres del pueblo, guiadas por la de más edad, hacían nudos en las junqueras del río Segura (en otros lugares se hace con espigas de trigo, con atochas de esparto o con lo que haya por allí), con la curiosa intención de atar al diablo, o, mejor dicho, los testículos. De hecho, mientras realizaban los nudos en los juncos, cantaban: «Diablo, diablo, los huevos te ato; hasta el año que viene, no te los desato». Este fascinante ritual está claramente relacionado con la fertilidad (por eso son mujeres), y esta, a su vez, con la llegada de la primavera. Y lo de atarle los huevos al diablo, con lo que se conoce como «ligaduras mágicas», unas prácticas muy extendidas en distintas culturas, generalmente usadas para defenderse de los infortunios, las desgracias y los demonios.

Por otro lado, en Robledo de Chavela (Madrid), el Domingo de Resurrección se celebra el Apedreamiento de Judas, uno de los rituales de este tipo más famosos de España. Los mozos del pueblo, los quintos (jóvenes en edad de hacer el servicio militar), a los que llaman «juderos», fabrican un Judas y lo disfrazan del personaje que, a su parecer, haya sido el más popular. Antiguamente lo ataban en lo alto de un pino, el Sábado Santo por la noche —justo antes de salir a rondar a sus madres y novias, cantando y bebiendo hasta el amanecer—, pero ahora se hace en un tronco seco y largo que se prepara en la plaza de la iglesia —de hecho, compiten para hacerlo cada vez más y más alto, llegando hasta los 18 metros de altura—. Junto al Judas, se colocaban unos cuantos cántaros con animales en su interior (palomas, gatos, ratones). En el momento en que las procesiones matinales de la Virgen y el Resucitado se encuentran en la plaza, a las doce del mediodía, los juderos congregados establecen un diálogo a gritos. Unos dicen: «¿Quién te mató?». Los otros contestan: «¡Aquel!». Y los primeros responden: «¡A por él!». Y al instante cogen piedras de tres montones situados delante del Judas y comienzan a apedrearlo. Claro, muchos daban en los cántaros, que se rompían, haciendo que los animales cayesen (las palomas, no, claro). Hoy, para evitar hacer daño a los animales, se hace con confeti, queso, vino y caramelos, aunque se mantienen las palomas...

También en el Domingo de Resurrección se celebra el llamado Rito del Judas en la localidad valenciana de Venta del Moro, que también contiene algunos aspectos diferenciales y que antes se celebraba en otras localidades cercanas, como Utiel (donde se hacía en varios sitios del pueblo) o en Barrio Arroyo (donde se les llamaba a los Judas «pelindangos criticones»). Como en otros lugares que hemos visto, los quintos eran los encargados de confeccionar el pelele, que terminaban colgando durante la noche del sábado en el campanario de la iglesia parroquial, y como en el caso de Robledo de Chavela, está asociado con las procesiones que protagonizan el encuentro: la de la Virgen, portada y seguida solo por mujeres, y la del Niño, llevada por los quintos y seguida por hombres. Cuando se juntan, frente a la iglesia, el Judas es despeñado desde la torre —un claro guiño a la muerte del traidor según los Hechos—, y al caer, los niños, armados con cañas y bastones, proceden a apalearlo a ritmo de repique de campanas. Acto seguido, un niño algo mayor coge el muñeco por la cuerda y lo arrastra hasta la rambla, el lugar más bajo de la población, mientras prosigue la paliza. Una vez allí, le prenden fuego. Además, aquí también se pretende representar simbólicamente con el Judas a algún personaje o actitud especialmente infame, ya sea vecino o no, con el fin de purificar a la comunidad.

Esto de asociar a Judas con personajes por diversos motivos se da en muchos de estos lugares, y en otros tantos que me dejo en el tintero. En Coripe (en la sierra sur de Sevilla) se celebra una quema de Judas, declarada de interés turístico nacional, en la que cada Domingo de Resurrección se cuelga al Judas de una higuera en la plaza frente a la iglesia, en la que se recrea una suerte de Huerto de los Olivos, y es tiroteado con munición de salva hasta que empieza a arder. Alcanzó bastante popularidad en 2019 porque el personaje representado fue el Molt Honorable President huido Carles Puigdemont, que dos años antes, el 10 de octubre de 2017, efectuó una efímera declaración de independencia de Cataluña, que al instante quedó suspendida, y que el 29 de octubre escapó ante una posible represión legal del Estado español. Puigdemont se quejó en Twitter y acusó al PSOE de apoyar el acto, ya que el gobierno local era socialista en aquel momento; al día siguiente aparecieron pintadas en algunas sedes del Partido Socialista de Cataluña con frases como esta: *Coripe crema vergonya* (*Coripe quema vergüenza*). Pese a que los organizadores dejaron claro que se trataba, como siempre había sido, de una simple burla hacia un personaje que consideraban especialmente negativo para la sociedad en su conjunto, la concejala de festejos terminó pidiendo perdón.

El caso es que un año antes se había liado parda en Coripe por este mismo motivo: en aquella ocasión, el Judas representó a Ana Julia Quezada, la asesina del pequeño niño almeriense Gabriel Cruz. Un colectivo llamado Movimiento contra la Intolerancia denunció a los organizadores por racismo y, finalmente, tanto el alcalde, Antonio Pérez, como la concejala de Festejos, Irene García, ambos socialistas, tuvieron que declarar como imputados, aunque la causa fue archivada. Una tremenda tontería, pues en años anteriores los protagonistas han sido personajes como Fidel Castro, Iñaki Urdangarin, el pequeño Nicolás o Miguel Carcaño, asesino confeso de Marta del Castillo.

Todas estas festividades parecen tener su origen en una serie de escenificaciones teatrales de la Pasión de Jesús que comenzaron a popularizarse a finales de la Edad Media, como la Tragedia de la Passió de Mallorca, escrita en el siglo XIII. Consistía en representar la secuencia de acontecimientos con actores improvisados, y claro, Judas siempre tenía un papel destacado.

Una de las más importantes es el Prendimiento de Priego de Córdoba, considerado Bien de Interés Cultural en Andalucía, que se desarrolla en esta localidad cordobesa cada Miércoles Santo —aunque antes se hacía al día siguiente— a partir de un texto anónimo del siglo XVII que sigue el esquema narrativo del Evangelio de Juan: la última cena, la traición de Judas, la oración en Getsemaní y el apresamiento de Jesús. Judas, el auténtico protagonista del drama, se encarga de cerrar el acto: tras ver cómo se llevan a Jesús, toma conciencia de lo que acaba de hacer y grita arrepentido y desesperado, para terminar lanzando las treinta monedas al público asistente y marchar en busca de un árbol para ahorcarse. Jesús suele ser interpretado por el párroco de turno, y, como el resto de los apóstoles, incluido Judas, usa una máscara. Los romanos, por cierto, van caracterizados como los tercios de Flandes. La representación la organiza la Hermandad de Jesús en la Columna, fundada en 1550. Se tiene constancia de su celebración desde el año 1642.

En algunas localidades cordobesas cercanas se celebran dramatizaciones de menor calado, pero parecidas. En Cabra, por ejemplo, es famosa la representación del Lavatorio de la Última Cena, en el que, cuando Judas abandona la reunión, tras ser delatado, deja una zapatilla en las manos del cura oficiante.

Pero esto no solo sucede en España. En Sudamérica existen numerosos ejemplos de esta práctica o algunas parecidas. Por ejemplo, en Cotoca (Bolivia), durante todas las noches de la Semana Santa se realiza un viacrucis tras el que se paseaba a un Judas con una campanilla atada al cuello. Los vecinos, al pasar, cierran las puertas y, ojo, pellizcan a sus niños para que lloren.

En Michoacán (México), el Jueves Santo por la noche, se representa a Judas, que porta una máscara negra con cuernos, intentando entrar en una iglesia, pero otros lugareños, vestidos de judíos y romanos, se lo impiden y proceden a ahorcarlo.

En Iquique (Chile) se celebra una tradicional y conocida quema de Judas que se inspira, como tantas otras que se realizan en aquel país, en la que también se recrea en Valparaíso, la más antigua. Se saca en procesión a un pelele vestido con una túnica roja y negra que termina siendo quemado. Curiosamente, esto tuvo durante mucho tiempo un matiz socioeconómico: el pelele venía a representar a la aristocracia local, a los ricos y al poder político. Hoy lo sigue teniendo, aunque el carácter festivo es predominante.

En Arequipa (Perú), antes de la quema, se lee un testamento burlesco en el que Judas cede sus bienes a personajes de cualquier ámbito de la sociedad que haya sido especialmente funesto en el año anterior.

Curiosamente, en varias localidades de Uruguay se realiza este rito, pero en una fecha distinta: desde mediados de noviembre, cuando se comienzan a confeccionar los Judas por parte de los niños de los distintos barrios, que luego acomodan en sus respectivas calles, solicitando a todo aquel que pase «una monedita *p'al* Judas»; hasta la Nochebuena, cuando se produce la quema del Judas y se lanzan fuegos artificiales comprados con el dinero recaudado.

Pero también se celebra en otras partes de Europa. En Alemania era tradicional hasta la Segunda Guerra Mundial quemar una figura de madera llamada Judas en una hoguera consagrada. Esta práctica fue abolida tras el holocausto, ya que contenía un tono antisemita profundo. Pero se siguen realizando hogueras en esa noche, y la festividad se sigue denominando la Quema de Judas.

También en Francia se practica. Por ejemplo, en los carnavales provenzales existe una curiosa tradición relacionada claramente con esto y protagonizada por un personaje llamado Caramentran, un muñeco vestido con harapos que se saca en procesión el Miércoles de Ceniza —el día que pone fin al Carnaval— y que luego es quemado en las plazas mayores de las localidades donde se celebra —en Marsella, en cambio, se tira al mar—. La intención es culpar simbólicamente al muñeco de todos los males acaecidos en el último año, cargando sobre él todos los pecados de la comunidad. Es más, es habitual también que se le haga un juicio simbólico y carnavalesco a cargo de un tribunal popular.

Curiosamente, en la Provenza usaban ese nombre, Caramentran, para designar los tres días santos (domingo, lunes y martes) que preceden al Miércoles de Ceniza, que da inicio a la Cuaresma. Esto guardaba mucha relación con la vida agraria, ya que esos días simbolizaban el fin de la carestía alimentaria que se producía cuando se empezaban a agotar los suministros reservados para el duro invierno, justo antes del comienzo de la primavera. Con el paso del tiempo, esto se acabó manifestando en el maniquí carnavalesco provenzal.

En algunos lugares de la geografía española también se relaciona a Judas con los carnavales, ya que se suele pasear, el martes de Carnaval, a un pelele, generalmente en burro, que también se solía quemar o ahorcar. Por ejemplo, en Arizala (Navarra) se confeccionaba un pelele de paja y madera al que metían sal en el interior; era sacado en procesión el martes de Carnaval, al grito de «Judas Iscariote, con barbas y bigote», y luego era quemado mientras la muchachada del pueblo apedreaba pucheros de barro.

De hecho, en el Entierro de la Sardina, la ceremonia con la que se suele poner punto final al Carnaval (el Miércoles de Ceniza), se suele realizar un cortejo fúnebre paródico que termina con alguna figura simbólica que representa los vicios y pecados de la sociedad en general, lo que evoca simbólicamente el fin de lo subversivo y el retorno a la normalidad. En Murcia, donde goza de gran popularidad, curiosamente se celebra la semana posterior a la Semana Santa, lo que representa justo lo contrario, el triunfo del Carnaval sobre la Cuaresma…

EL *PHARMAKOS*

¿De dónde viene está sugerente tradición? Los etnólogos y folcloristas han planteado diversas explicaciones, que a mi entender pudieron actuar juntas.

Al margen de su relación con nuestro querido personaje, sobra decir que todo esto está estrechamente relacionado con los rituales paganos que desde la más remota Antigüedad se celebraban para representar el paso del invierno a la primavera, y los cristianos no dudaron en hacerse con estas celebraciones, que, aun así, mantuvieron su rollo heterodoxo. De hecho, muchas culturas celebraban en el equinoccio el comienzo del año.

Además, parece clara la relación con los judeoconversos y la Inquisición. Los parecidos con el ritual inquisitorial son evidentes: los paseos burlescos de los condenados para exponerlos a las masas, el uso de los famosos sambenitos, carteles colgando con la sentencia y, finalmente, la quema en la hoguera.

Por otro lado, no deja de ser una forma alternativa y popular de un ritual de purificación que se practicaba en la antigua Grecia: el *pharmakos*. Solía realizarse para combatir algún tipo de mal (una hambruna, alguna plaga o una invasión) que estaba asolando a alguna población. Se escogía una persona al azar, generalmente a un esclavo, un criminal, un lisiado, que era arrastrado fuera de la localidad, golpeado y apedreado, y a veces se le mataba, lo que permitía pulgar de algún modo el mal en cuestión. No deja de resultar significativo que tanto el término *fármaco* como *farmacia* procedan de aquí —a partir del *pharmakon* griego, que significa «droga» o «veneno»—.

Curiosamente, esto guarda mucha relación con un ritual judío que, a la vez, tiene mucho que ver con Jesús: el chivo expiatorio. Durante el día de la Expiación, una festividad descrita e instaurada en el Levítico 16, se realizaba un rito, ordenado siglos atrás por Yahvé a Aarón, que consistía en lo siguiente: se elegían dos chivos para el sacrificio de expiación y un carnero para el holocausto. Uno de los chivos debía ser sacrificado en el Templo por el sumo sacerdote (Aarón), pero el otro se le tenía que entregar a Azazel,[59] un demonio que vivía en el desierto, tras un curioso ritual:

---

59 Por cierto, el nombre de Azazel significa precisamente «chivo expiatorio».

Hecha la expiación del santuario, de la tienda del encuentro y del altar, Aarón hará traer el macho cabrío vivo, pondrá las dos manos sobre su cabeza, confesará sobre él todas las culpas de los israelitas, todas sus transgresiones y pecados, los descargará sobre la cabeza del macho, y lo enviará al desierto por medio de un hombre designado para ello; el macho cabrío llevará sobre sí todas las culpas a tierra desierta. [Lv 16,20-22].

¿No es exactamente eso lo que hizo Jesús, redimir de pecado a la humanidad sacrificándose, según la reinterpretación paulina?

En cualquier caso, se ha propuesto, con bastante atino, que esto de la Quema de Judas viene a ser una evolución popular de estos rituales, cambiando a un ser humano vivo por un muñeco que cumplía simbólicamente con el mismo rol purificador y catártico. ¿Quién mejor para representar ese papel que el traidor por antonomasia? De camino, además, se vengaba la muerte de Jesús.

LO QUE DICEN LOS MÉDIUMS

En el siglo XIV vivió y murió una señora interesantísima, Brígida Birgersdotter (1303-1373), santa Brígida de Suecia para la Iglesia católica y una de las tres copatronas de Europa (junto con santa Catalina de Siena y santa Teresa de Ávila). Al parecer, desde pequeña tuvo visiones, tanto de la Virgen María como de Jesús en la cruz. Tras la muerte de su marido, con el que se casó obligada, se instaló en un convento y sus visiones se multiplicaron exponencialmente. La narración de aquellos encuentros místicos fue publicada con el título de *Revelaciones celestiales*. Entre otros muchos temas, Brígida y Jesús/Dios conversaron largo y tendido sobre Judas, y siempre en torno a la idea de que por qué había permitido la existencia de los malvados, lo que incluía, claro está, a nuestro protagonista. La respuesta era de esperar: para que su maldad fuese conocida y sirviese de ejemplo, porque todos los malvados pudieron hacer el bien en alguna ocasión y porque así manifestaba su paciencia y la gloria de Dios. «Por esto toleré a Pilatos, Herodes y Judas» (libro 1, capítulo 25)

En otra ocasión atacó a los pecadores que perseveran en el mal, diciendo que son peores que Judas, pues este terminó reconociendo que había pecado gravemente, y por eso se precipitó y se quitó la vida.

De hecho, no dudó en cebarse con el papa Urbano V (el sexto papa de Aviñón), del que también profetizó su muerte —y acertó—, diciéndole: «Mereces menos misericordia que Judas y eres más abominable que los judíos» (libro 1, capítulo 41).

Un siglo antes, otra mística cristiana, la alemana santa Gertrudis de Hefta (1256-1302), obtuvo unas revelaciones parecidas sobre Judas, y alguna noticia interesante sobre el destino de su alma. En su obra *Heraldo del amor divino*, una recopilación de sus textos revelados publicada tras su muerte, al preguntarle por su suerte, Jesús le respondió que prefería no contarle lo que había hecho con él para que no se abusase de su misericordia, lo que de algún modo implicaba que había sido perdonado finalmente.

Estos son dos ejemplos de místicas cristianas que, según afirmaban, recibieron información revelada sobre Judas, entre otras muchas cosas. Pero no fueron las únicas: dos especialmente célebres mostraron un especial interés en aportar nuevos datos sobre el traidor, datos que, sin duda, pretendían explicar una vez más el misterio que recorre transversalmente este libro, el porqué de la traición.

La primera de ellas es María Valtorta (1897-1961), una señora italiana, de la Lombardía, que en 1931 había tomado votos de castidad, pobreza y obediencia, y que desde abril de 1934 estuvo en cama —en la casa familiar de Viareggio— como consecuencia de un accidente que sucedió en 1920. El 23 de abril de 1943, Viernes Santo, informó a su familia de que escuchaba una voz que le pedía que escribiera lo que le dijese. A partir de ese momento comenzó a escribir de forma compulsiva lo que aquella voz, que según afirmaba era la de Jesús, le dictaba. Y así estuvo hasta 1947, aunque continuó escribiendo, ya de forma intermitente, hasta 1951.

15000 páginas, repartidas en 122 cuadernos, fueron su monumental producción literaria. 700 episodios en los que describía con un grado de detalle alucinante la historia de Jesús. Sus sacerdotes, Romualdo Migliorini y Corrado Berti, se encargaron de transcribir y ordenar aquella brutalidad y le animaron a publicar gran parte de aquellos textos en 1947. Unos meses después tenían listo *El poema del Hombre Dios*, un tochaco de 5000 páginas que entregaron el 26 de febrero de 1948 al papa Pío XII. Pero no hubo suerte: el Santo Oficio convocó al padre Berti en 1949 y le ordenó encarecidamente que le entregara todas las copias y que prometiese que no lo iba a publicar. El cura aceptó, pero le devolvió su copia manuscrita a María Valtorta, que, ni corta ni perezosa, contactó con un editor, que aceptó publicársela. Así, entre 1956 y 1959 se publicaron los cuatro volúmenes de la obra. En la actualidad se edita como *El Evangelio que me ha sido revelado...*, y en diez tomos.

Pero la cosa no fue bien: el 16 de diciembre de 1959, el Santo Oficio puso la obra en el tristemente famoso *Index librorum prohibitorum*, el índice de libros prohibidos por la Iglesia católica, con la aprobación del entonces papa Juan XXIII. Además, la Conferencia Episcopal Italiana pidió al editor que se aclarase que la Iglesia no aceptaba el supuesto origen sobrenatural de aquellos escritos. Además, se ponían en boca de Jesús y de otros personajes discursos totalmente anacrónicos, más propios de pensadores religiosos modernos, y se percibían un buen número de errores históricos y teológicos, y algunas escenas que podían causar «daño espiritual». Años después, en 1985, el cardenal Joseph Ratzinger, futuro papa Benedicto XVI, que en aquel entonces era el prefecto de la Congregación para la Doctrina de la Fe —el nuevo y eufemístico nombre que adquirió el Santo Oficio—, revalidó la inclusión en el índice, aunque oficialmente no existía desde 1965...

María Valtorta.

Pero también es verdad que María Valtorta y su obra también han contado con grandes apoyos, algunos bastante ilustres: dos de los muchísimos videntes de las apariciones marianas de Medjugorje (Vicka Ivankovic y Marija Pavlovic) afirmaron que la Virgen María les había dicho que, en verdad, aquellos libros contaban con la aprobación divina.

Sea como fuere, dentro de esta monumental obra, *El Evangelio que me ha sido revelado*, podemos encontrar una enorme cantidad de referencias al personaje de Judas. Tanto es así que la estudiosa Consuelo Arroyo Bustos publicó una trilogía con la editorial Círculo Rojo, titulada *Retrato de Judas Iscariote*, en la que a lo largo de casi mil páginas recopila todo lo que Valtorta escribió sobre Judas. Como comprenderá, desocupado lector, no es mi intención extenderme demasiado con esto, pero sí que me gustaría resumir lo más brevemente posible esta movida. Merecerá la pena.

Según Valtorta, Judas fue en busca de Jesús y le dijo:

> Soy Judas, de Simón. Soy de Keriot, pero soy del Templo (o estoy en el Templo). Espero al Rey de los Judíos y sueño con Él. He visto que eres rey en la palabra, también en el gesto. Tómame contigo. [54, 26/10/1944].[60]

Jesús, pese a que en un primer momento le dijo que no, le planteó que lo volviese a intentar un tiempo después, cuando lo hubiese pensado mejor, y eso mismo les comentó a los demás apóstoles, que era importante dejarle a Judas un lapso de tiempo para que reflexionara; hasta que finalmente, unos meses después, estando en Judea, Jesús terminó aceptándolo en su seno. Claro, según Valtorta, Judas estaba convencido de que Jesús era el rey profetizado que reunificaría el Israel bíblico, pese a que este le indicó que no era ese su plan.

> —Pero ¿no eres Tú el señalado Rey de los judíos, del que han hablado los profetas? Han venido otros. Pero les faltaban muchas cosas y cayeron como hojas que el viento no vuelve a levantar. Tú tienes a Dios contigo, de tal modo que haces milagros. Donde está Dios, el éxito de la misión es seguro.

---

60 Al citar a Valtorta, usaré el capítulo de su libro en cuestión y la fecha de la supuesta revelación. Todas las citas están tomadas de la brillante trilogía de Consuelo Arroyo Bustos, aunque no cito su paginación, por si el interesado prefiere ahondar en ellas usando las versiones *on line* disponibles.

—Has dicho bien. Yo tengo a Dios conmigo. Soy su Verbo. Soy el que profetizaron los Profetas, el prometido a los Patriarcas, el esperado de las multitudes. Pero ¿por qué te has hecho tan ciego y sordo para que no sepas leer y ver, oír y comprender los verdaderos hechos? Mi reino no es de este mundo, Judas. No te hagas ilusiones. Vengo a traer a Israel la Luz y la Gloria. Pero no la luz y la gloria de esta Tierra. Vengo a llamar a los justos de Israel al reino. Porque de Israel y con Israel debe formarse y brotar la planta de vida eterna, cuya savia será la Sangre del Señor, planta que se extenderá por toda la Tierra, hasta el fin de los siglos. Mis primeros seguidores son de Israel. Aun mis verdugos serán de Israel, y también el que me traicionará será de Israel...

—No, Maestro. Eso no sucederá jamás. Aunque todos te traicionasen, yo estaré contigo y te defenderé.

—¿Tú, Judas?... Y ¿en qué basas tu seguridad?

—En mi palabra de honor.

—Cosa más frágil es que la tela de araña, Judas.

[66, 28/12/1944].

Al día siguiente de producirse esta conversación, mucho más extensa de lo aquí transcrito, se vieron, y juntos fueron hasta el Templo de Jerusalén, donde se desarrolla otra extensa charla entre ellos, que viene a ser una suerte de rito de iniciación para Judas, por fin aceptado en el grupo de apóstoles. Jesús le encomienda a Juan que lo tome a su cargo y lo defienda de los posibles ataques de otros, especialmente de Simón Pedro, que desde un primer momento desconfía del nuevo apóstol.

A partir de este momento, Judas aparece en infinidad de momentos de la obra de Valtorta: un viaje a Belén junto a Pedro y Jesús, en el que Jesús le encarga por primera vez las cuentas del grupo, y donde el Nazareno aprovecha para contarles su nacimiento; otro viaje a Keriot, lugar de origen de Judas, donde Jesús conoce a su familia; una escena en la que Pedro le avisa de que es peligroso, pero el maestro le dice que lo que debe ser será, anunciando por primera vez su muerte e insinuando que Judas tendrá parte; una conversación con su madre, María, en la que esta también le avisa del peligro que supone el nuevo discípulo; el nombramiento de los Doce como apóstoles, que superan así el rango de simples discípulos; las bienaventuranzas y el discurso del monte, o la instauración del padrenuestro.

Poco a poco, según Valtorta, Judas va mostrando su carácter celoso, iracundo y poco reflexivo. Además, va dejando traslucir un cierto desencanto con la misión de Jesús, cada vez más espiritual y alejada de la idea que Judas tenía inicialmente: que sería el Mesías enviado para ocupar el trono de David y devolver al pueblo judío su lugar merecido, lo que levanta suspicacias entre los demás.

Una vez más, vemos aquí insinuada esa extendida idea de que el motivo de la traición era forzar a Jesús a revelar su verdadero rol como rey de los judíos y sus poderes sobrenaturales y milagreros.

Sin embargo, tras cada uno de estos encontronazos, en los que Judas mostraba sin pudor su lado más oscuro, se mostraba arrepentido y Jesús mediaba por él. Incluso, más adelante, cuando lance a los Doce a sus misiones apostólicas, contará con Judas sin dudarlo. De hecho, Keriot, su ciudad, será un lugar común en las andanzas de Jesús y los suyos en el relato de Valtorta; tanto que la madre de Judas llegará a entablar una gran amistad con María, la madre del Nazareno.

Poco después, Valtorta introdujo en la narración a María Magdalena, que llegará a tener una importancia primordial en el posterior desarrollo de su narración. Eso sí, como tradicionalmente ha hecho la cristiandad desde el siglo VI, la describió como una prostituta redimida por Jesús, además de mostrar a Judas descontento por dejarse ver con alguien así públicamente. De hecho, tampoco parece demasiado contento con que haya mujeres en el grupo, más que nada porque las veía como fuente de tentación y pecado.

También es cierto que Judas temía que esto, aceptar a pecadoras y poseídas en su grupo, provocase que Jesús tuviese un final como el de Juan el Bautista. En realidad, pecaba de exceso de celo en su creencia de que Jesús era el Mesías, y por eso se le terminaban perdonando sus enfados, su pésimo carácter y su obstinado orgullo. Pero varios apóstoles ya andaban con la mosca detrás de la oreja, y no dudaron en avisar a Jesús, pero este, una y otra vez —Valtorta no se cortó a la hora de poner ejemplos— les pedía a los discípulos que no lo juzgasen a la ligera.

Llegado el momento, Jesús tomó conciencia de que Judas era el que lo debía traicionar. Valtorta aquí escribió un bellísimo monólogo de Jesús en el que imploraba a Dios por la salvación de su apóstol, insistiendo en que no fuese el que lo traicionase:

No te pido que Yo no sea traicionado… Eso tiene que ser, y será… para que, por mi dolor de traicionado, sean anuladas todas las mentiras, como por mi dolor de vendido expiadas todas las avaricias, como por mi tortura de blasfemado reparadas todas las blasfemias, y por el de no creído, dada fe a los que sin fe están y estarán, como por mi tortura limpiadas todas las culpas de la carne… Pero te ruego: ¡él no, él no, Judas, mi amigo, mi apóstol! No quisiera que traicionase nadie… Nadie… Ni siquiera el más lejano entre los hielos boreales o los fuegos de la zona tórrida… Quisiera que el sacrificador fueses Tú solo… como otras veces lo has sido incendiando los holocaustos con tus fuegos. [317, 2/11/1945].

Además, Judas poco a poco fue mostrando celos hacia los demás apóstoles, y no dudaba en comentarle a Jesús en varias ocasiones que los quería más que a él.

Como vemos, todo apuntaba a la inminente traición, que no tardará en producirse. Pero antes se repiten un montón de episodios más en los que Judas la lía, se arrepiente y Jesús lo perdona y lo acepta de nuevo en el redil, no sin antes marcarse algún discurso ejemplarizante.

Y finalmente, Valtorta se lanzó a describir, con una cantidad de detalles extraordinaria, la secuencia de acontecimientos que condujeron a la entrega de Jesús: Judas llevaba un tiempo hablando con los sumos sacerdotes judíos, no para entregar a su maestro, sino para provocar que pecase y exponerlo ante sus seguidores, por el bien de Israel. Se niega a entregarlo en un primer momento, cuando le dijeron que habían decidido acabar con su vida. Pero la hora llegó tras la resurrección de Lázaro. Judas, cada vez más atormentado, tomó la decisión de entregar a Jesús:

> Sí. Yo lo haré. Lo debo hacer. Y lo haré. Ya la última parte de las maldiciones mosaicas es mi parte, y debo salir de ellas porque ya he tardado demasiado. Y me vuelvo loco al no tener tregua ni reposo, y el corazón despavorido, y la mirada perdida, y el alma consumida de la tristeza. Temblando por ser descubierto y fulminado por Él en mi doble juego —porque yo no sé, no sé hasta qué punto Él sabe mi pensamiento— veo mi vida pendiente de un hilo, y mañana y tarde invoco que acabe esta hora por el espanto que aterroriza mi corazón. Por el horror que debo llevar a cabo. [588, 29/3/1947].

Así, tras cerrar el pacto, a cambio de 30 denarios —«Es demasiado poco para pagar mi dolor de traicionar a Aquel que me ha amado siempre»—, se comprometió a entregarlo la noche antes de la Pascua… Lo que sucedió a continuación es por todos conocido: la última cena, el rezo en el huerto de Getsemaní, el beso del traidor y la captura de Jesús; todo esto, como viene siendo habitual, con un nivel de detalles abrumador. Y luego, el arrepentimiento de Judas, tras la captura, al que se le muestra totalmente enajenado vagabundeando por las calles de Jerusalén, en una escena magistral de Valtorta. Y al final:

Arranca de su cintura el cordón de gruesa lana roja que lo ciñe con tres vueltas. Prueba su solidez aferrándolo alrededor de un olivo y tirando con todas sus fuerzas. Resiste. Es fuerte. Escoge un olivo apto para lo que intenta. Ya está. Este, extendido al otro lado del barranco con su copa enmarañada, vale. Sube al árbol. Asegura fuertemente una punta en la rama más gruesa y que más sobresale hacia el vacío. Ya ha hecho el nudo corredizo. Mira una última vez al Gólgota. Luego mete la cabeza en el nudo corredizo. Ahora parece tener dos collares rojos en la base del cuello. Se sienta en el límite del ribazo. Luego de golpe se deja resbalar al vacío. El nudo lo aprieta. Se debate algún minuto. Se le salen los ojos, se pone negro de la asfixia, abre la boca, las venas del cuello se hinchan y se ponen negras. Pega cuatro o cinco patadas al aire, en las últimas convulsiones. Luego la boca se abre y le cuelga la lengua oscura y babosa, y los globos oculares quedan al descubierto, saltones, mostrando el bulbo blanquecino inyectado de sangre. El iris desaparece por arriba. Está muerto. [605, 31/3/1944].

Termino con Valtorta, no sin antes comentar que en su obra introdujo una curiosa escena en la que Jesús resucitado se aparece a María, la madre de Judas, a la que reconforta por el doble sufrimiento de tener un hijo traidor y de haberlo perdido para siempre.

EMMERICK

Al leer este «ciclo de Judas» da la sensación de que María Valtorta estuvo más que influida por nuestra siguiente protagonista… De hecho, sería interesante realizar una comparación entre ambos escritos revelados, comparación que, por supuesto, no voy a hacer yo, más que nada porque la relación es evidente.

Y es que, un siglo y pico antes, la alemana Ana Catalina Emmerick (1774-1824), beatificada en 2004 por el papa Juan Pablo II, lo hizo más y mejor.

Nacida en Flamschen, desde pequeña mostró un gran interés por la religión y estuvo interesada en hacerse monja, pero no podía pagar la dote necesaria. No lo consiguió hasta 1802, ya con 26 años, cuando entró en el convento de Agnetenberg, en Dülmen. Desde entonces se mostró enfermiza y con mala salud. Pero en 1811 el convento fue clausurado por el rey de Westfalia (Jerónimo Bonaparte). Ana Catalina fue acogida en la casa de la hermana viuda de su confesor, el dominico Joseph Aloys Limberg.

Dos años después, en 1813, estando gravemente enferma, aparecieron los primeros estigmas. Durante varios meses, una comisión episcopal estudió el caso, llegando a la conclusión de que eran auténticos. Los tuvo durante el resto de su vida, que pasó postrada en una cama, como María Valtorta. No me negarán que esto es de lo más significativo.

En 1819, durante una nueva investigación eclesiástica, conoció al afamado poeta alemán Clemens Maria Brentano (1778-1842), íntimo amigo de Goethe. Nada más verlo, Ana Catalina le dijo que Jesús lo había señalado como el encargado de escribir las revelaciones que recibía en sus visiones. Así, desde ese momento, hasta que le llegó la muerte a la mística, en 1824, Brentano, sin saltarse un solo día, se dedicó a registrar por escrito todo. Reunió miles de páginas manuscritas.

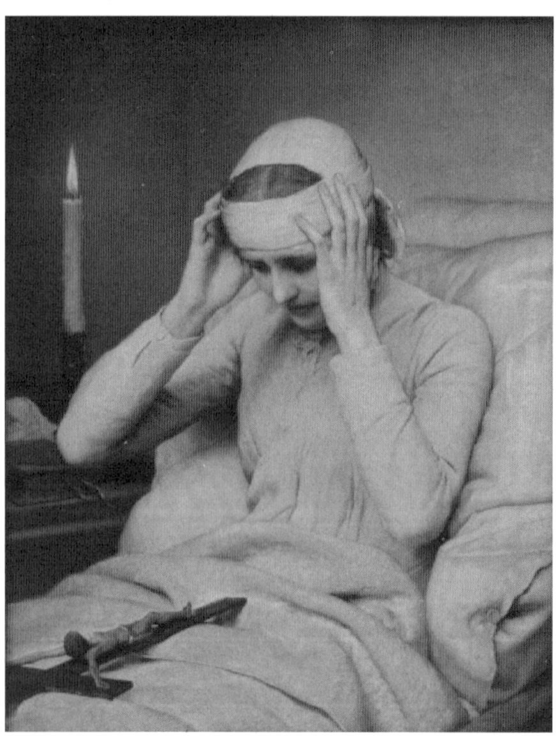

Ana Catalina Emmerick (Gabriel von Max, 1885).

En 1833, Brentano publicó la primera entrega, *La dolorosa pasión de Nuestro Señor Jesucristo*. Con el tiempo, y tras el fallecimiento del poeta en 1841, vieron la luz otras obras, como la *Vida de la Bienaventurada Virgen María* (1852) o *La vida pública de Jesús* (en tres volúmenes, entre 1858 y 1880); ambas, editadas por el sacerdote católico Karl Schmöger, que también publicó una biografía de la mística en 1881.

El caso es que Ana Catalina, en aquellas visiones, contempló todos los hechos narrados en los Evangelios —en los cuatro, pese a sus contradicciones, que se encargó de solucionar—, pero también habló de muchísimos más, ampliando hasta límites increíbles la trama evangélica, sobre todo en lo referente a la Pasión de Jesús —que sirvió de modelo, por cierto, para la famosa y extraordinaria película *La Pasión*, de Mel Gibson—, y desarrollando la historia de muchos de sus personajes, entre los que está, como era de esperar, Judas.

Emmerick lo introdujo como uno de los seguidores de Juan el Bautista, aunque también llevaba un tiempo atento a las enseñanzas de Jesús, que acababa de comenzar su llamada vida pública. Pero donde se explayó hablando de él fue al final de la historia, al narrar los hechos sucedidos en sus últimos días.

Por ejemplo, describió con un grado de detalle apabullante cómo se desarrolló la última cena, desde el lugar en el que se reunieron, el cenáculo, hasta el menú que se sirvió. Curiosamente, comentó que, además de Jesús y los Doce, sentados en una mesa estrecha y con forma de herradura, había veinticuatro personas más repartidas en otras salas. Y claro, ahondó en el momento en que Jesús anunció a los allí presentes la traición, en el que Emmerick vio algo asombroso, algo claramente inspirado en las distintas narraciones evangélicas, que intentó casar a su manera…

Al principio Jesús estuvo muy afectuoso con sus apóstoles; después se puso grave y melancólico, y les dijo: «Uno de vosotros me venderá; uno de vosotros, cuya mano está en esta mesa conmigo». […] Los apóstoles, agitados, le preguntaban cada uno: «Señor, ¿soy yo?», pues todos sabían que no comprendían del todo estas palabras. Pedro se recostó sobre Juan por detrás de Jesús, y por señas le dijo que preguntara al Señor quién era, pues habiendo recibido algunas reconvenciones de Jesús, tenía miedo de que le hubiera querido designar. Juan estaba a la derecha de Jesús, y como todos, apoyándose sobre el brazo izquierdo, comía con la mano derecha: su cabeza estaba cerca del pecho de Jesús. Se recostó sobre su seno, y le dijo: «Señor, ¿quién es?». Entonces tuvo aviso de que Jesús quería designar a Judas. Yo no vi que Jesús se lo dijera con los labios: «Este, a quien le doy el pan que he mojado». Yo no sé si se lo dijo bajo; pero Juan lo supo cuando

Jesús mojó el pedazo de pan con la lechuga, y lo presentó afectuosamente a Judas, que preguntó a su vez: «Señor, ¿soy yo?». Jesús lo miró con amor, y le dio una respuesta en términos generales. Era para los judíos una prueba de amistad y de confianza. Jesús lo hizo con afección cordial para avisar a Judas sin denunciarlo a los otros; pero este estaba interiormente lleno de ira. Yo vi, durante la comida, una figura horrenda sentada a sus pies, y que subía algunas veces hasta su corazón. [Tomo 11, VI].

A continuación, pasó a narrar la instauración de la eucaristía. Y Judas, tras recibir el pan y el vino, se marchó…

Se retiró sin rezar y sin dar gracias, y por esto se puede ver cuán culpable es el retirarse sin dar gracias después del pan cotidiano y después del pan eterno. Mientras duró la comida, vi aliado de Judas una figura horrenda, que tenía un pie como un hueso seco; cuando estuvo delante de la puerta, vi tres demonios en derredor suyo: el uno entraba en su boca; el otro lo empujaba, y el tercero corría delante de él. Era de noche, y parecía que le alumbraban: iba corriendo como un insensato. [Tomo 11, VIII].

Tras esto, la mística redactó un largo episodio en el que explicaba al lector todos los pasos previos que condujeron al momento cumbre de la triste historia de Judas: la entrega de Jesús. Atención a cómo lo describió.

No creía Judas que su traición tuviese el resultado que tuvo. Quería obtener la recompensa ofrecida, y agradar a los fariseos entregando a Jesús. No pensaba en el juicio ni en la crucifixión del Maestro; sus miras no iban tan allá: el dinero solo preocupaba a su espíritu, y desde mucho tiempo antes se había puesto en relación con varios fariseos y algunos saduceos astutos, que lo incitaban a la traición halagándolo. Estaba cansado de la vida errante y penosa de los apóstoles. En los últimos meses no había cesado de robar las limosnas de las que era depositario, y su avaricia, excitada por la liberalidad de Magdalena cuando derramó los perfumes sobre Jesús, lo llevo al último de los crímenes. Había esperado siempre un reino temporal de Jesús que le proporcionase un empleo brillante y lucrativo. Como esto no se realizó, se ocupó en atesorar dinero. Veía que las penas y las persecuciones arreciaban, y quería ponerse bien con los poderosos enemigos del Señor al acercarse el peligro. Veía que Jesús no se hacía rey, mientras que la dignidad del Sumo Sacerdote ejercía grande impresión en su ánimo. Intimaba más y más cada día con sus agentes, que le halagaban y le decían de un modo positivo que en todo caso pronto acabarían con Jesús. Se cebó cada vez más en estos pensamientos criminales, y, a lo último, multiplicó sus entrevistas para decidir a los príncipes de los sacerdotes a obrar. Estos iban en el asunto no tan aprisa, y <u>lo trataron con desprecio</u>. Decían que faltaba poco, antes de la Pascua, y que esto causaría desorden y tumulto. El sanedrín solo prestó alguna atención a las proposiciones de Judas. Después de la recepción sacrílega del Sacramento, Satanás se apoderó de él, y salió a concluir su crimen. Buscó primero a los negociadores que lo habían lisonjeado hasta entonces, y que lo acogieron con fingida amistad. [...] Cada uno expresaba una opinión diferente, y antes de todo preguntaron a Judas; «¿Podremos prenderlo? ¿No tiene hombres armados con Él?». Y el traidor respondió: «No; está solo con sus once discípulos: está abatido, y los once son hombres cobardes». Les dijo que era menester tomar a Jesús ahora o nunca; que otra vez no podría entregarlo; que no volvería más a su lado; que hacía algunos días que los otros discípulos de Jesús comenzaban a sospechar de él. Les dijo también que si ahora no prendían a Jesús, se escaparía y volvería con un ejército de sus partidarios para ser proclamado rey. <u>Estas amenazas de Judas produjeron su efecto.</u> Participaron de su modo de pensar, y recibió el precio de su traición: las treinta monedas. [Tomo 11, XII].

Emmerick narró que, una vez cerrado el trato, Judas se dirigió al cenáculo acompañado de unos cuantos fariseos para entregar a Jesús. Pero no lo encontraron, de manera que se dirigió hacia el monte de los Olivos —la mística solucionó así otro de los problemas de esta secuencia de acontecimientos: ¿cómo sabía Judas que estaban allí?—, no sin antes solicitar que lo acompañase una partida de soldados y de advertir que debían estar alerta, porque Jesús tenía la capacidad de volverse invisible…

> <u>Deseaba que creyeran que se hallaba allí por casualidad; y cuando ellos se presentaran, él huiría como los otros discípulos, y no volverían a oír hablar de él.</u> Pensaba también que habría algún tumulto; que los apóstoles se defenderían, y que Jesús desaparecería como hiciera otras veces. Este pensamiento le asaltaba cuando se sentía mortificado por el desprecio de los enemigos de Jesús; pero sin arrepentirse, porque se había entregado enteramente a Satanás. No quería tampoco que los que vinieran detrás de él trajesen cadenas y cordeles; le concedieron en apariencia lo que deseaba, pero <u>le trataron como un traidor</u>, del cual nadie se fía, y que se rechaza cuando se han servido de él. [Tomo 11, XII].

Y finalmente, Judas, los gerifaltes judíos y los romanos llegaron ante el Nazareno:

Judas, que estaba todavía aliado de ellos, se sorprendió, y queriendo acercarse a Jesús, el Señor le tendió la mano, y le dijo: «Amigo mío, ¿qué has venido hacer aquí?». Y Judas, balbuceando, habló de un negocio que le habían encargado. Jesús le respondió en pocas palabras, cuya sustancia es esta: «¡Más te valdría no haber nacido!». No me acuerdo bien de si dijo algo más. Mientras tanto, los soldados se levantaron y se acercaron al Señor, esperando la señal del traidor, el beso que debía dar a Jesús. <u>Pedro y los otros discípulos rodearon a Judas, y lo llamaron ladrón y traidor.</u> Quiso persuadirlos con mentiras, pero no pudo, porque los soldados lo defendían contra los apóstoles, y por eso mismo atestiguaban contra él.

Jesús dijo por segunda vez; «¿A quién buscáis?». Ellos respondieron de nuevo: «A Jesús Nazareno». «Yo soy, ya os lo he dicho; soy Yo a quien buscáis. Dejad a estos». A estas palabras los soldados cayeron por segunda vez con contorsiones semejantes a las de la epilepsia, y <u>Judas fue rodeado otra vez por los apóstoles, exasperados contra él</u>. Jesús dijo a los soldados: «Levantaos». Se levantaron, en efecto, llenos de terror; pero como los apóstoles estrechaban a Judas, los soldados le libraron de sus manos, y le mandaron con amenazas que les diera la señal convenida, pues tenían orden de prender a Aquel a quien besara. Entonces Judas vino a Jesús, y le dio un beso con estas palabras: «Maestro, yo te saludo». Jesús le dijo; «Judas, tú vendes al Hijo del hombre con un beso». Entonces los soldados rodearon a Jesús, y los alguaciles, que se habían acercado, le echaron mano. <u>Judas quiso huir; pero los apóstoles lo detuvieron.</u> [...]

Judas, que había huido después de haber dado el beso traidor, <u>fue detenido a poca distancia por algunos discípulos, que lo llenaron de insultos</u>; pero los seis fariseos que llegaron en este momento, lo libertaron, y los cuatro alguaciles se ocuparon en atar al Señor, que tenían entre sus manos. [Tomo 11, XIII].

La traición estaba consumada. Todos los discípulos huyeron y Jesús fue llevado ante Anás y Caifás para ser juzgado. Pero ¿qué pasó con Judas? Tras enterarse de que el Sanedrín había condenado a muerte a Jesús y de que este estaba siendo llevado ante Pilatos, y tras comprobar que era *vox populi* que había sido entregado por uno de los suyos…

La angustia, el arrepentimiento y la desesperación luchaban en el alma de Judas. Echó a huir. El peso de las treinta monedas, colgadas a su cintura, era para él como una espuela del infierno: tomó la bolsa con la mano, a fin de que no le impidiese correr. [...] Corrió como un insensato hasta el templo, donde muchos miembros del Consejo se habían reunido después del juicio de Jesús. Se miraron atónitos; y con risa de soberano desprecio lanzaron una mirada altiva sobre Judas, que, fuera de sí, arrancó de su cintura las treinta monedas, y presentándoselas con la mano derecha, dijo con voz desesperada: «Tomad vuestro dinero, por el cual me habéis hecho vender al Justo; tomad vuestro dinero, y dejad a Jesús; rompo nuestro pacto; he pecado entregando la sangre del inocente». Los sacerdotes le desprecian, apartan sus manos del dinero que les presenta, para no manchárselas tocando la recompensa del traidor.

[...] Judas, entregado a esos horribles pensamientos, llegó al pie de la montaña de los Escándalos, a un lugar pantanoso, lleno de escombros y de inmundicias. El rumor de la ciudad llegaba de cuando en cuando a sus oídos con más fuerza, y Satanás le decía: «Ahora le llevan a la muerte; tú le has vendido. ¿Sabes tú lo que dice la ley? El que vendiere un alma entre sus hermanos los hijos de Israel, y reciba el precio, debe ser castigado de muerte. ¡Acaba contigo, miserable, acaba!». Entonces Judas, desesperado, tomó su cinturón y se colgó de un árbol que crecía en un hondo y que tenía sendos nudos: cuando se hubo ahorcado, su cuerpo reventó, y sus entrañas se esparcieron por el suelo. [Tomo 11, XXIV].

URANTIA

Para terminar con este breve apéndice sobre diversas obras pretendidamente reveladas en las que se habla de la historia de Jesús, y en las que siempre está presente Judas, me gustaría comentar algo que apareció en un extraño libro publicado en 1955: *The Urantia Book* (*El Libro de Urantia*), una monumental obra de más de dos mil páginas (2097 en inglés) y 196 capítulos, que pretendía ser una obra revelada por cientos de entidades extraterrestres a un anónimo señor de Michigan. El texto, tremendamente ambicioso, abarca, en cuatro partes, toda la historia de la creación hasta la época de Jesús: las dos primeras partes tratan sobre la historia del universo de universos y sobre nuestro universo local, nuestra galaxia, llamado Nebadon; la tercera se centra en la historia de Urantia, el nombre con el que los extraterrestres denominaron a nuestro planeta, la Tierra, y la cuarta trata sobre la vida y obra de Jesús. La delirante obra planteaba una complejísima cosmogonía que, por supuesto, no voy a explicar aquí.[61]

---

61   Les remito a un libro anterior mío, *Dios ha vuelto, rastafaris, mormones, alienígenas ancestrales y espaguetis con albóndigas* (Guante Blanco, 2018), en el que me hice eco de esta movida largo y tendido.

Sobre Jesús, si bien se sigue la historia contada tradicionalmente, se añade una enorme cantidad de material inédito y muy curioso. En la obra se afirma que Jesús fue una encarnación de Micael, aspirante a gobernar el universo Nebadon y uno de los Hijos Creadores del Dios, el que creó, precisamente, nuestro planeta, Urantia. ¿Por qué se encarnó? Sencillo: para conocer a los humanos, creados por él, y vivir sus experiencias vitales, tras haberlo hecho anteriormente en otros seis seres de su creación, como parte del trámite para ser elevado en la jerarquía de poder y gobernar su propio universo; pero también para dar a conocer a los humanos la verdad sobre Dios. Esta última encarnación será la final, y, una vez que ascienda de nuevo a los cielos, habrá conseguido su objetivo.

No se explica en el libro por qué el extraterrestre Micael eligió una humilde familia de una aldea marginal de una región marginal de la Palestina del siglo I, pero así fue. La historia continúa como más o menos conocemos y, a continuación, se narra cómo, a lo largo de su infancia, fue aprendiendo de toda la experiencia humana que le rodeaba, y poco a poco fue comprendiendo el carácter de su misión en la tierra, además de trabajar con su padre, educarse en la escuela, estudiar la naturaleza y tocar el arpa.

Un tiempo después, con veintisiete años, se marchó de casa y dio comienzo a la vida itinerante que desde entonces y hasta su muerte llevó. Y en el año 22 d. C. se marchó de viaje y pudo conocer gran parte de los países de ambas orillas del Mediterráneo, así como Mesopotamia y la India.

Tras un período de soledad y meditación, fue a que Juan lo bautizara, acontecimiento que tuvo lugar el 14 de enero del año 26. Micael había conseguido su primer objetivo. Había obtenido el gobierno de su universo, Nedabon, el nuestro. Ahora faltaba el segundo, difundir entre los hombres la verdad de Dios, el Padre Celestial. Y a ello se puso, comenzando por reunir un grupo de seguidores fieles que lo ayudarían en su misión, los doce apóstoles, a los que durante un tiempo estuvo instruyendo.

Desde entonces, el *Libro de Urantia* se centra en explicar, con un grado de detalle apabullante, cómo fue la vida pública de Jesús, por dónde anduvo predicando y cuál fue su mensaje real, para terminar narrando los acontecimientos de la semana de la Pasión.

Recomiendo que, si alguien está interesado en conocer esta historia con detalle, acuda al libro. Al menos como novela histórica merece la pena.

Portada de la primera edición de *El libro de Urantia*.

Respecto al tema que nos ocupa, en este libro también se aportan interesantes novedades sobre Judas. Entra en acción tarde, cuando ya Jesús había reunido a seis de los apóstoles, pero antes del asesinato del Bautista, justo en el momento en que cada uno de estos seis propone un nuevo candidato para entrar a formar parte del grupo.

Judas Iscariote era el hijo único de judíos ricos que vivían en Jericó. Era seguidor de Juan el Bautista, y sus padres saduceos lo habían repudiado. Estaba buscando trabajo en estas regiones cuando lo encontraron los apóstoles de Jesús, y Natanael lo invitó a unirse a sus filas especialmente porque era experto en asuntos financieros. [1540.2]

Pero es en el documento 139, centrado en narrar la historia de los Doce, donde conocemos algunos detalles más sobre Judas, y son realmente interesantes.

Judas Iscariote, el duodécimo apóstol, fue escogido por Natanael. Había nacido en Queriot, un pequeño pueblo del sur de Judea. Cuando era un muchacho, sus padres se mudaron a Jericó, donde vivió y trabajó en las varias empresas de su padre, hasta que se interesó en la predicación y la obra de Juan el Bautista. Los padres de Judas eran saduceos, y cuando su hijo se unió a los discípulos de Juan, lo repudiaron.

Cuando Natanael encontró a Judas en Tariquea, este estaba buscando trabajo en una empresa de secar pescado en el extremo sur del mar de Galilea. Tenía treinta años y era soltero cuando se unió a los apóstoles.

Era probablemente el más instruido entre los doce y era el único judeo en la familia apostólica del Maestro. Judas no poseía ningún rasgo notable de vigor personal, aunque sí una apariencia externa de cultura y los modales de una persona bien educada. Era un pensador inteligente pero no siempre un pensador verdaderamente honesto. Judas en realidad no se entendía a sí mismo; no era realmente sincero consigo mismo.

Andrés nombró a Judas tesorero del grupo, posición para la cual estaba eminentemente dotado, y hasta el momento de traicionar a su Maestro, llevó a cabo las obligaciones de su posición con honestidad, fidelidad y con la mayor eficacia.

No había ningún rasgo especial en Jesús que Judas admirara más que admiraba en general la personalidad atractiva y exquisitamente encantadora del Maestro [...] Realmente llegó a pensar que Jesús era timorato, que tenía cierto miedo de proclamar su poder y autoridad.

[...] Hasta donde podían ver, Judas Iscariote era un tesorero sin par, un hombre culto, un apóstol leal (aunque crítico a veces), y en todo sentido de la palabra, una persona de gran éxito. [...] El dinero no pudo nunca haber sido el móvil de la traición a su Maestro. [1565.9-1567.1].

Según los informantes extraterrestres, con el tiempo Judas empezó a tener una actitud complicada y a diferenciarse de sus compañeros.

Judas mucho sufrió por la muerte de Juan el Bautista, se sintió gravemente herido por los reproches del Maestro en varias ocasiones, sufrió gran desencanto cuando Jesús se negó a ser rey, se sintió humillado cuando Jesús huyó de los fariseos, dolorido porque se negó a aceptar el desafío de los fariseos que le pedían un signo, confundido porque su Maestro no quería manifestar su poder, y más recientemente, deprimido y a veces desalentado porque las arcas estaban vacías. Además, Judas extrañaba el estímulo de las multitudes. [1751.1-3].

El momento culminante fue la unción en Betania realizada por María, la hermana de Lázaro, con un ungüento raro y costoso, algo que molestó sobremanera a Judas, que se quejó, junto con algún otro, de que el dinero empleado se podría haber usado para alimentar a los pobres. Jesús se lo reprochó con contundencia y...

Fue a causa de este reproche, que Judas Iscariote lo interpretó como censura personal, por lo que finalmente decidió vengar sus sentimientos heridos. Muchas veces había tenido subconscientemente estas ideas, pero ahora se atrevía a pensar estos pensamientos malvados en su mente consciente y abierta. [1879-5].

Para más inri, al día siguiente, domingo, se celebró la famosa entrada en Jerusalén a lomos de un borrico, algo que tampoco gustó a Judas, ni a otros de sus compañeros, quizás porque no terminaron de entenderlo.

De todos los apóstoles, Judas Iscariote fue el que estuvo más adversamente afectado por esta entrada en procesión a Jerusalén. Su mente estaba en un fermento desagradable debido al reproche del Maestro el día anterior en relación con la unción de María en la casa de Simón. Judas estaba disgustado con todo el espectáculo. Le parecía infantil, aun directamente ridículo. Mientras este vengativo apóstol contemplaba los acontecimientos de este domingo por la tarde, Jesús le resultaba más parecido a un payaso que a un rey. [...] Judas no había tenido nunca miedo de la persecución, pero no podía soportar este tipo de ridículo. Juntamente con la emoción de venganza largamente acariciada, se mezcló ahora este temor fatal del ridículo, ese sentimiento terrible y tremendo de avergonzarse de su Maestro y de sus compañeros apóstoles. En su corazón, este embajador del reino ya era un desertor; tan sólo le quedaba encontrar una excusa plausible para romper abiertamente con el Maestro. [1886,5; 1887.1].

Lo tenía claro. Debía abandonar el grupo. Dos días después, el Martes Santo, les reveló a algunos parientes y amigos saduceos «que había llegado a la conclusión de que, aunque fuera Jesús un soñador e idealista bien intencionado, no era, sin embargo, el libertador esperado de Israel» (1924.6), y que quería retirarse discretamente del movimiento. Y aquellos le animaron a hacerlo, argumentando que sus milagros eran producto del diablo o que no estaba en sus cabales, por lo que era mejor detenerlo antes de que ocasionase un daño irreparable a la nación. Además, cada vez tomaron más fuerza sus propios motivos egoístas, pues pensaba que no era reconocido por Jesús y que no contaba con el mismo aprecio que Pedro, Jacobo o Juan. Así, plenamente convencido, se presentó antes Caifás y los líderes judíos para pactar cómo se produciría la entrega «como prueba de su arrepentimiento por haber participado en este movimiento erróneo y de su sinceridad al regresar a las enseñanzas de Moisés» (1925.3). Eso sí, no dudó en pedir algún estipendio económico a cambio.

Pero Judas no contaba con que Jesús era conocedor de lo que estaba tramando. Y no solo eso: David Zebedeo, hermano de Santiago y Juan, gracias a su red de informadores, se había enterado del complot. Pero, cuando informó a Jesús, este le pidió que no se lo dijese a nadie. Y finalmente, durante la última cena (relatada en el mítico documento de Urantia 179), Jesús anunció su muerte y reveló que uno de los apóstoles lo traicionará, siguiendo más o menos, aunque con mucho más detalle, la versión evangélica.

> Judas se adelantó al grupo con el objeto de identificar rápidamente a Jesús para facilitar su arresto antes de que sus asociados pudieran acudir en su defensa. [...] Pensó Judas que tal vez podía hacerse el que se había dado prisa para advertirles la llegada de los arrestadores, pero este plan fue desbaratado por la salutación desenmascaradora de Jesús al traidor. Aunque el Maestro habló a Judas con suavidad, lo saludó como a un traidor. [1973.3].
>
> [...] Jesús realizó un último esfuerzo para salvar a Judas del acto de traición en cuanto que antes de que el traidor pudiera llegar hasta él, se hizo a un lado, y dirigiéndose al soldado situado en el extremo izquierdo, el capitán de los romanos, dijo: «¿A quién buscáis?» El capitán respondió: «A Jesús de Nazaret». Entonces Jesús inmediatamente se presentó frente al oficial, e incorporándose con la calma majestad del Dios de toda esta creación dijo: «Yo soy». Muchos en este grupo armado habían escuchado a Jesús enseñar en el templo, otros sabían de sus obras poderosas, y cuando lo oyeron anunciar tan audazmente su identidad, los que estaban en primera fila retrocedieron. Los sobrecogió el asombro ante este calmo y majestuoso anuncio de su identidad. No había, pues, necesidad alguna de que Judas cumpliera con su plan de traición. El Maestro se había revelado audazmente a sus enemigos, y podrían haberlo ellos arrestado sin la ayuda de Judas. Pero el traidor tenía que hacer algo para justificar su presencia con este grupo armado y, además, quería dejar sentado que estaba cumpliendo su parte del convenio de traición con los potentados de los judíos, porque quería asegurarse la gran recompensa y los honores que él creía que se acumularían sobre su persona, como premio por su promesa de entregarles a Jesús.
>
> Mientras se recuperaban los guardianes después de su impresión al ver por primera vez a Jesús y oír el sonido de su voz insólita, y mientras los apóstoles y discípulos se iban acercando cada vez más, Judas se enfrentó con Jesús y, besándole la frente, dijo: «Salve, Maestro e Instructor». Al abrazar así Judas a su Maestro, Jesús dijo: «Amigo, ¿acaso no basta con esto? ¿Aún quieres traicionar al Hijo del Hombre con un beso?». [1974.2-3].

La historia prosigue como en los textos canónicos, con la huida de los apóstoles, el juicio del Sanedrín, las negaciones de Pedro y la entrega de Jesús a las autoridades romanas. Y finalmente, en el capítulo 186 se narra el fin del Iscariote.

A lo largo del juicio de Jesús ante Caifás y durante su aparición ante Pilato, a Judas le remordía la conciencia por su conducta traicionera. Al mismo tiempo, ya no se hacía tantas ilusiones sobre la recompensa que recibiría como pago a sus servicios de traidor de Jesús. [...] El siervo de Caifás le entregó a Judas una bolsa que contenía treinta piezas de plata —en aquel tiempo, el precio de un buen esclavo en buena salud. Judas estaba anonadado, pasmado. Se abalanzó de vuelta a la sala, pero el centinela no lo dejó entrar. Quería apelar al sanedrín, pero ellos no quisieron admitirlo. Judas no podía creer que estos líderes de los judíos permitieran que él traicionara a sus amigos y a su Maestro y luego le ofrecieran como recompensa treinta piezas de plata. Estaba humillado, desilusionado, y totalmente destruido.

[...] A cierta distancia vio Judas que levantaban el travesaño con Jesús clavado en él; al ver esto, volvió corriendo al templo y, forcejeando con el centinela consiguió entrar y pararse ante el sanedrín, que aún estaba reunido. [...] Cuando los potentados de los judíos escucharon a Judas, se burlaron de él. El que estaba sentado más cerca del sitio donde se encontraba Judas de pie, le indicó con un gesto que se fuera de la sala, diciéndole: «Tu Maestro ya ha sido puesto a muerte por los romanos, y en cuanto a tu culpa, ¿qué nos importa a nosotros? Ocúpate tú mismo de ella —y ¡fuera de aquí!».

Al abandonar Judas el aposento del sanedrín, sacó las treinta piezas de plata de la bolsa y las arrojó al piso del templo. Cuando el traidor abandonó el templo, estaba casi fuera de sí. [...] El que fuera embajador del reino del cielo en la tierra, caminaba ahora por las calles de Jerusalén, solo y abandonado. Su desesperación era total y absoluta. Así anduvo por la ciudad y fuera de sus muros, hasta descender a la terrible soledad del valle de Hinom, donde trepó por las rocas abruptas y, quitándose el cinto, ató un extremo a un pequeño árbol y el otro extremo alrededor del cuello, y se arrojó al precipicio. Antes de morir, el nudo que sus manos nerviosas habían atado se soltó, y el cuerpo del traidor se reventó en pedazos al caer a las ásperas rocas. [1997.4-1998.5].

Una vez más, las dos versiones contradictorias sobre la muerte de Jesús son unificadas, en este caso siguiendo un dictado extraterrestre..., pero tremendamente parecido al relato que unas décadas antes nos dejó Ana Catalina Emmerick, algo que no deja de resultar sorprendente si recordamos el supuesto origen de esta obra... Lo cual nos lleva a una pregunta clave: ¿hay algo de verdad en esta locura de libro? Ya les adelanto que no...

Detrás de todo esto estuvo un oscuro señor de Indiana llamado William Samuel Sadler, que, siendo un adolescente (en 1889), comenzó a trabajar en el Battle Creek Sanitarium (Michigan), una institución médica fundada por la profetisa Ellen G. White, fundadora de la Iglesia Adventista del Séptimo Día, que además tiene mucho que ver con un personaje clave en esta trama, un médico de Michigan llamado John Harvey Kellog, que, aparte de inventar los *corn flakes*, fue uno de los primeros líderes de esta iglesia.[62]

Con el tiempo, Kellog se desvió de los adventistas para acercarse a las ideas panteístas. De hecho, en 1907 fue expulsado de la Iglesia por este giro ideológico y porque comenzó a expresar su disconformidad con la profetisa. Pues bien, Kellog fue el mentor del tal William Samuel Sadler, también miembro de la Iglesia Adventista. Allí, en el Battle Creek, Sadler se formó como médico y psiquiatra, carrera que desarrolló a lo largo de los años.

Sadler, al igual que Kellog, fue expulsado de la Iglesia en 1907, al parecer por poner en duda las supuestas dotes proféticas de Ellen White, algo que, por otro lado, hubiese sido de lo más normal. Quizás por este motivo, han argumentado algunos descreídos, Sadler se planteó montarse su propia iglesia y se inventó todo esto de Urantia. Lo cierto es que, desde entonces, aparte de dedicarse a la psiquiatría y a escribir decenas de obras, mayoritariamente libros de autoayuda, de salud holística y de espiritualidad, se centró en algo mucho más interesante: por aquella época, contactó, según contaría años después, con la fuente de la que procedieron las revelaciones que con el tiempo darían lugar a este extraño libro. Se trataba de un señor al que siempre se refirió como «personalidad de contacto» o «el sujeto durmiente». En algún

---

62 Kellog fue director y médico jefe del sanatorio de Battle Creek desde 1876, que desde entonces, y hasta que se trasladó la sede a Washington D. C. en 1903, fue el centro de operaciones de la Iglesia Adventista del Séptimo Día. La Iglesia puso en práctica allí los principios alimenticios y médicos adventistas, centrados en el vegetarianismo estricto, la defecación en abundancia, la abstinencia de todas las drogas y la templanza sexual. Kellog consideraba que el origen de la mayor parte de enfermedades se debía al estreñimiento y a la masturbación, unos males provocados por las dietas escasas en fibra y la poca firmeza moral. Para el onanismo probó con baños de agua fría, y para el estreñimiento dio con una solución histórica: junto a su hermano, William Keith Kellog, bibliotecario del sanatorio, inventó los *corn flakes*, unos copos de maíz cocido que, pensaban, eran la clave para una buena salud intestinal.

momento entre 1906 y 1911 comenzó a tratarle por algo extraño que le sucedía al tipo mientras dormía. Sadler fue a visitarlo y pudo comprobar que realizaba movimientos extraños y que decía cosas raras, por ejemplo, que era un visitante de otro planeta. Interesado por el caso, lo examinó para ver si tenía alguna enfermedad mental, pero no encontró nada anómalo.

Desde entonces, Sadler y un grupo de cinco anónimos amigos comenzaron a hablar con él mientras dormía y a hacerle preguntas. Así, a través de este señor, los seres celestiales comunicaron sus dictados a Sadler y a su grupo de colegas, conocidos como la Comisión de Contacto o el Foro.

La fecha exacta en la que comenzó todo aquello no es segura, aunque se especula que pudo ser en 1912 o 1915, pero lo cierto es que hacia 1923, el matrimonio Sadler comenzó a organizar en su casa de Chicago una serie de reuniones religiosas, camufladas como reuniones de té domingueras, en las que participaban varias docenas de amigos y conocidos. Por esa época, Sadler comenzó a hablar del sujeto durmiente y de sus asombrosas revelaciones. Y poco después, en 1925, encontraron en la casa del sujeto durmiente un extenso manuscrito, escrito, supuestamente, mediante escritura automática y que era una respuesta a una serie de preguntas que el Foro, un tiempo antes, había planteado por escrito. Desde entonces, y a lo largo de varios años, Sadler y su comisión de contacto, ampliada a cerca de treinta miembros, también anónimos, fueron recibiendo, en respuesta a sus preguntas, los cientos de documentos escritos que darían lugar al *Libro de Urantia*, que, según Sadler, estaba completo en 1934.

Estos dictados procedían, según se afirmó, de una serie de seres extraterrestres con nombres tan rimbombantes como Consejero Divino, Perfeccionador de Sabiduría o Jefe de Arcángeles. Durante un par de décadas estas revelaciones no se hicieron públicas, hasta que en 1950 se fundó la Urantia Foundation, un grupo compuesto por unas cincuenta personas, con sede en la casa de Sadler en Chicago. Cinco años después, en 1955, se publicó por primera vez el libro.

Durante las décadas siguientes, las ediciones y traducciones se han ido multiplicando, las arcas se han ido llenando, pese a que hoy en día se puede descargar gratuitamente desde la propia web de la fundación, y todo esto sin que el texto varíe en lo más mínimo.

Como imaginarán, este supuesto libro revelado ha sido objeto de un sinfín de críticas, procedentes tanto del mundo cristiano (que lo consideran una herejía tan burda como peligrosa) como del mundo de la razón y la ciencia. Así, se ha demostrado que existen multitud de plagios de otras obras y que contienen numerosos errores científicos. El escritor y divulgador científico Martin Gardner (1914-2010), uno de los grandes paladines del escepticismo del siglo XX, publicó en 1995 un demoledor ensayo crítico sobre esta inspirada obra, *Urantia: the great cult mystery* (*Urantia. ¿Revelación divina o negocio editorial?*), en el que planteaba que el famoso agente durmiente fue Wilfred Custer Kellogg, cuñado de Sadler y sobrino de John Kellog, el de los cereales.

Además, Gardner planteaba, posiblemente con razón, que la mayor parte de la obra fue cosa del propio Sadler, que, tirando de su imaginación y de algunas obras que plagió sutilmente, quiso confeccionar así una especie de Biblia apócrifa para adventistas desencantados como él.

Realmente, lo que llama la atención es que muchísimos de los episodios de la vida de Jesús que se exponen en Urantia siguen, al pie de la letra, los textos evangélicos y la obra de Ana Catalina Emmerick, lo que sirve para poner en duda su presunta inspiración extraterrestre.

Bibliografía

Alighieri, D.: *La Divina comedia*. Disponible en https://web.seducoahuila. gob.mx/biblioweb/upload/Dante%20Alighieri%20Divina%20comedia. pdf.

Andrade, G.: *Jesucristo ¡vaya timo!*, Pamplona: Laetoli, 2015.

Anónimo: *Navigatio Sancti Brendani* (Traducción de Francisco Javier Gil Chica, basada en la edición electrónica de Guy Vincent, traslación del manuscrito conservado en la Biblioteca de Alençon. Septiembre de 2007. (PDF on line). https://dn790002.ca.archive.org/0/items/navigatio-sancti-brendani-o-la-navegacion-de-san-brendano-ed.-de-francisco-javier-gil-chica/Navigatio%20Sancti%20Brendani%20%E2%80%A2%20La%20navegaci%C3%B3n%20de%20San%20Brendano%20%28ed.%20de%20Francisco%20Javier%20Gil%20Chica%29.pdf.

Antequera, L.: *El cristianismo desvelado. Las respuestas a tus preguntas sobre el cristianismo*, Madrid: EDAF, 2019.

Arroyo Bustos, C.: *Retrato de Judas Iscariote (parte I)*, Almería: Círculo Rojo, 2016.
　　—*Retrato de Judas Iscariote (parte II)*, Almería: Círculo Rojo, 2017.
　　—*Retrato de Judas Iscariote (parte III)*, Almería: Círculo Rojo, 2017b.

Asimov, I.: *Guía de la Biblia: Nuevo Testamento*, Barcelona: Plaza & Janes, 1990.

Atienza J. G.: *Fiestas populares e insólitas*, Madrid. Martínez Roca, 1997.

Bahr, S.: «"Jesus Christ Superstar" at 50: What Was the Buzz?». *The New York Times*, 12 de octubre de 2021. Disponible en línea: https://www. nytimes.com/2021/10/12/theater/jesus-christ-superstar-50th-anniversary.html [consultado el 21 de agosto de 2024].

Baigent, M., R. Leigh y H. Lincoln: *El enigma sagrado*, Madrid: Ediciones Martínez Roca, 2006a.

Baudelaire, C.: *Edgar Allan Poe*, Barcelona: Fontamara, 1979.

Benítez, J. J.: *Jesús de Nazaret: nada es lo que parece*, Barcelona: Planeta, 2010.

Bermejo Rubio, F.: *El Evangelio de Judas, texto bilingüe y comentario*, Salamanca: Ediciones Sígueme, 2012.

—*La invención de Jesús de Nazaret. Historia, ficción, historiografía*; Madrid: Siglo XXI, 2019.

Borges, J. L.: *Cuentos completos*, Barcelona: Debolsillo, 2011.

Bornkamm, G.: *Pablo de Tarso*, Salamanca: Sígueme, 2018.

Bosch, J.: *Judas Iscariote, el calumniado*, Madrid: Machado, 2009.

Brelich, M.: *La ceremonia de la traición*, Barcelona: Anagrama, 1982.

Brígida de Suecia: *El Libro de las Revelaciones Celestiales* [PDF].

Bultmann, R.: *Historia de la tradición sinóptica*, Salamanca: Sígueme, 2000.

Caldwell, T. y J. Stearn: *Yo, Judas*, Madrid: Grijalbo, 1979.

Calvo Martínez, J. L. y M. D. Sánchez Romero: *Textos de magia en papiros griegos*, Madrid: Editorial Gredos, 1987.

Canto, P.: *Príode*, Almería: Guante Blanco, 2024.

Celso: *Discurso verdadero contra los cristianos*, Madrid: Alianza, 2022.

Child, F. J.: *The English and Scottish Popular Ballads, part 1*. Boston, The Riverside Press, 1882 [PDF on line] https://archive.org/details/englishscottishp01chil/mode/2up?view=theater.

Cobo Molinos, J.: *El cazador de reliquias*, Almería: Círculo Rojo, 2017.

Crossan, J. D.: *El Jesús de la historia: vida de un campesino judío*, Barcelona: Crítica, 2000.

—*El nacimiento del cristianismo*, Santander: Sal Terrae, 2002.

Crossan, J. D y J. L. Reed: *Jesús desenterrado*, Barcelona: Crítica, 2007.

Cullmann, O.: *Jesús y los revolucionarios de su tiempo*, Madrid: STVDIVM ediciones, 1973.

Dawkins, R.: *El espejismo de Dios*, Barcelona: Booket, 2009.

De la Vorágine, J.: *La leyenda dorada*, Madrid: Alianza editorial, 1999.

De Santos Otero, A.: *Los evangelios apócrifos*, Madrid: Biblioteca de Autores Cristianos, 2003.

De Quincey, T. y B. R. White: *Judas Iscariot by Thomas de Quincey: annotated critical edition of the original and revised essays of 1853 and 1857*, Camberra: Harper Nathan, 2020.

De Segovia, J.: *Historias extraños sobre Jesús*, Barcelona: Publicaciones Andamio, 2008.

Ehrman, B. D.: *El Evangelio de Judas*, Barcelona: Ares y Mares, 2007.

—*Simón Pedro, Pablo de Tarso y María Magdalena, historia y leyenda del cristianismo primitivo*, Barcelona: Ares y Mares, 2007.

Emmerich, A. C.: *La amarga pasión de Cristo*, Barcelona: Planeta, 2004.

Epifanio: *Panarion, libro I, volumen III*. PDF [en línea] http://plgo.org/?p=3877.

Eslava Galán, J.: *El catolicismo explicado a las ovejas*, Barcelona: Booket, 2013.

—*La madre del Cordero*, Barcelona: Booket, 2017.

Fábrega, Ó.: *Pongamos que hablo de Jesús*, Barcelona: Booket, 2017.

—*¿Son reales? Reliquias de Cristo*, Barcelona: Ediciones Oblicuas, 2017.

—*La Magdalena, verdades y mentiras*, Almería: Editorial Guante Blanco, 2018.

—*Eso no estaba en mi libro del Nuevo Testamento*, Córdoba: Almuzara, 2023.

—*Historia desconocida de María Magdalena*, Córdoba: Almuzara, 2024.

Fabricius J. A.: *Codex Apocryphus Novi Testamenti*, Hamburgo: Sumptu Viduae Benjam Schilleri y Joh Kisneri, 1719.

Fernández, A.: *50 lugares mágicos de La Rioja*, O Porriño: Cydonia, 2020.

Fernández Urresti, M.: *La vida secreta de Jesús de Nazaret*, Madrid: EDAF, 2005.

Ferr, L.: *Judas, el apóstol de la redención*: Ahzuria, 2022.

Gómez Segura, E.: *Hijos de Yahvé, una arqueología de Jesús y Pablo*, Madrid: Dilema, 2021.

Gómez Segura, E. y A. Piñero: *La verdadera historia de la Pasión según la investigación y el estudio histórico*, Madrid: EDAF, 2024.

Heather, P.: *Cristiandad, el triunfo de una religión*, Barcelona: Crítica, 2024.

Ireneo: *Contra las herejías*. PDF [en línea] https://mercaba.wordpress.com/wp-content/uploads/2007/10/contra-los-herejes.pdf.

Jacobson, H.: «Interview: Martin Scorsese». *Film Comment*, septiembre-octubre de 1988. Disponible en línea: https://www.filmcomment.com/article/interview-martin-scorsese-the-last-temptation-of-christ/ [consultada el 8 de agosto de 2024].

James, E. O.: *Introducción a la historia comparada de las religiones*, Madrid: Ediciones Cristiandad, 1973.

Jiménez Tabash, Y.: *Judas, el apóstol apóstata*, Costa Rica: Ministerios Casa del Banquete, 2022.

Johnson, P.: *La historia del cristianismo*, Barcelona: Penguin, 2023.

Kasser, R., M. Meyer y G. Wurst: *El Evangelio de Judas del Códice Tchacos*, Barcelona: Círculo de Lectores, 2006.

Kazantzákis, N.: *La última tentación*, Madrid: Debate, 1988.

King, K. L. y E. Pagels: *El Evangelio de Judas y la formación del cristianismo*, Barcelona: Kairós, 2022.

Klopstock, F. G.: *La Mesiada*, Barcelona: La ilustración, 1873 (PDF). Disponible en https://upload.wikimedia.org/wikipedia/commons/e/e8/La_Mesiada_de_Klopstock_traducida_por_Cecilio_Navarro_%281873%29.pdf.

Mann. C. S.: *Mark: A New Translation with Introduction and Commentary*, Londres: Doubleday & Co, 1986.

Meier, J. P.: *Un judío marginal: nueva visión del Jesús histórico. Tomo III: Compañeros y competidores*, Estella: Editorial Verbo Divino, 2003.

Merz A. y G. Theissen: *El Jesús histórico*, Salamanca: Ediciones Sígueme, 1999.

Montserrat Torrents, J.: *El Evangelio de Judas*, Madrid: EDAF, 2006.

—*Jesús el galileo armado: historia laica de Jesús*, Madrid: EDAF, 2007.

Nolan, A.: *¿Quién es este hombre? Jesús antes del cristianismo*, Maliaño: Sal Terrae, 1981.

Petruccelli della Gattina, F.: *Memorias de Judas*, Barcelona: Martínez Roca, 1989.

Piñero, A.: *Guía para entender el Nuevo Testamento*, Madrid: Editorial Trotta, 2006.

—*Los cristianismos derrotados*, Madrid: EDAF, 2007.

Piñero, A (editor): *Todos los evangelios*, Madrid: EDAF, 2009.

—*Hechos apócrifos de los Apóstoles (I)*, Madrid: BAC, 2013.

—*Los libros del Nuevo Testamento, traducción y comentario*, Madrid: Editorial Trotta, 2021.

Puente Mayor, A.: *Jesús de Nazaret, en busca de la verdad*, Madrid. La esfera de los libros, 2023.

Puente Ojea, G.: *Elogio del ateísmo: los espejos de una ilusión*, Madrid: Siglo veintiuno, 1995.

—*El mito de Cristo*, Madrid: Siglo veintiuno, 2000.

Puig, A.: *Un Jesús desconocido*, Barcelona: Ed. Ariel, 2008.

Renan, E.: *Vida de Jesús*, Madrid: EDAF, 1968.

Revillout, E.: *Les Apocryphes Coptes*, París: [PDF en línea https://gallica.bnf.fr/ark:/12148/bpt6k9063d]: Editiones Brepols, 1904.

Rhodes James, M.: *The Apocryphal New Testament.* [PDF] Oxford at the Clarendon Press, 1924.

Rolland, B. y Christiane Saulnier: *Palestina en tiempos de Jesús*, Estella: Editorial Verbo Divino, 1981.

Rops, D.: *Jesús en su tiempo*, Madrid: Ediciones Palabra, 2004.

Smith, M.: *Jesús el mago: las claves mágicas del cristianismo*, Barcelona: Martínez Roca, 1988.

Stener, C.: *Judas Iscariot dans la littérature moderne.* Books on Demand, 2021.

—*Judas Iscariot dans la littérature modern. Volume 2.* Books on Demand, 2021.

—*Judas Superstar.* Books on Demand, 2021.

Thiering, B.: *Jesus the Man: Decoding the Real Story of Jesus and Mary Magdalene*, Londres: Ed. Corgi, 2005.

Van der Broek, R.: *Pseudo-Cyril of Jerusalem on the life and the passion of Christ : a Coptic apocryphon*, Leiden (Países Bajos): Brill, 2013.

Villa Roiz, C.: «¿Cuánto valen hoy las 30 monedas que recibió Judas por traicionar a Jesús?». *Desde la fe*. Disponible en: https://desdelafe.mx/otros/cuanto-valen-hoy-30-monedas-judas-jesus/ [Consultado el 16 de agosto de 2024].

VV. AA.: *Hechos apócrifos de los Apóstoles (I)*. Editado por Antonio Piñero y Gonzalo del Cerro. Madrid: Biblioteca de Autores Cristianos, 2013.

VV. AA.: *Orígenes del cristianismo. Antecedentes y primeros pasos*. Editado por Antonio Piñero. Barcelona: El Almendro, 2022.